BLÜHENDE GARTENMAUERN, ZÄUNE UND HECKEN

Phantasievoll planen und bepflanzen

BLÜHENDE GARTENMAUERN, ZÄUNE UND HECKEN

Phantasievoll planen und bepflanzen

Julie Harrod

Fotografien von Marianne Majerus u. a.
Zeichnungen von Rosemary Watts

DUMONT BUCHVERLAG KÖLN

Für Peter

Die Deutsche Bibliothek – CIP-Einheitsaufnahme

Blühende Gartenmauern, Zäune und Hecken : phantasievoll planen und bepflanzen / Julie Harrod. Fotogr. von Marianne Majerus u. a. Zeichn. von Rosemary Watts. [Übers. aus dem Engl. von Gabriele Graf]. – Köln : DuMont, 1992

Einheitssacht.: The garden wall
ISBN 3-7701-2942-3

NE: Harrod, Julie; Majerus, Marianne; EST

Übersetzt aus dem Englischen von Gabriele Graf
Titel der Originalausgabe: The garden wall – walls, fences and hedges: planning and planting
Erstmalig erschienen bei
Johnson Editions Ltd
15 Grafton Square
London SW4 ODQ

Satz: Froitzheim, Bonn
Printed in Hong Kong

ISBN 3-7701-2942-3

• INHALTSVERZEICHNIS •

• EINLEITUNG •

Gartenmauern können vielfältig genutzt werden, unabhängig von ihrer Größe. Für manchen Gartenbesitzer erfüllen sie lediglich die Funktion, Grundstücksgrenzen abzustecken oder als Sichtschutz zu dienen. Doch Gartenmauern können darüber hinaus auch ein blühendes Gestaltungselement einer Gartenanlage sein, denn sie sind, was allzu häufig übersehen wird, der ideale Lebensraum vieler attraktiver Pflanzen. Und wer sich mit den Möglichkeiten der Bepflanzung einmal praktisch auseinandergesetzt hat, der wird bestätigen können, daß diese Beschäftigung zu einer Leidenschaft werden kann.

Viele Kletterpflanzen sind anspruchslos und widerstandsfähig, vermögen aber dennoch selbst in einem neu angelegten Garten schon bald die Atmosphäre einer über Jahre hinweg harmonisch gewachsenen Gartenidylle zu erzeugen. Mit ihrem dichten Wuchs und ihrer farbenfrohen Blütenpracht können sie Gartenmauern und Hausfassaden schmücken, Fenster mit einem blühenden Rahmen umgeben und zur Blütezeit Garten und Haus mit sommerlichem Duft erfüllen. Mit ein wenig Geschick lassen sich Kletterpflanzen und Sträucher zu reizvollen Kompositionen zusammenstellen.

Feste Regeln gibt es kaum. So empfehlen zwar einige Gärtner, für die »warmen«, von der Sonne verwöhnten Mauerbereiche nur empfindliche Exoten zu verwenden. Doch an Vorgaben dieser Art muß man sich nicht halten: Eine meiner nach Süden ausgerichteten Mauern ist vollständig von einem riesigen, selbstgezogenen Brombeerstrauch bewachsen, der mit jedem Jahr dichter und undurchdringlicher wird. Die stacheligen Zweige tragen große, saftige und überaus köstliche Beeren.

Dieses Buch widmet sich jedoch nicht nur den Gartenmauern, sondern auch den Besonderheiten von Zäunen, Spalieren und Hecken (also allen vertikalen Strukturelementen des Gartens). Zäune und Spaliere bieten wie Gartenmauern gute Bedingungen für Kletterpflanzen, und auch Hecken können mit fachmännischer Pflege sehr attraktiv aussehen. Als bewußt gesetzte Begrenzungen können sie einen Garten vor fremden Blicken schützen, sie können ihn aber auch als »Raumteiler« in Bereiche unterschiedlicher Größe aufteilen, ihm architektonische Struktur und Perspektive verleihen.

Dieses Buch soll eine Quelle praktischer Ratschläge und Anregungen sein für all diejenigen, die in der glücklichen Lage sind, eine Gartenmauer planen oder mit Pflanzen beleben zu können und die einen Zaun, ein Spalier oder eine Hecke nach ihren individuellen Bedürfnissen und Vorstellungen errichten möchten.

• ZIEGELSTEINMAUERN •

Blockverband

Gotischer Verband

Englischer Verband

Bis sich die Ziegelsteinproduktion zu einem überregionalen Industriezweig entwickelte, wurde zur Herstellung kleinerer Mengen der Lehm aus den örtlichen Gruben verwendet. Mauern, die aus diesen Ziegeln erbaut wurden, haben einen engen Bezug zu den geologischen Verhältnissen der Region und fügen sich harmonisch in die Landschaft ein. Heute kann man sich handgefertigte Ziegel kaum noch leisten. Doch moderne Ziegelsteine bieten eine solche Farb- und Strukturvielfalt, daß man keine Schwierigkeit hat, eine Variante zu finden, die dem Ziegelstein der Region sehr ähnlich ist. Wer eine eher verwittert aussehende Mauer vorzieht, kann Ziegel verwenden, die beim Abbruch von alten Gebäuden anfallen. Man kann sie von Firmen beziehen, die altes Baumaterial zur Wiederverwertung verkaufen. Leider sind alte Ziegel oft weicher und frostanfälliger als neue Ziegel, die bei höheren Temperaturen gebrannt werden.

Im Laufe der Jahrhunderte erfand man verschiedene Verbandmuster, bei denen die vertikalen Fugen meistens versetzt angeordnet wurden, um die Stabilität zu erhöhen. Im Mittelalter standen den Maurern nur sehr unregelmäßig geformte Ziegel zur Verfügung, wodurch Verbandsysteme eher zufällig entstanden. Bis zum Jahre 1500 hatte sich aber der sogenannte Blockverband weitestgehend durchgesetzt. Bei diesem Muster wechselt eine Schicht Läufer (Ziegel, die parallel zur Mauerflucht verlaufen) mit einer Schicht Binder (Ziegel, die senkrecht zur Mauerflucht verlaufen) ab.

Ab dem 17. Jahrhundert war der gotische Verband, bei dem sich Läufer und Binder in jeder Schicht abwechseln, sehr beliebt. Von diesem System wurden verschiedene Varianten entwickelt. Blockverband und gotischer Verband, die beim Bau von Gartenmauern Verwendung fanden, konnten durch farbige Binder noch attraktiver gestaltet werden. Die verschiedenen Farbschattierungen wurden durch das Einwirken von Rauch und den in den holzgefeuerten Brennöfen variierenden Temperaturen auf die Ziegelenden erzielt.

Der heutige Betrachter, der fast ausschließlich das eintönige, im Läuferverband gebaute Mauerwerk gewöhnt ist, mag von dieser Vielfalt beeindruckt sein. Einige Gartenbesitzer wollen deshalb eine Mauer nach alten Mustern errichten. Man sollte aber nicht vergessen, daß der Zweck der Mauer darin besteht, den Pflanzen Halt und Hintergrund zu geben; ein kompliziertes Muster ist daher oft gar nicht geeignet. Im Zweifelsfall sollte man sich für die einfachste Lösung entscheiden.

Halbsteinmauern sind weniger stabil als die oben beschriebenen und müssen in regelmäßigen Abständen mit Pfeilern abgestützt werden. Sie bieten auch we-

Läuferverband

Märkischer Verband (Variante)

Fischgrätenmuster

Rechts: Eine neue Ziegelsteinmauer mit einem Wasserbekken ergänzt sich zu einem harmonischen Ganzen. Die ganze Anlage ist durch gesamte Bepflanzung mit Leben erfüllt.

Mitte: Ein ungewöhnlicher Mauerabschluß und bogenförmige Nischen verleihen dieser Mauer aus alten Ziegeln einen besonderen Reiz.

niger Spielraum für die Gestaltung von Mustern, es sei denn, ein Sortiment von Halbsteinen steht zur Verfügung.

Ein Nachteil einer Mauer mit modernen Ziegelsteinen liegt darin, daß sich Kleinpflanzen, die sich in den Fugen und Ritzen alter Mauern mit ihren Wurzeln festklammern können, hier nur schwer ansiedeln können. Doch da die Sporen von Moosen und Flechten vom Wind getragen werden, ist es auch bei einer modernen Ziegelsteinmauer möglich, daß sich die eine oder andere Pflanze hier niederläßt. Man kann diesen Vorgang beschleunigen, indem man eine neue Mauer mit Düngerlösung oder Kompostflüssigkeit bestreicht. Der Geruch verfliegt relativ schnell, und schon bald wird die Mauer nicht mehr ganz so nackt aussehen.

Eine Mauer im Blockverband ist nicht nur stabil, sondern ermöglicht auch eine dekorative Gestaltung des Mauerwerks.

Eine Halbsteinmauer im Läuferverband mit einem Halbsteinkopf.

STÜTZEN

Die Stützen, die eine Halbsteinmauer (siehe unten) stabilisieren, unterteilen die Fläche einer Mauer in regelmäßige Abschnitte. Diese optische Einteilung kann man mit der Bepflanzung aufgreifen. Es bietet sich an, in jedem Zwischenraum einen Busch anzupflanzen, oder Sie betonen die Stützpfeiler, indem Sie vor jedem eine streng geschnittene, immergrüne Pflanze einsetzen. Sie sollten dabei, je nach Pflanzenart, auf die verschiedenen Säulen- oder Kegelformen zurückgreifen. Eiben lassen sich in fast jede Form schneiden, daher eignen sie sich besonders für eine kunstvolle Formierung. *Pyracantha* wächst schnell und bietet sich für eine hohe Form an, während *Pittosporum* seiner Natur nach eher zur Kegelform neigt.

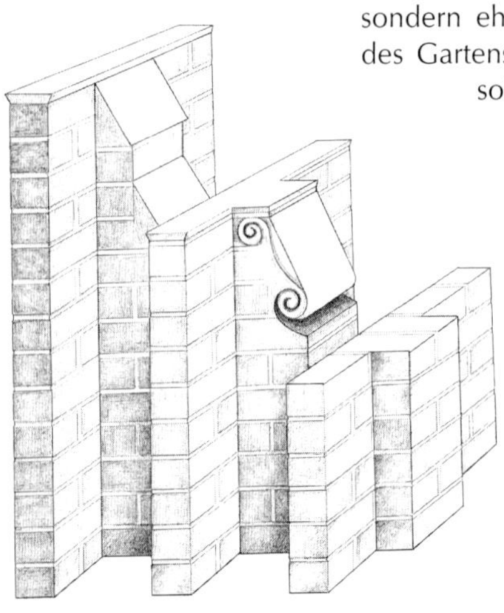

SCHMÜCKENDE DETAILS

Die meisten Schmuckelemente sind zugleich Bestandteile der Mauer selbst – das Muster der Ziegelsteine, der Abstand zwischen den Stützpfeilern und die Art der Mauerkappe oder -krone. Das Einbeziehen dekorativer Gestaltungselemente wie zum Beispiel Ziersteine oder auch Maueröffnungen ist freilich Geschmacksache.

Neben den bereits beschriebenen Verbandmustern gibt es aber auch noch andere Möglichkeiten, Ziegel dekorativ anzuordnen. Eine Mauer mit Wabenmuster wirkt durch die Aussparungen zwischen den Ziegeln sehr attraktiv; zum einen wird der Bau einer solchen Mauer billiger und zum anderen erfordert sie nicht so viele Stützpfeiler, da sie dem Wind weniger Widerstand bietet als eine stabile, geschlossene Mauer in gleicher Höhe. Auf Grund ihrer Gitterstruktur eignet sich eine wabenförmige Mauer jedoch weniger als Sichtschutz, sondern eher als Raumteiler innerhalb des Gartens. So verwendet, kann eine solche Mauer sehr reizvoll aussehen, besonders wenn sich Kletterpflanzen an ihr emporranken. Diese benötigen als Halt lediglich die bestehenden Aussparungen. Naturgemäß wird sich auf der sonnenzugewandten Seite die schönere Blütenpracht entwickeln.

Ein Fischgrätenmuster eignet sich eher für niedrige Mauern oder einen begrenzten Mauerabschnitt. Für eine kleine Anpflanzung stellt es einen angemessenen Hintergrund dar. Auch als Begrenzung eines kleinen Rasenstücks ist dieses dicht wirkende Muster geeignet, da sich die zickzackförmig aufeinandergeschichteten Ziegel effektvoll von der ebenmäßigen Grasfläche abheben.

Sieht man von zweckmäßigen Erwägungen einmal ab, gibt es auch noch andere interessante Schmuckelemente. Von einer Maueröffnung (claire-voie) geht ein unwiderstehlicher Reiz aus, der einen Blick in verborgene Geheimnisse verspricht. Wenn die Mauer hoch genug ist, sollte die Öffnung in etwa 1,5 Meter Höhe angebracht werden, so daß man den unmittelbar dahinterliegenden Raum erst dann sieht, wenn man direkt davorsteht. Der Verlockung hindurchzuschauen wird kaum jemand widerstehen können. Maueröffnungen können viele Formen haben: viereckig, rund, oval oder auch sechseckig. Die Form hängt ganz allein von der Beschaffenheit der Mauer (und der Größe des Geldbeutels) ab. In älteren Gärten sind sie zusätzlich oft mit einem schmiedeeisernen Gitter verziert, dessen Silhouette sich besonders hübsch gegen den Himmel abzeichnet.

Eine Nische kann ein besonderer Blickfang oder Anziehungspunkt an einer sonst eher schlichten Mauer sein. Sie bietet Platz für kleine Statuen oder Pflanzenkübel. Pflanzen gedeihen dort jedoch nur, wenn sie regelmäßig gegossen werden, da sie in der Nische vom

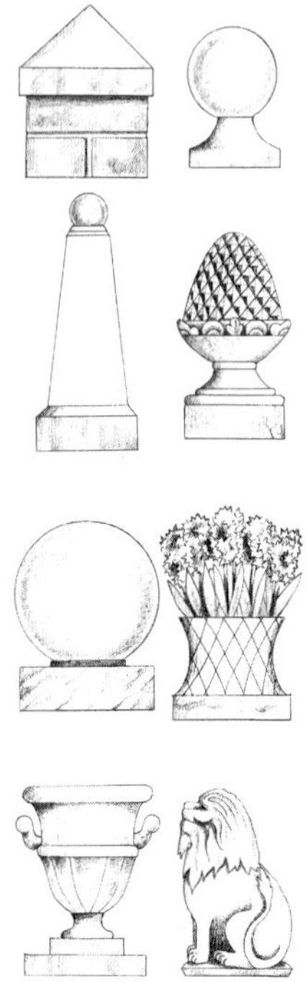

ZIERSTEINE

Ziersteine wie die hier gezeigten können links und rechts vom Haupteingang auf einer großen Mauer einen interessanten Blickfang darstellen. Kleinere Formen wirken entsprechend in einem kleineren Garten. Darüber hinaus ist es ratsam, ein möglichst einfaches Design zu wählen und Ziersteine sparsam und nach den Regeln der Symmetrie einzusetzen.

Regenwasser nur wenig abbekommen. Räumlich gesehen ist eine Nische ein extravaganter Luxus, da die ganze Mauer ein Stück nach vorn gesetzt werden muß, es sei denn, es handelt sich um eine besonders dicke Wand.

Während des Sommers gehören bepflanzte und gepflegte Blumenampeln wohl zum schönsten Gartenschmuck. An einer Hauswand kann man ohne Probleme einen Haken zur Befestigung des Korbes anbringen. Es gibt jedoch kaum einen unerfreulicheren Anblick als den einer verdorrten und vernachlässigten Pflanze in einer Ampel. Regelmäßiges Gießen und Düngen ist deshalb unabdingbar.

Schließlich kann eine Mauer auch als Stütze für eine Pergola dienen. Dies schränkt zwar die Möglichkeiten, sie zu bepflanzen, ein, aber in der heißen Jahreszeit wird man ein wenig Schatten willkommen heißen.

Rechts: Eine Nische stellt einen geeigneten Rahmen für eine Büste oder für Pflanzenkübel dar. Hier wird die kreisrunde Form zusätzlich von einer Kletterrose betont.

Unten: Maueröffnungen sind immer reizvoll und verleiten dazu, einen Blick in den dahinter verborgenen Gartenbereich zu werfen.

MAUERKRONEN

Jede Mauer benötigt nach oben hin irgendeinen Abschluß. Es gibt verschiedene Materialien für Mauerkronen und -kappen. Die einfachste Mauerkrone besteht aus einer abschließenden Ziegelsteinreihe, die quer zur obersten Lage angeordnet wird; ähnlich unauffällig sind an einer Seite abgerundete Ziegel, die speziell für Mauerkronen hergestellt werden. Ziegelsteine oder Schieferplatten, die in einem entsprechenden Winkel angeordnet das Regenwasser ableiten, eignen sich gleichermaßen als Abschluß. In vornehmen Gartenanlagen wirken speziell angefertigte Schlußsteine am schönsten.

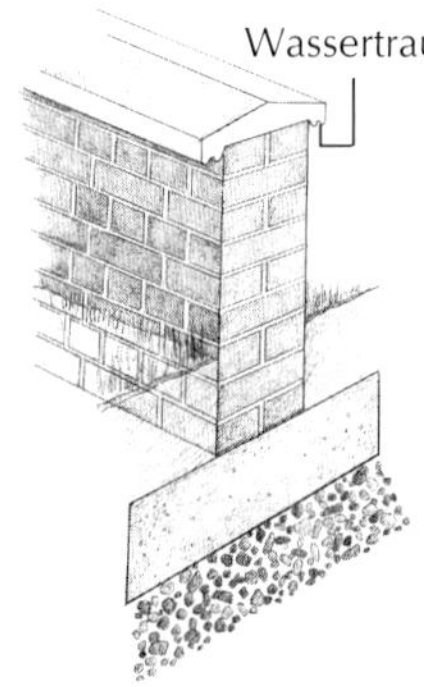

MAUERSOCKEL
Eine Mauer ist nur so stabil wie der Sockel, auf dem sie steht; das Betonfundament sollte mindestens dreimal so breit sein wie die Mauer selbst. Es empfiehlt sich, das Fundament mindestens 1 Meter tief, unterhalb der Frostgrenze, zu legen. In kälteren Gegenden sollte das Fundament noch tiefer angelegt werden. Die Mitarbeiter einer örtlichen Baufirma können Ihnen sicher sagen, welche Tiefe in Ihrer Gegend erforderlich ist. Der Mauerabschluß sollte etwas breiter sein als die Mauer selbst und über Wassertraufen verfügen, die unterhalb der Schlußsteinreihe verlaufen und verhindern, daß das Regenwasser an der Mauer abfließt.

PRAKTISCHE ÜBERLEGUNGEN

Der Bau einer Mauer ist keine billige Angelegenheit und erfordert gründliche Planung. Man sollte stets den Rat eines Fachmanns einholen, vor allem wenn es um die Sicherheit der Anlage und um entsprechende Baugenehmigungen geht. Befragen Sie die örtlichen Behörden, bevor Sie sich an die Arbeit machen. Das Haus und seine Umgebung weisen bereits die Richtung, welche Ziegelsteinart Sie wählen sollten und was die Bauweise betrifft. Die Auswahlmöglichkeiten sind dadurch oft schon erheblich eingeschränkt. Bei der Frage der Details, wie Sie die Mauer verzieren oder wie die Mauerkrone aussehen soll, können Sie Ihrem persönlichen Geschmack folgen.

Ziegelsteine werden in unterschiedlicher Qualität und Farbe angeboten. Sie müssen selbstverständlich wetterbeständig sein. Wenn Sie aber verhindern wollen, daß die Mauerkante auch nach zehn Jahren immer noch messerscharf ist, sollten Sie eine Ziegelart wählen, die mit der Zeit weicher wird und verwittert. Hier ist es empfehlenswert, den Rat eines Baustoffherstellers einzuholen. Richten Sie Ihr Augenmerk auf Verblendziegel und nicht auf Hartbrandziegel oder gewöhnliche Mauerziegel. Hartbrandziegel sind zu hart (und zu teuer); gewöhnliche Mauerziegel sind zwar auch verwendbar, aber ihr Aussehen ist weniger ansprechend als das der Verblendziegel, deren Oberfläche besonders bearbeitet wurde, um sie optisch reizvoller zu gestalten. Es gibt sie in verschiedenen Härten; einige sind vergleichbar mit Hartbrandziegeln, andere sind weniger widerstandsfähig. Die Härte hängt von dem Ton ab, aus dem sie gebrannt werden. Aber auch die weicheren modernen Ziegel sind haltbar und langlebig; am wichtigsten ist es, eine Ziegelart zu finden, die mit den regional verwendeten Ziegeln farblich harmoniert.

Unter finanziell begrenzten Umständen können auch Betonblocksteine in Erwägung gezogen werden; sie sind billiger und leichter zu verarbeiten als Ziegel. Die einfache Ausführung sieht allerdings langweilig aus und sollte hinter üppig wuchernden Kletterpflanzen verborgen werden, oder man verputzt sie. Bei solchen Mauern fallen aber regelmäßige Pflege- und Malerarbeiten an, die eine Anpflanzung von Kletterpflanzen, die sich unmittelbar an der Mauer hochranken (es sei denn, man will sie bei anfallenden Reparaturen opfern), und von Sträuchern, die zu widerspenstig sind, als daß man sie mühelos beiseite schieben könnte, verbieten. Ähnliche Probleme ergeben sich bei geweißten Wänden, doch in kleinen, sonnenarmen Gärten lohnt die freundliche Ausstrahlung einer hellen Mauer oft den Arbeitsaufwand.

Es gibt auch Betonblocksteine, die ohne Bearbeitung ganz ansprechend aussehen. Sie sind heller und hübsch lasiert. Einige haben eine spezielle Gitterform, die an Ziegelsteinmauern mit Wabenmuster erinnern, aber viel schneller zu verarbeiten sind. Solche Mauern eignen sich besonders in heißen Gegenden, da sie einen kühlenden Luftzug ermöglichen. Betonblocksteine sind verhältnismäßig leicht und sollten

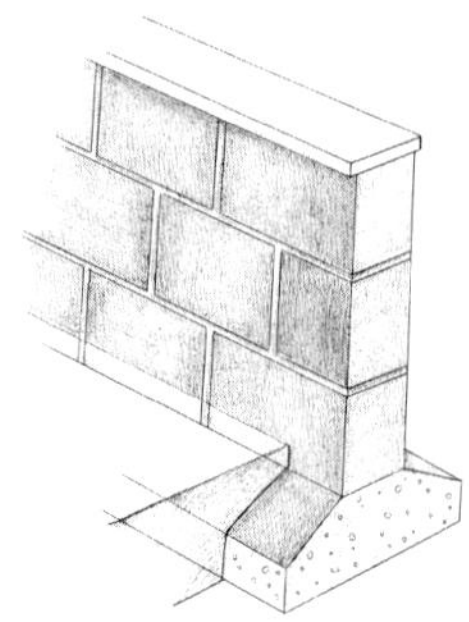

BETON
Eine Mauer aus Betonblocksteinen sieht zwar nicht so ansprechend aus, ist aber eine kostengünstige Alternative zu Ziegelsteinen. Sie benötigt keine Stützpfeiler, aber das Fundament sollte stabil sein. Ein einfacher Mauerabschluß reicht aus.

Rechts: Eine Mauer aus Betonblocksteinen, die durch ein Spalier erhöht wurde, bietet einen idealen Lebensraum für Kletterpflanzen und eine Vielzahl wärmeliebender Pflanzen.

FEUCHTIGKEITSSPERRE
Eine feuchtigkeitsbeständige Schicht in der ersten oder zweiten Fuge über dem Erdreich trägt zur Erhaltung einer Ziegelsteinmauer bei, indem sie verhindert, daß Wasser in die Mauer durch die Fugen nach oben steigt, sie dadurch beschädigt oder mit Salzablagerungen verunstaltet. Nur eine trockene Mauer ist frostbeständig. Aus diesem Grund verwendete man früher zuunterst drei Lagen Hartbrandziegel oder zwei Lagen Schiefer. Heute legt man einfach einen Streifen Polyäthylen (oder Neopren) zwischen zwei Ziegellagen.

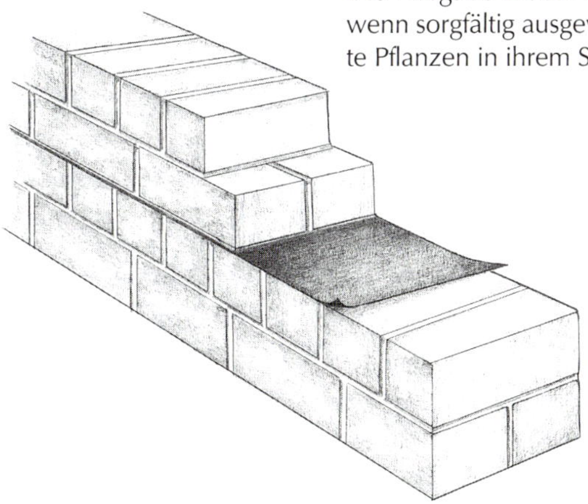

wie Ziegelsteinmauern auf Betonsokkeln angelegt werden. Stützpfeiler sind nicht nötig.

Die Höhe der Mauer bestimmt das Ausmaß an Intimität und die Größe der Pflanzen, die auf und neben ihr angesiedelt werden können. Je höher die Mauer (bis zu 3,5 Meter), desto besser. Wenn aus Kostengründen Einschränkungen gemacht werden müssen, sollte man lieber über ein kurzes Stück hinweg eine hohe Mauer anlegen, anstatt um den ganzen Garten ein kleines unscheinbares Mäuerchen zu ziehen.

Möglicherweise bietet es sich an, in der Nähe des Hauses einen Abschnitt mit einer hohen Mauer zu errichten, die eine Terrasse säumt und schützt; weiter vom Haus entfernt, in Gartenteilen, wo der Sichtschutz nicht so wichtig ist, kann die Mauer dann niedriger sein.

Wenngleich man eine niedrige Mauer zum Beispiel mit einem Spalier in der Höhe aufstocken kann, ist eine solide, hohe Mauer in jedem Fall vorzuziehen. Die Ausgabe macht sich später bezahlt, wenn sorgfältig ausgewählte und gepflegte Pflanzen in ihrem Schutz gedeihen.

• NATURSTEINMAUERN •

Der regionale Naturstein wurde schon immer als natürliches Baumaterial verwendet. Traditionell errichtete Häuser und Mauern fügten und fügen sich harmonisch in die jeweilige Umgebung und prägen den spezifischen Charakter einer Landschaft. Aus diesem Grund paßt eine Steinmauer nicht in eine Region, in der Lehmboden vorherrscht, und eine Granitmauer nicht in eine Kalksteingegend.

Herauszufinden, welches das ortsübliche Baumaterial ist, fällt nicht schwer; Schwierigkeiten bereitet es aber oft, auch ausreichende Steinmengen zu beziehen und einen Handwerker zu finden, der das Material sachgemäß bearbeiten kann. Wenn baufällige Gebäude und Mauern abgerissen werden, können die Steine häufig wiederverwendet werden. Firmen, die alte Baustoffe zur Wiederverwertung verkaufen, sind eine mögliche Bezugsquelle. Da aber alte Häuser heute oft liebevoll restauriert werden, bleibt nicht selten die Wahl von Kunststein die einzige Alternative. Die handelsüblichen Kunststeine kann man kaum mehr von Naturstein unterscheiden, und sie sind darüber hinaus leichter zu transportieren und zu verarbeiten.

Es gibt so viele unterschiedliche Erscheinungsformen von Naturstein, daß es unmöglich ist, generell zu behaupten, Natursteinmauern seien für die Ansiedlung von Pflanzen besser geeignet als Ziegel. Der schwarze, widerstandsfähige Granit zum Beispiel wirkt fast bedrohlich. Auf Grund seiner Härte bildet er auch kaum Risse, in denen kleine Pflanzen Wurzeln schlagen könnten. Granitgestein macht es einem recht schwer, geeignete Sträucher und Kletterpflanzen zu finden: Ist es vorteilhafter seine natürliche Farbe zu betonen, indem man Pflanzen mit dunklen Blättern und Blüten wählt (zumindest Puristen würden sich für diese Alternative entscheiden), oder soll man das dunkle Gestein durch helle Blätter, leuchtende Blüten und Wildwuchs beleben (was dem Versuch gleichkommt, einen Arbeitsanzug mit einem extravaganten Hut adeln zu wollen)?

Eine andere dunkle und damit schwierige Gesteinsart stellt der Feuerstein dar, der in Ostengland oft Verwendung findet. Doch der kleinere Feuerstein wirkt optisch nicht so massiv wie Granit. Auch Schiefer hat eine dunkle, fast marineblaue Farbe und ist deshalb ebenso wie roter Sandstein schwierig zu bepflanzen. Bestimmte Kalksteinarten zeigen ein fast aggressives Orangebraun, was die Anpflanzung von zum Beispiel rosablühenden Gewächsen verbietet. Weiß und Gelb sind in diesem Fall schon eher angebracht.

Mauern aus hellem Kalkstein, wie man ihn zum Beispiel in den englischen Cotswolds oder in Ohio in Amerika vorfindet, erfreuen sich allgemeiner Be-

Rechts: An einer alten, mit Flechten bewachsenen Mauer aus Feuersteinen ranken Efeu und efeublättriges Leinkraut *Cymbalaria muralis* – ein idealer Hintergrund für Bauerngartenpflanzen wie Akelei *Aquilegia*.

Unten links: Elegante *Iris* heben sich kontrastreich vor der unregelmäßigen Struktur einer Natursteinmauer mit abgerundeter Mauerkappe ab.

Unten rechts: Viele Kletterrosen wirken besonders attraktiv vor verwittertem Gestein. Eine alte Mauer ist ein reizvolles Ambiente für die warme Farbe der Kletterrose 'Sheldon'.

liebtheit. Das Gestein bricht von Natur aus in handliche, fast zielgelsteinförmige Stücke und kann problemlos zu regelmäßigen Verbänden aufgeschichtet werden. Oft ist nicht einmal der Einsatz von Mörtel erforderlich. Das Gefüge dieser mörtellosen Mauern eignet sich hervorragend für die Ansiedlung von Kleinpflanzen. Die Flächenstruktur einer aus kleinformatigen Kalksteinen gebauten Mauer stellt einen ruhigen, unaufdringlichen Hintergrund für alle Pflanzenarten dar. Kalkstein deutet auf alkalischen Boden hin. Der Kalkgehalt kann zwar zwischen dem einer Kalkbodenschicht bis hin zu dem fast neutraler Lehmböden erheblich schwanken, aber ungeachtet der genaueren Bodenbedingungen eignet sich diese Erde nicht für den Anbau von säureliebenden Pflanzen wie Azaleen, Rhododendren oder Heidekraut. Rhododendren entfalten sich am besten in Granit- oder Schieferregionen.

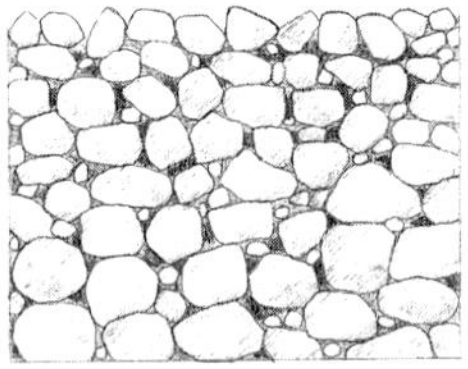

Unregelmäßig strukturierte Natursteinmauer

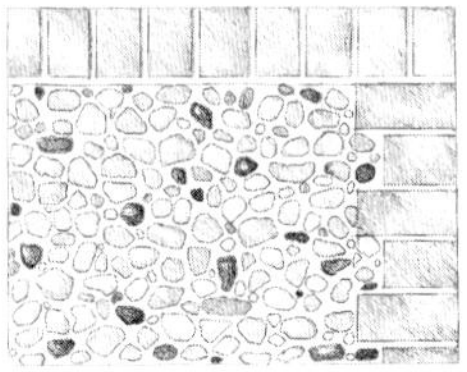

Mauer aus Feuerstein mit Ziegelsteinrahmen

Mörtellose Natursteinmauer
(große Abschlußsteine)

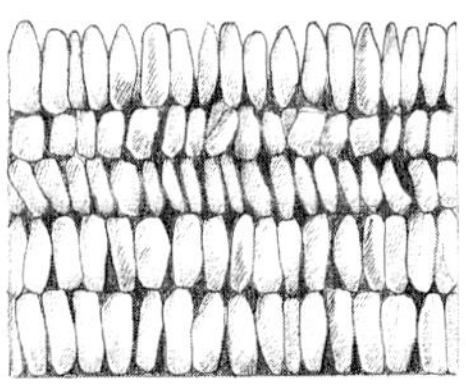

Vertikalstruktur aus Cornwall

DER BAU VON NATURSTEINMAUERN

Der Bau von Steinmauern läßt nur wenig Planungsspielraum. Die ortsansässigen Handwerker haben im Laufe der Zeit sicherlich die effektivsten Methoden entwickelt, um die Steinarten der Region zu verarbeiten. Das größte Problem liegt, wie schon erwähnt, darin, einen Steinmetz zu finden, der dieser Aufgabe gewachsen ist. Solche Handwerker haben meist mehr Arbeit, als sie bewältigen können. Die Anlage von Natursteinmauern ist in der Regel zeitaufwendiger als die aus Ziegelsteinen, und es fällt immer ein gewisser Ausschuß an, den aber ein geschickter Handwerker sehr niedrig halten kann. Da der Stein selbst und die Arbeit der Handwerker recht kostspielig ist, werden neue Natursteinhäuser meist mit einem Kern aus Beton gebaut, der dann mit Natursteinen verblendet wird. Diese Vorgehensweise kann auch beim Bau einer Gartenmauer übernommen werden, aber nur, wenn man mit der häßlichen, unverblendeten Seite keinen Nachbarn unglücklich macht oder die unansehnliche Seite von Pflanzen überwuchert wird.

Die Bauweise über Bodenniveau hängt einzig und allein von der Beschaffenheit der Steine ab. Einigermaßen flache, ziegelähnliche Steine lassen sich problemlos in Schichten anordnen. Unregelmäßigere, breitere Steine können dabei aus optischen Gründen integriert werden. Eine stabile Mauer kann bis zu einer Höhe von mindestens 1,5 Metern ohne Mörtel angelegt werden. Bei höheren Mauern oder an der windigen Wetterseite ist es ratsam, die Steine mit Zement zu verfugen. Pfeiler sind eine zusätzliche Stütze. Bruchstein muß in einem eher willkürlichen Muster angeordnet werden. Wenn man alle 30 cm eine Lage flacher Steine einfügt, erhält die Mauer mehr Stabilität.

Mauern aus Feuerstein (Flint) kommen nicht ohne Ecksteine aus, für die man gewöhnlich Ziegelsteine verwendet. Die Ziegel verlaufen meist auch entlang der Unter- und Oberseite der Mauer.

Eine Natursteinmauer benötigt ebenso wie eine Ziegelsteinmauer eine Mauerkrone, die sie vor Wettereinflüssen schützt. Auch hier hat man die Wahl zwischen einer Mauerkrone mit einfachen Steinen und den besonders für diesen Zweck gefertigten Varianten. Bei einer hohen Mauer bietet sich eher eine Reihe flacher Schlußsteine an. Hochkant gestellte Steine würden unruhig wirken und eignen sich besser für niedrige, weniger imposante Mauerbauten.

Im allgemeinen sind Natursteinmauern problematischer zu errichten als Ziegelsteinmauern. Die Konstruktion ist komplizierter, das Material teurer und massiver und nimmt daher mehr Platz ein. Bevor Sie sich also für eine Natursteinmauer entscheiden, sollten Sie alternativ die Möglichkeit einer Ziegelsteinmauer erwägen. Denn Ziegel passen problemlos auch in eine architektonische Landschaft, die von Naturstein geprägt ist, da Ziegel aus den oben genannten Gründen schon immer in allen Regionen verwendet wurden, was sich umgekehrt von Naturstein nicht sagen läßt.

Natursteinverblendete Betonblocksteine

Regelmäßig angelegte Natursteinmauer

Unregelmäßige Verbandstruktur

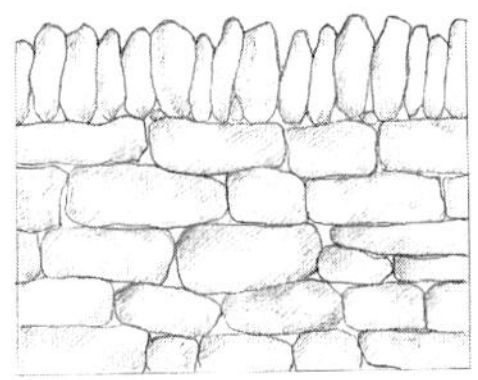

Mörtellose Natursteinmauer mit vertikalen Abschlußsteinen

EINE NATURSTEIN-MAUER ERRICHTEN

Eine Natursteinmauer braucht ein stärkeres Fundament als eine Ziegelsteinmauer: Sie ist meist sehr massiv, der Durchmesser ist größer, und die einzelnen Steine sind schwerer als Ziegel.

Unregelmäßig strukturierte Mauern sollten sich aus Gründen der Stabilität nach oben hin verjüngen (wie eine gut geschnittene Hecke). Eine solche Konstruktion sollte nicht mehr als 1,5 Meter hoch sein; ansonsten empfiehlt sich die zusätzliche Verwendung von Mörtel.

Oben: Die Ziegelverblendung der Bögen fügt sich harmonisch in die von Natursteinen dominierte Architektur.

Unten links: Eine erhöht angelegte Terrasse und eine Mauer aus unverputzten Natursteinen ergänzen sich zu einer homogenen Einheit.

Unten rechts: Die niedrige Gartenmauer eines Landhäuschens mit einer dekorativen Mauerkrone.

• ZÄUNE •

Zäune haben den großen Vorteil, daß sie relativ billig und leicht zu installieren sind. Sie werden aus verschiedenen Materialien und in vielfältigen Ausführungen angeboten, so daß es keine Schwierigkeit sein dürfte, einen geeigneten Zaun zu finden. Das größte Problem besteht darin, daß besonders dekorative Zäune oftmals nicht sehr stabil sind. Die Zäune hingegen, die einen wirkungsvollen Sichtschutz darstellen, sind meist schmucklos, wenn nicht sogar richtiggehend häßlich. Man kann zwar einen Zaun mit Pflanzen verschönern, doch die wenigsten sind dazu geeignet, kräftigen Gewächsen den nötigen Halt zu geben, noch bieten sie genügend Wärme für zarte, empfindliche Pflänzchen. Der entscheidende Grund, einen Zaun nicht überwachsen zu lassen, wenn auch die Verlockung groß ist, besteht darin, daß er regelmäßiger Pflege bedarf und ab und an gestrichen werden muß.

ZAUNPFOSTEN VERANKERN

Zaunpfosten müssen fest verankert werden. Zwei Methoden sind empfehlenswert: entweder man verwendet ein Betonfundament (*links*), oder man benützt feuerverzinkte Metallspitzen.

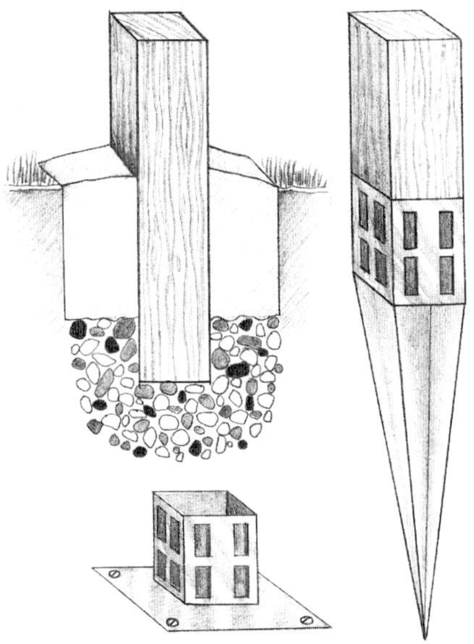

Dichtzaunelement

Zaun aus Profilbrettern

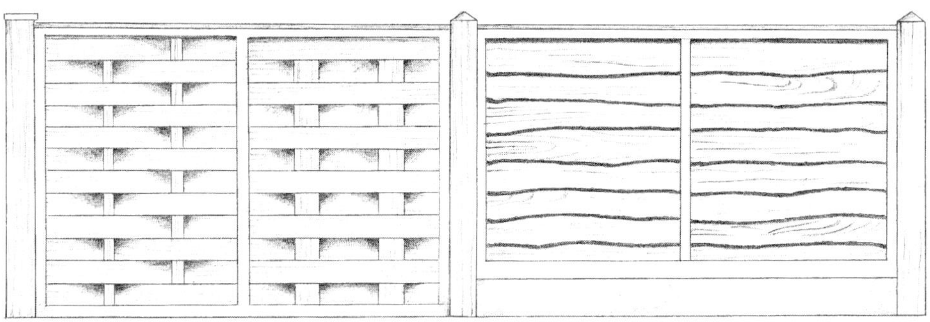

Flechtzaun

Lamellenzaun

Rancherbohlenzaun

Ein vernünftiger Zaun sollte zwei Voraussetzungen erfüllen: erstens muß er Kletterpflanzen Halt geben, und zweitens muß er so konstruiert sein, daß er nicht schon beim ersten Sturm umgeweht wird. Er sollte in jedem Fall von stabilen, fest verankerten Pfosten gestützt werden. Flecht- oder Lamellenzäune, die es in jedem Gartencenter zu kaufen gibt, werden manchmal in weniger stabilen Varianten angeboten. Ein Zaun aus Profilbrettern ist meist robuster, aber auch etwas teurer, doch die Investition lohnt sich. Die regelmäßigen, vertikal angeordneten Latten bieten für Pflanzen einen optisch ruhigen Hintergrund. Darüber hinaus kann dieser Zauntyp für die jeweilige Grundstücksgröße maßangefertigt werden. Eine Bodenleiste schützt die Unterseite und eine Abschlußleiste die freiliegende Holzoberseite.

Um sich für kurze Zeit vor neugierigen Blicken zu schützen (bis zum Beispiel eine Hecke zusammengewachsen ist) sollten Sie Flechtzäune aus Weiden- oder Haselnußzweigen in Erwägung ziehen, die besonders gut in ländliche Gegenden passen. Diese Zäune sind zwar nicht besonders billig, dafür sehen sie aber sehr gefällig aus.

Der Entscheidungsspielraum wird wesentlich größer, wenn man einen Zaun wegen seiner dekorativen Eigenschaften und weniger wegen seiner Schutzfunktion installieren möchte. Hierbei handelt es sich meist um Zäune, die den Vorgarten abgrenzen, im Idealfall eine stilistische Ergänzung zu Haus und Garten bilden und sich dabei harmonisch in die Landschaft einfügen. Die Palette

Bohlenzaun (senkrecht, besäumt)

Zaunrundhölzer

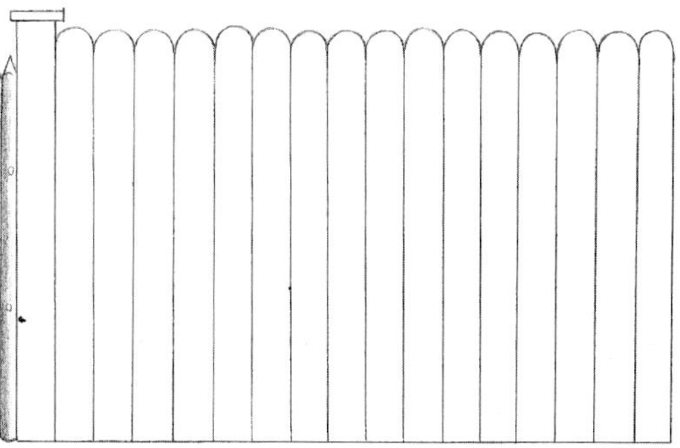
Palisadenzaun

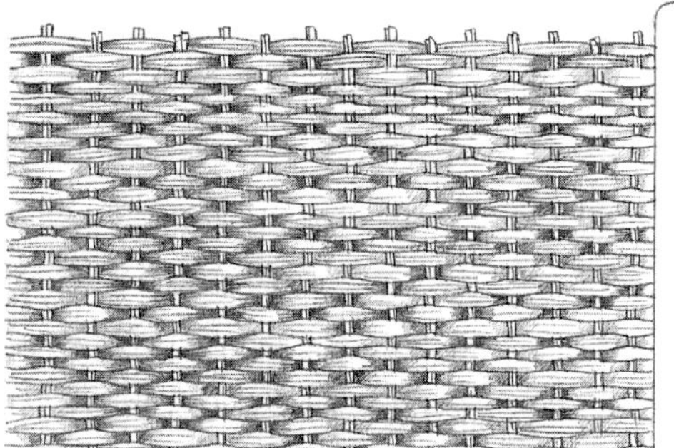
Weidenflechtzaun

Bambuszaun

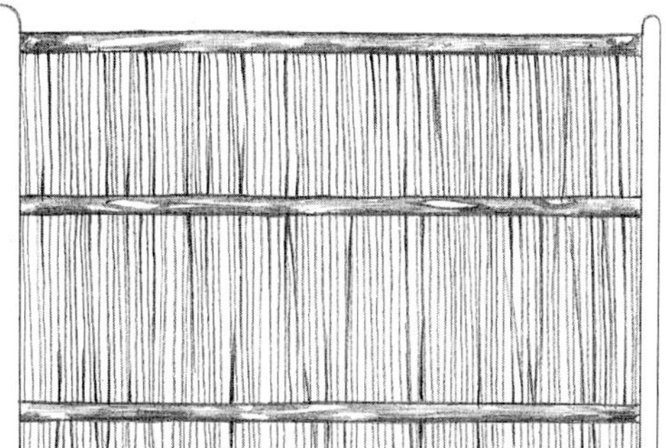
Schilfzaun (Norfolk)

ZIERPFOSTEN

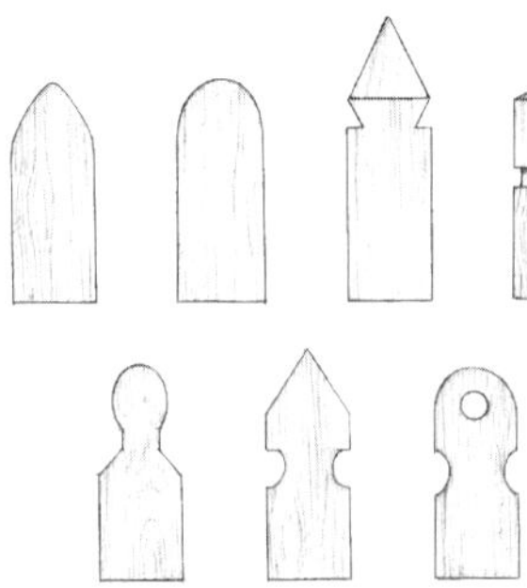

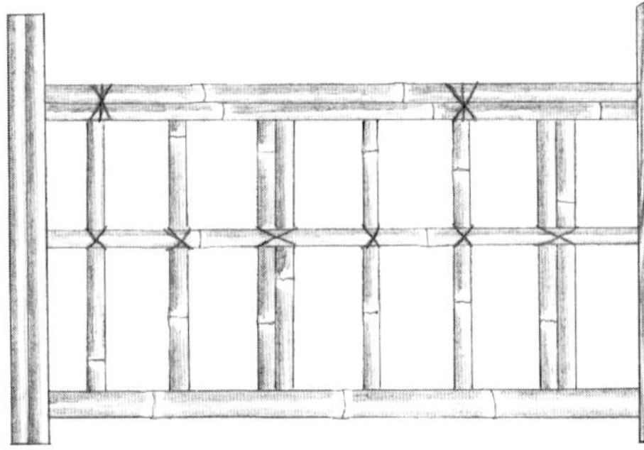

Offener Bambuszaun

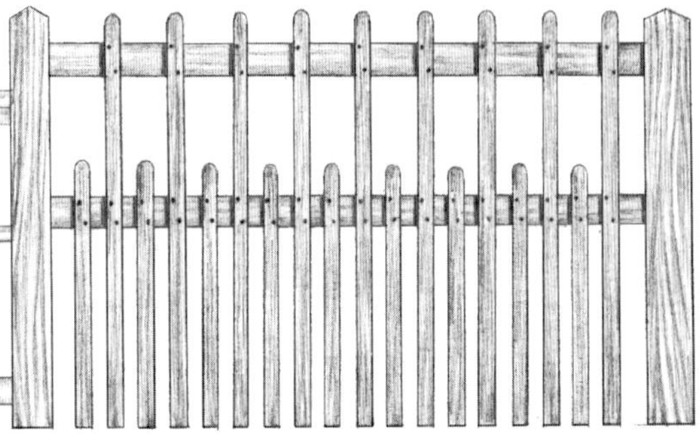

Staketenzaun (Lattenzaun)

Koppelzaun

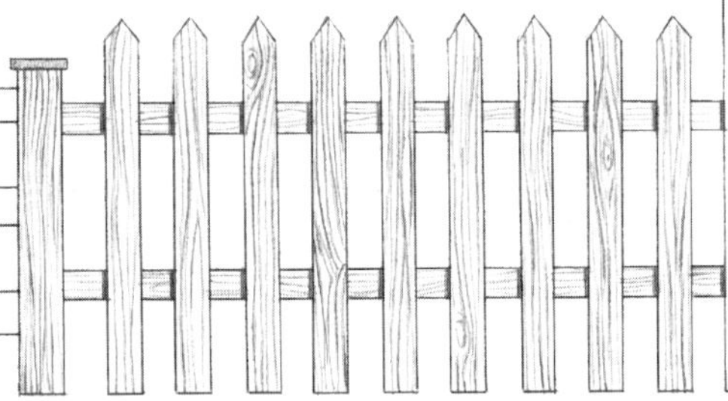

Einfacher Lattenzaun

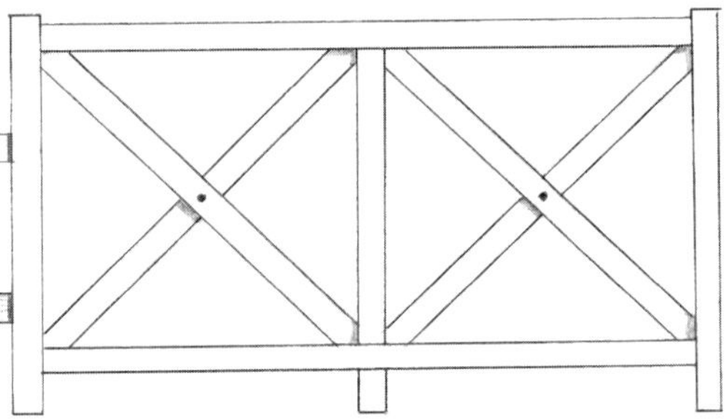

Zaun mit Lattenkreuz

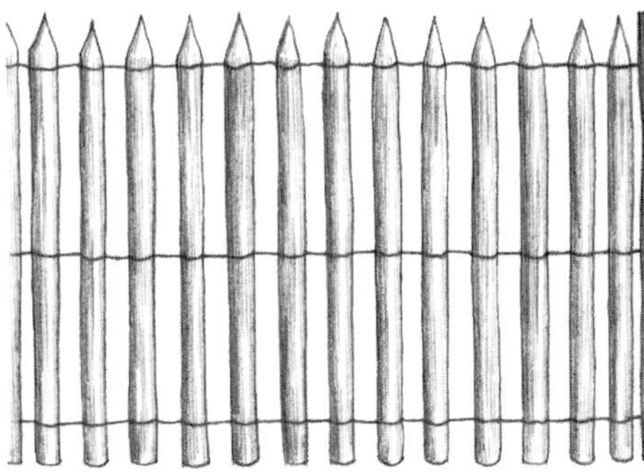

Senkrechtzaun (Pfahlzaun)

Ländlicher Stil

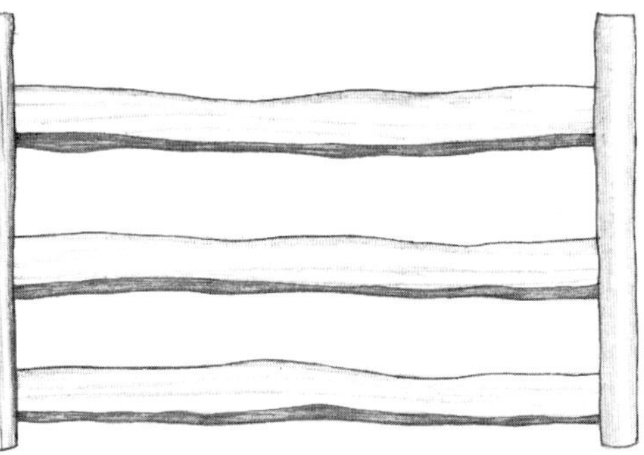

Rancherzaun

Unten: Ein verwitterter, bäuerlich wirkender Zaun aus Pfosten mit Balken als Querverstrebungen in einem zwanglos angelegten Garten.

Unten links: Ein weiß gestrichener Lattenzaun paßt hervorragend zu einem holzverkleideten Häuschen.

der Möglichkeiten ist so vielfältig, daß sich für jeden Geschmack die geeignete Lösung finden läßt. Ein Palisaden- oder Lattenzaun wirkt, vor allem wenn er weiß gestrichen ist, sehr freundlich, und, je nach Anordnung und Wahl der Zierelemente, kann er vornehm oder verspielt aussehen.

Auch Metallzäune können dekorativ sein und entweder städtischen oder ländlichen Charakter haben. Denken Sie nur an die eleganten, filigran gearbeiteten Zäune, wie man sie häufig in der Stadt sieht, im Unterschied zu den offen wirkenden Zäunen ländlicher Parkanlagen. Metallzäune müssen regelmäßig gestrichen werden.

Zäune aus Maschendraht sind zwar nicht sehr schön, dafür aber um so praktischer. Sie eignen sich vor allem für hohe Zaunanlagen. Man sieht sie häufig in der Stadt zwischen einzelnen Grundstücken. Sie sehen am besten aus, wenn sie zwischen fest verankerten Pfosten straff gespannt sind. Maschendrahtzäune sind stabiler, als ihr Aussehen vermuten läßt, und sie bieten Kletterpflanzen und Sträuchern einen guten Halt.

Zäune, die nur aus Pfosten und Querverstrebungen bestehen, verwendet

Unten rechts: Der einfache, naturbelassene Lattenzaun und die Pergolakonstruktion, die Kletterrosen Halt gibt, trennen den gepflasterten Bereich vom angrenzenden Garten.

man häufig für Pferdekoppeln. Sie eignen sich auch als stabile, schlichte Eingrenzung privater Grundstücke, wenn man weder Kleinkinder noch Hunde hat, für die diese Zaunart kein Hindernis darstellt. Man kann einen solchen Zaun von Kletterrosen oder kräftigen Schlingpflanzen überwuchern lassen.

Dank moderner Holzschutzmittel, die Insekten- und Schwammbefall selbst im Erdreich verhindern, sind Zäune heute sehr viel pflegeleichter als früher. Der Geruch von Kreosot (und seine komplizierte Anwendung) gehört mittlerweile der Vergangenheit an. Selbst gutes und sehr teures Weichholz wird unter hohem Druck mit Konservierungsmitteln bearbeitet, wodurch es einen hervorragenden Schutz erhält. Achten Sie darauf, das Holz bei einem zuverlässigen Händler zu kaufen; nur so können Sie sicher sein, daß das Material fachmännisch vorbehandelt wurde. Der Händler kann Sie auch beim Streichen und Lackieren des Holzes beraten. Das behandelte Holz sollte in der Regel einige Monate lang der Witterung ausgesetzt gewesen sein, bevor man es streicht. Einmal gestrichen, braucht ein Zaun auch weiterhin regelmäßige Pflege, damit er ordentlich aussieht. Aber die Qualität moderner Farben und Lacke sorgt auch hier dafür, daß sich die Malerarbeiten in Grenzen halten.

Pfosten mit Kette

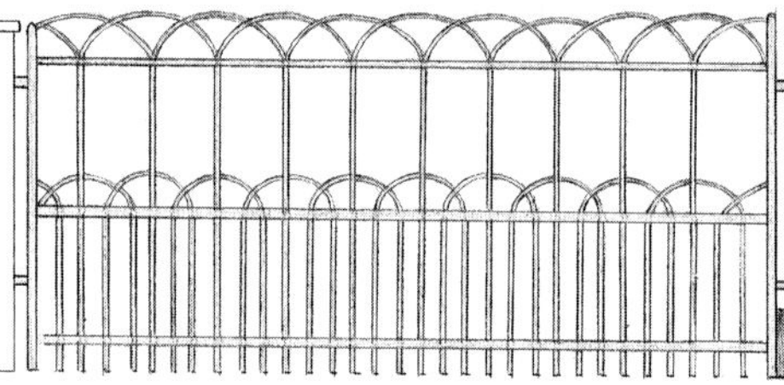

Dekorativer Parkzaun

Schmiedeeiserner Zaun mit Ziegelsteinsockel

Schmiedeeiserner Zaun mit Ziegelsteinsockel

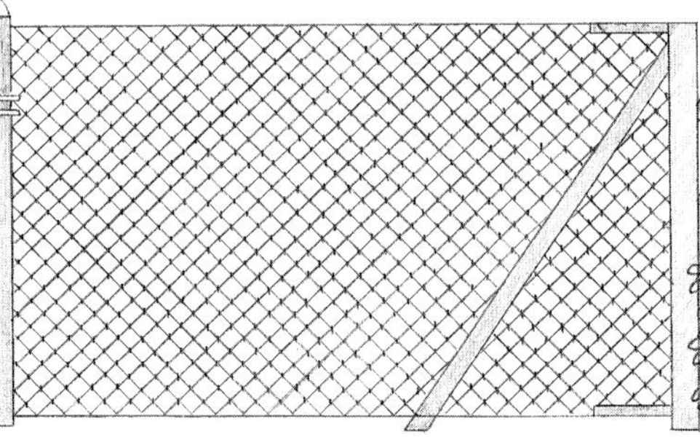

Maschendrahtzaun

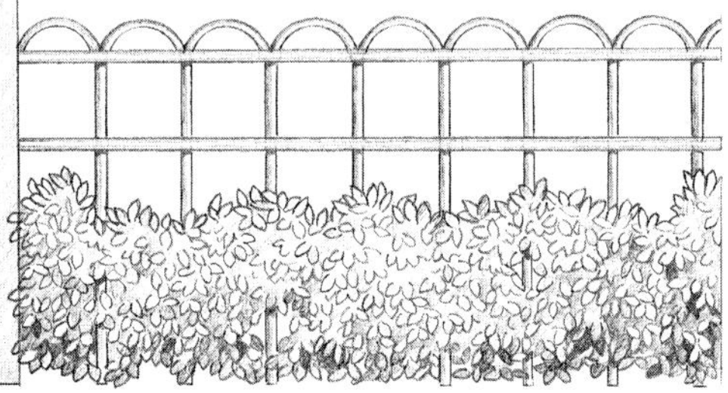

Schmiedeeiserner Zaun mit Hecke

• SPALIERE •

BEFESTIGUNG VON SPALIEREN

Spaliere, insbesondere die größeren, müssen fest mit dem Hintergrund verbunden sein: Befestigen Sie vorbehandelte Holzlatten mit verzinkten Schrauben und Dübeln im Abstand von etwa 120 cm vertikal an der Wand; das Gitterwerk kann mit verzinkten Nägeln an diesem Rahmen angebracht werden. Sie können das Spalier auch unten mit einem Scharnier befestigen und oben mit einem Haken einhängen.

Spaliere sind vielseitig einsetzbar: Man kann sie bei der Gestaltung eines Gartens wie einen Zaun einsetzen, sie lassen sich aber auch an Gartenmauern oder Hauswänden befestigen und wirken als Raumteiler äußerst dekorativ, insbesondere wenn sie mit blühenden Kletterpflanzen bewachsen sind. Spaliere werden in einer Vielzahl verschiedener Formen und Größen angeboten. Besonders aufwendige Ausführungen sind recht teuer.

Lassen Sie sich aber von den kostspieligen Varianten nicht abschrecken: In vielen Fällen reicht eine einfache Konstruktion aus, doch man sollte in jedem Fall auf instabile, ausziehbare Versionen trotz ihres günstigen Preises verzichten, da sie erfahrungsgemäß nur kurze Zeit halten. Um eine Mauer oder einen Zaun in der Höhe zu verlängern, genügen stabile Latten oder Vierkanthölzer, die man in verschiedenen Breiten und Stärken kaufen und problemlos auch an einer Hauswand anbringen kann, wo sie Kletterpflanzen dann den nötigen Halt geben. Die Naturfarbe des Holzes bleicht mit der Zeit aus und entwickelt einen angenehmen Farbton.

Speziell entworfene Spaliere sehen natürlich wesentlich attraktiver aus. Bestimmte Ausführungen sind so stabil gebaut, daß sie auch frei stehen können. Freistehende Spaliere lassen sich im Eingangsbereich eines Gartens in versetzter Anordnung auch als Sichtschutz verwenden, so daß ein Tor überflüssig wird. Ihr Gitterwerk eignet sich für Kletterpflanzen wie *Clematis* und Geißblatt.

An einer Mauer befestigte Spaliere wirken oft so dekorativ, daß sie eigentlich gar keine Bepflanzung mehr benötigen. Manche Hersteller bieten sogar Spalierformen an, deren Gitterwerk optische Täuschungen hervorruft. Ein bogenförmiges Spalier kann einen attraktiven Rahmen für einen dekorativen Pflanzenkübel darstellen. Wenn Sie das Gitterwerk begrünen (echte Gärtner können der Versuchung meist nicht widerstehen), tritt seine Ornamentik nur im Winter in Erscheinung, zu einer Jahreszeit, in der man für diesen hübschen Anblick besonders dankbar ist.

Spaliere aus vorbehandeltem Naturholz erfordern nur wenig Pflege, während gestrichene Spaliere alle paar Jahre einen neuen Farbauftrag benötigen. Dies ist eine knifflige, zeitraubende Arbeit, die man sich durch die Verwendung einer Spritzpistole erleichtern kann. Doch denken Sie daran, die dahinterliegenden Zonen abzudecken, um zu verhindern, daß sie von den feinen Farbtröpfchen verunstaltet werden. Die Wahl der Farbe hängt vom Charakter des Gartens ab. Weiß eignet sich besonders für schattige Bereiche und sieht freundlich und frisch aus. Grün kann für einen Garten wider Erwarten eine sehr problematische Farbe sein, denn es ist nicht einfach, eine

ZUSÄTZLICHE HÖHE SCHAFFEN

Wenn man mit einem Spalier einen Zaun erhöhen will, sollten die Befestigungslatten doppelt so lang sein wie das aufgesetzte Gitterwerk.

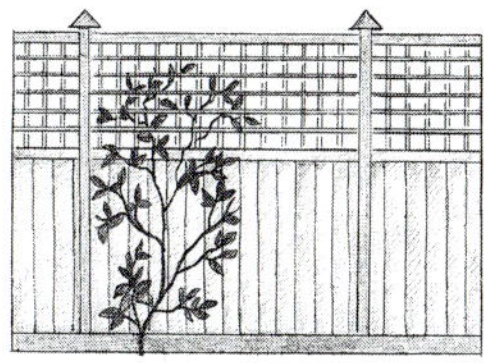

Ein stabiler Holzrahmen mit einem passend gestrichenen Gitter gibt den Rosen Halt und dient gleichzeitig als attraktiver Sichtschutz und Hintergrund.

Oben links: Trotz der offenen Struktur und der unscheinbaren Farbe des Naturholzes stellt dieses hübsche Spalier eine eindrucksvolle Abgrenzung dar. Sein architektonischer Charakter wird von der Höhe und dem Rundbogen bestimmt.

Oben rechts: Eine interessante Konstruktion für einen zurückgezogenen Aufenthaltsbereich in einem Garten. Die Kombination aus tragenden Balken und Gitterwerk sieht nicht nur gut aus, sondern schafft auch eine intime Atmosphäre.

Rechts: Mit etwas Stilgefühl angebracht, verleiht ein Spalier dem Garten eine ganz persönliche Note. Die blaugrüne Farbe dieser Variante verleiht ihr Charakter, ohne aufdringlich zu wirken.

Dieser Eingangsbereich mit seinem durchbrochenen Ziergiebel und massivem Naturholz wirkt sehr bestimmend. In diesem neu angelegten Garten bietet die Netzverkleidung der angrenzenden Spalierwände einen provisorischen Sichtschutz.

Farbschattierung zu finden, die sich nicht mit dem Grün der Pflanzen beißt oder fade wirkt. Zur Zeit ist Graublau sehr in Mode, ein Farbton, der mit den Farben vieler Gartenblumen erstaunlich gut harmoniert und besonders gut in einen Garten mit streng geschnittenen Hecken paßt.

SCHMUCKPFOSTEN
Freistehende Spaliere können durch Schmuckpfosten verschönt werden. Eine klassische Form ist die Kugel, doch es gibt auch andere Formen.

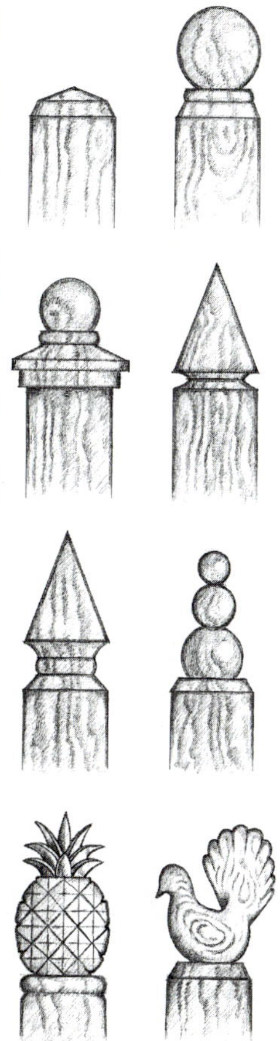

SPALIERE
Wenn Sie eine Wand verdecken wollen, sollten Sie eine dichtere Gittervariante wählen. Wenn Sie jedoch den Betrachter ahnen lassen wollen, was sich dahinter verbirgt, empfiehlt sich eine offenere Form.

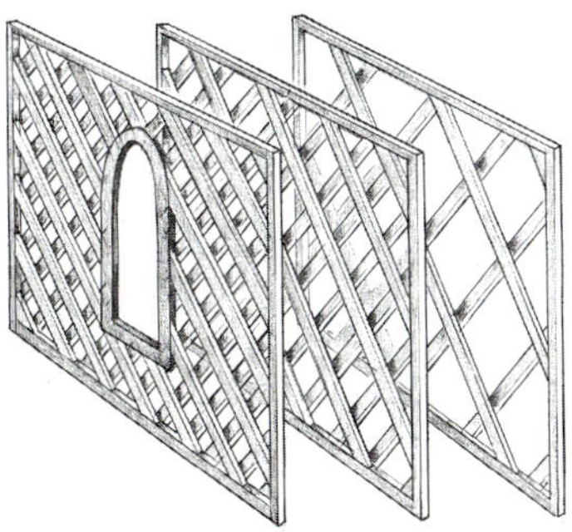

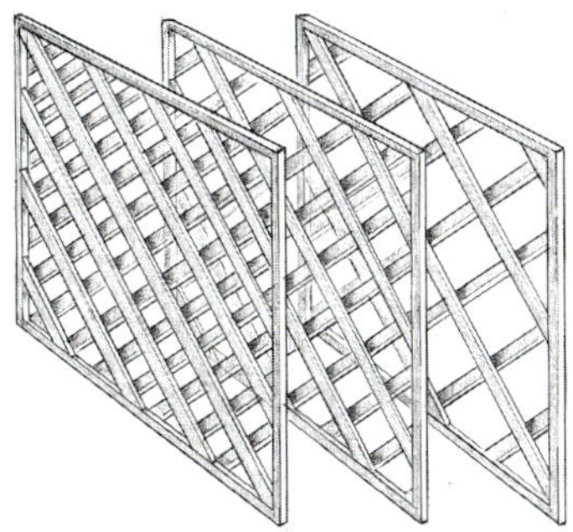

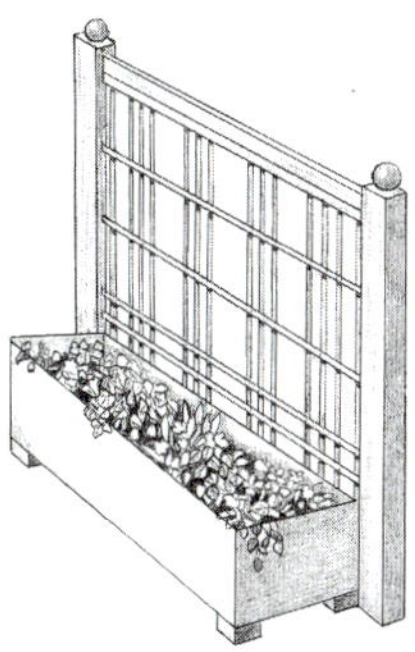

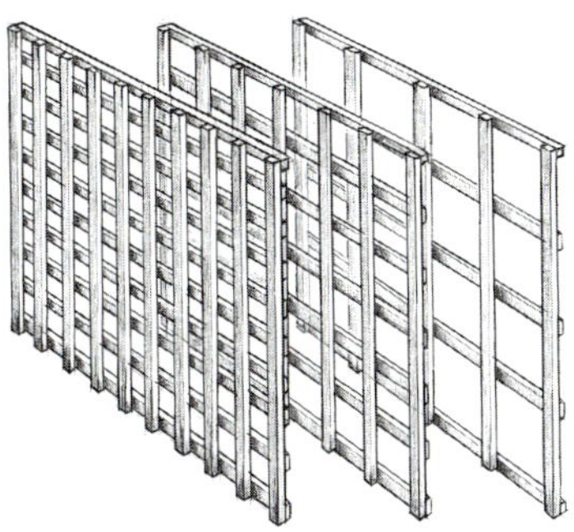

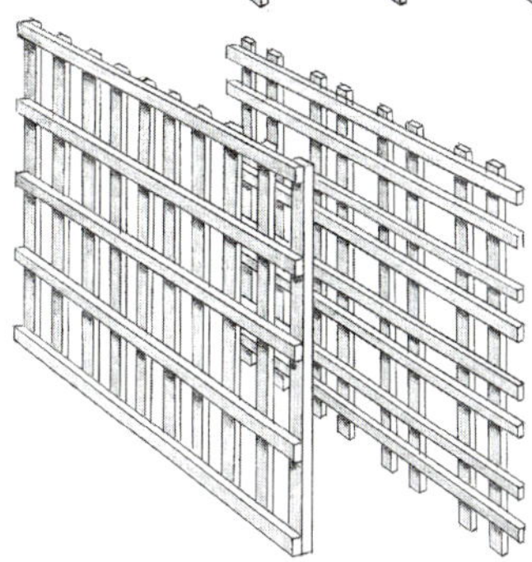

• STÜTZMAUERN •

Auf Hanggrundstücken gestaltet sich die Gartenarbeit oft recht schwierig. Man kann dieses Problem durch das Anlegen von Terrassen lösen, denen Stützmauern den notwendigen Halt geben. Auf einem größeren Grundstück wirkt ein Gefälle weitaus weniger störend als in einem kleinen Garten. Hier sorgen Terrassen für eine sinnvolle Strukturierung.

Den Bau von Terrassen, bei dem größere Erdmengen bewegt werden müssen, führt man am besten – sofern eine Zufahrt vorhanden ist – mit Hilfe von Maschinen durch. Es ist sehr wichtig, dabei vorsichtig vorzugehen, damit während der Arbeiten nicht der fruchtbare Oberboden verlorengeht und nur der Unterboden zurückbleibt, der für eine Bepflanzung ungeeignet ist.

Stützmauern können auch zur Anlage von Hochbeeten in ebenen Gärten angelegt werden. Hochbeete sind insbesondere für ältere Leute anzuraten, die Schwierigkeiten haben, sich zu bücken. Aber auch viele junge Gärtner entscheiden sich für Hochbeete, weil das erhaben angelegte Erdreich eine bessere Wasserführung hat und sich besonders für die Anpflanzung empfindlicher Gewächse anbietet. Unabhängig von der eigentlichen Bodenbeschaffenheit des Gartens lassen sich Hochbeete mit der Bodenqualität auffüllen, die für die jeweilige Pflanze die beste ist: In einem kühlen Schattenbereich kann man ein Beet mit einer sauren Torfmischung aufschütten, in der Heidekrautgewächse besonders gut gedeihen; in einem vollsonnigen Bereich gibt man etwas Kies in die Erde – hier werden sich silberblättrige Pflanzen wohlfühlen. Den meisten Pflanzen genügt bereits eine Höhe von 45 cm, doch oft bietet es sich aus ästhetischen Gründen an, ein Hochbeet höher anzulegen.

Der Bau einer Mauer, die eine Terrasse oder ein Hochbeet abstützen soll,

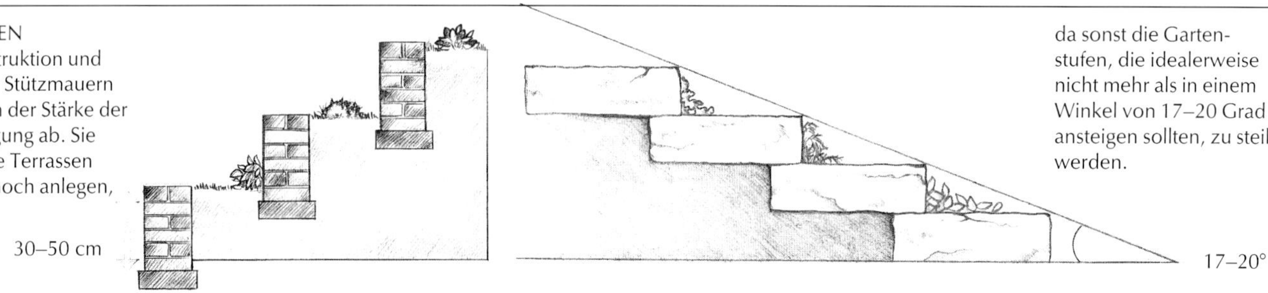

TERRASSEN
Die Konstruktion und Höhe der Stützmauern hängt von der Stärke der Hangneigung ab. Sie sollten die Terrassen nicht zu hoch anlegen, da sonst die Gartenstufen, die idealerweise nicht mehr als in einem Winkel von 17–20 Grad ansteigen sollten, zu steil werden.

Hochbeete sind keine Modeerscheinung. Seit Jahrhunderten haben Gärtner Pflanzen auf kleinen, erhaben angelegten Flächen gezogen, die von niedrigen Stützmauern umgeben wurden. Auch alte Eisenbahnschwellen eignen sich als stützende Abgrenzung und können relativ leicht angebracht werden.

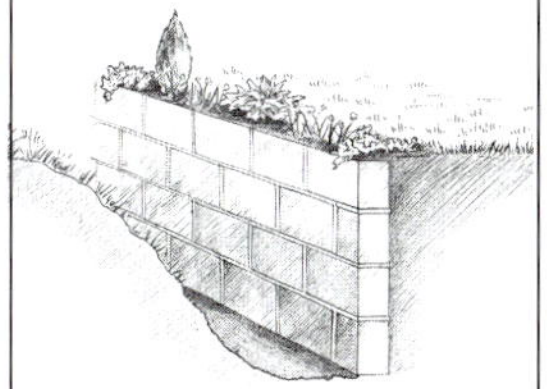

VERSENKTE GRENZMAUER (HA-HA)
Eine versenkte Mauer, die sogenannte Ha-Ha, eignet sich für größere Gärten in einer ländlichen Umgebung. Mit einer versenkten Mauer läßt sich ein Gartengrundstück optisch kaum wahrnehmbar abgrenzen. Das Ausheben der Erde für den Graben ist zwar recht aufwendig, doch die Mühe lohnt sich. Die Stützmauer kann schnell und kostengünstig aus Betonblocksteinen errichtet werden.

muß sorgfältig durchdacht werden, weil sie ein sichtbares und den Charakter eines Gartens prägendes Gestaltungselement darstellt – dies gilt besonders für kleine Gärten. Niedrige Hochbeete können zum Beispiel auch von alten Eisenbahnschwellen gesäumt werden, die stark genug sind, das Erdreich zu halten und sich wegen ihrer unauffälligen Farbe gut eignen; wenn man die Möglichkeit hat, sie günstig zu erwerben, sind sie eine ideale Lösung. Sie können zu diesem Zweck aber auch neue Schwellen kaufen, die allerdings sehr viel teurer sind.

Wie bei Begrenzungsmauern sollte man sich auch bei der Wahl des Baustoffes für Stützmauern an den in der Region bevorzugten Materialien orientieren. Der Entscheidungsspielraum ist hier jedoch etwas größer, weil Stützmauern einen weniger exponierten Stellenwert einnehmen als Begrenzungsmauern und in vielen Fällen teilweise von überhängenden Pflanzen geschmückt werden. Dennoch sollte man darauf achten, daß ihr Material zu Haus und Umgebung paßt.

DER BAU VON STÜTZMAUERN

Stützmauern müssen stabil gebaut sein, da das dahinterliegende Erdreich recht schwer ist. Wie Begrenzungsmauern benötigen auch sie ein angemessenes Fundament. Die Bautechnik über Bodenniveau ist abhängig von der Höhe der Mauer, vom Baumaterial und davon, ob und welche Bepflanzung vorgesehen ist.

Niedrige, mit Mörtel verfugte Ziegelsteinmauern benötigen rankende Gewächse wie den goldfarbenen Felberich, um dahinter die harte Mauerkante zu verbergen.

Der Bau von Ziegelsteinmauern ist auch in diesem Fall einfacher zu gestalten, und wenn auch die Begrenzungsmauer aus Ziegeln besteht, liegt es nahe, das hier verwendete Verbandmuster bei den Stützmauern beizubehalten. Hinter Stützmauern sammelt sich Wasser an. Aus diesem Grund sollten ungefähr 15 cm über Bodenniveau in regelmäßigen Abständen (etwa alle 2 m) Ablauflöcher (schmale Röhren, die in die Mörtelfugen eingebaut werden) angebracht werden. Da die Oberfläche von Ziegeln glatter beschaffen ist als die von Natursteinen, wird es kaum gelingen, an der Vorderseite der Mauer Pflanzen anzusiedeln, es sei denn, daß man im Mauerwerk Zwischenräume freiläßt. Einfacher ist es jedoch, sie an ihrem Fuß zu bepflanzen oder im Erdreich über der Mauer rankende Gewächse anzusiedeln, die über das Gestein herabhängen.

Mörtellose Natursteinmauern eignen sich besonders für Pflanzen, die sich gerne im Mauerwerk selbst ansiedeln. Doch bei einer Mauerhöhe, die 1,5 Meter überschreitet, ist es aus Gründen der Sicherheit ratsam, Mörtel zu verwenden.

Das Goldgelb der Lilien und die Nachtkerze *Oenothera missouriensis*, die oberhalb dieser hübschen, mörtellosen Stützmauer angepflanzt wurden, harmonieren reizvoll mit den warmen Farbtönen der von der untergehenden Sonne beschienenen Steinmauer.

STÜTZMAUER AUS ZIEGEL
Eine Stützmauer aus Ziegelsteinen ist leichter zu errichten als eine aus Naturstein. Dafür ist es schwieriger, in ihrem Mauerwerk Pflanzen anzusiedeln. Hängepflanzen oberhalb der Mauer verdecken die Ziegelsteine. Eine Stützmauer sollte ein stabiles Fundament haben. Zwischen Mauer und Erdreich empfiehlt es sich, eine Schicht Kiesel oder Schotter anzulegen, damit Wasser abfließen kann.

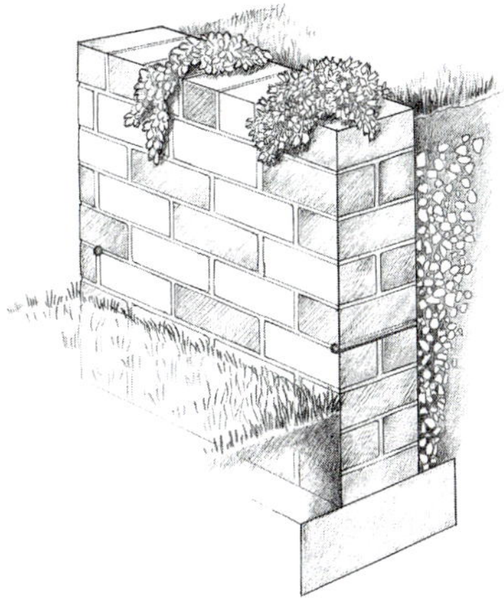

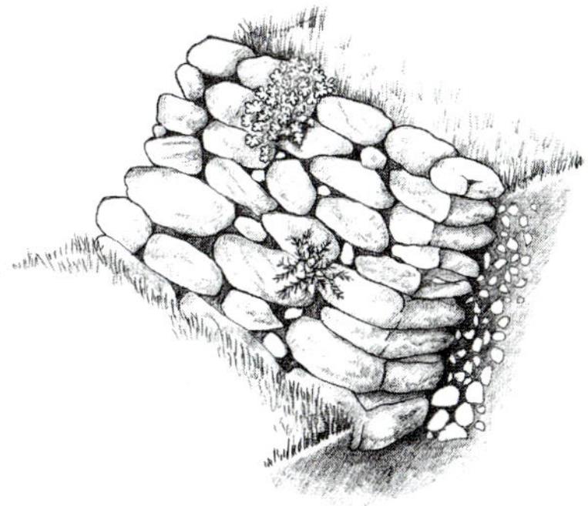

STÜTZMAUER AUS NATURSTEIN
Eine mörtellose Stützmauer aus Naturstein bietet ideale Bedingungen für Pflanzen, die sich in ihren Ritzen ansiedeln und besonders attraktiv wirken, wenn sie einen farblichen Kontrast zur Farbe der Mauer bilden. Für die unteren Lagen sollten große, flache Steine verwendet werden, damit die Mauer eine stabile Grundlage hat; die anschließenden Steinlagen sollten leicht versetzt angebracht werden.

Die Anlage einer mörtellosen Stützmauer erfordert Geschicklichkeit. Jede neue Steinlage muß etwas nach hinten versetzt geschichtet werden, wodurch die Mauer nach oben hin schmaler wird.

Jeder einzelne Stein sollte in einem nach hinten abfallenden Winkel in das dahinterliegende Erdreich gesteckt werden. Die Erde hinter einer mörtellosen Mauer muß fest zusammengedrückt sein, da ein späteres Absinken des Erdreiches die Mauer beschädigen kann oder vielleicht sogar einstürzen läßt.

Die Pflanzen, die im Mauerwerk wachsen sollen, können bereits beim Aufschichten der Steine sorgfältig eingesetzt werden und auf diese Weise schneller Wurzeln schlagen. Es ist sehr viel schwieriger, nach dem Bau der Mauer geeignete Pflanzlöcher zu schaffen.

Es ist, wie gesagt, nicht unproblematisch, Pflanzen direkt im Mauerwerk anzusiedeln. Ein mit Mörtel verfugter Natursteinwall bereitet hierbei die gleichen Schwierigkeiten wie eine glatte Ziegelsteinwand, doch weil eine bepflanzte Natursteinmauer sehr viel attraktiver ist, lohnt es sich, während des Aufbaus Löcher und Ritzen auszusparen, in die man später Pflanzen einsetzen kann. Wenn man darauf warten will, daß sich Pflanzen von selbst ansiedeln, ist es sehr hilfreich, wenn im Erdreich oberhalb der Mauer Elternpflanzen eingesetzt werden. Es eignen sich besonders Spornblume *Centranthus ruber,* Frauenmantel *Alchemilla mollis, Corydalis lutea* und *Erigeron karvinskianus.*

Sonnenröschen *Helianthemum,* die hier mit blauen Glockenblumen kombiniert wurden, eignen sich ideal für sonnige, mörtellose Mauern.

• GARTENTORE UND -EINFAHRTEN •

Ein Gartentor oder eine Einfahrt werden wie eine Haustür ständig benutzt. Sie sollten deshalb sorgfältig nach den persönlichen ästhetischen und praktischen Erwägungen ausgewählt werden.

Zunächst entscheiden Sie, ob Sie ein einfaches Gartentor oder eine richtige Einfahrt benötigen. Wenn Sie sich für eine Einfahrt entschließen, berücksichtigen Sie genügend Höhe und Breite für die Fahrzeuge, die hindurchfahren werden. Planen Sie weitsichtig: Müssen eventuell für einen späteren Umbau des Hauses Baufahrzeuge auf Ihr Grundstück gelangen? Neben all diesen praktischen Überlegungen dürfen aber ästhetische Gesichtspunkte nicht zu kurz kommen. Neben einer größeren Einfahrt für Fahrzeuge wollen Sie vielleicht zusätzlich ein kleines Gartentor für Fußgänger installieren. Achten Sie darauf, daß das große und das kleine Tor stilistisch zusammenpassen – das eine kann eine verkleinerte Ausgabe des anderen sein –, ferner sollten die beiden Tore optisch mit der Architektur des Hauses und mit der Begrenzungsmauer harmonieren.

In manchen Fällen bietet es sich auch an, einfach nur eine Öffnung in der Umgrenzung auszusparen und durch Pfosten und Ziersteine hervorzuheben. Bei einer Hecke ist es möglich, ähnlich zu verfahren, indem man den Eingangsbereich mit einem Zierschnitt markiert.

Gartentore und Zäune können auch innerhalb einer Gartenanlage einen ästhetischen Beitrag leisten, indem sie das Grundstück reizvoll strukturieren. Insbesondere große Gärten lassen sich durch Zäune und Gartentore in kleine Bereiche unterteilen. Eine Gartenanlage wirkt dadurch manchmal noch größer, als sie eigentlich ist, weil die ganzen Ausmaße des Grundstückes erst nach und nach erkennbar werden. Das Aussehen der garteninternen Tore sollte ebenso gründlich überlegt werden wie das der äußeren. Achten Sie bei der Auswahl des Materials und der Konstruktionsweise darauf, einen einheitlichen Stil beizubehalten, um der gesamten Gartenanlage eine architektonische Harmonie zu verleihen.

Die Tore innerhalb des Gartens sollten breit genug sein, daß man auch nebeneinander hindurchgehen kann und auch Schubkarren, Rasenmäher oder andere Gartengeräte durchpassen. Wenn Sie ein bogenförmiges Tor wählen, sollte dessen Größe in der Proportion zur Mauer oder zum Zaun stehen und keinesfalls kleiner als 2 Meter sein, es sei denn, Sie wollen damit ein verstecktes, intimes Refugium schaffen.

Tore können aus Metall oder aus Holz konstruiert sein. Die Wahl des Materials ist genauso wichtig wie die des Stils: Soll das Tor eher vornehm wirken oder ländlichen Charakter haben? Auf

PFLASTERN DES EINGANGSBEREICHES
Der Eingangsbereich eines Grundstücks sollte gepflastert sein. Rasenwege werden bei starkem Regen schlammig und im Sommer sehr schnell abgenutzt.

Oben links: Zwei identische Gartentore aus Holz mit Spalierbögen markieren Anfang und Ende dieses Gartenweges – eine elegante und faszinierende Perspektive.

Oben rechts: Dieser kreisrunde Mauerdurchbruch öffnet den Blick in eine Gartenanlage mit streng geschnittenen, niedrigen Buchsbaumhecken, die einen Kiesweg säumen.

dem Land stößt man häufig auf Holztore, die in vielfältigen Ausführungen angeboten werden. Sie können repräsentativen oder rustikalen Charakter haben und in verschiedenen Breiten und mit unterschiedlichen Anordnungen der Pfosten und Querverstrebungen geliefert werden. Entweder man beläßt die Naturfarbe (gut vorbehandeltes Holz braucht kaum Pflege), oder man streicht es. Orientieren Sie sich doch einfach an den Beispielen in Ihrer Nachbarschaft oder an Abbildungen in Fachzeitschriften, bevor Sie sich für eine endgültige Version entscheiden. Wenn Sie Spaliere als Sichtschutz verwendet haben, empfiehlt es sich, auch in der Konstruktion des Gartentores eine Gitterstruktur zu integrieren.

Alte Tore aus Schmiedeeisen sind oft sehr schön und dekorativ, während die modernen Varianten häufig eher gekünstelt wirken. Hier sollte man Vorsicht walten lassen. Metalltore mit eng ge-

Oben: Eine massive Tür in einer Gartenmauer bietet nicht nur einen perfekten Sichtschutz, sondern macht auch neugierig darauf, welche geheimnisvolle Welt sich dahinter verbergen mag.

Unten: Die weiße Farbe verleiht diesem Gartentor Leichtigkeit.

setzten und abgerundeten Stäben, eventuell mit einer Verzierung in der Mitte, eignen sich besonders als Feldtore. Wenn Ihr Garten von einer Hecke begrenzt wird, sollten Sie sich vielleicht eher für ein massives Tor entscheiden. Mit einer hohen Eibenhecke zum Beispiel erhält man einen guten Sichtschutz und stellt eine intime Atmosphäre her. Eine solide Gartentür unterstreicht diesen Charakter mehr als ein offenes Tor. Natürlich haben Sie die Möglichkeit, auch ein schmiedeeisernes Gitter zu installieren, das einen Blick in den Garten erlaubt. Für eine bunt blühende Hecke, die an sich schon auffällig ist, empfiehlt es sich, ein Tor mit schlichtem Aussehen zu wählen.

Ob und in welcher Farbe ein Tor gestrichen wird, ist reine Geschmacksache. Da ein Tor relativ klein ist, besteht durchaus auch die Möglichkeit, eine auffällige Farbe zu wählen, die für einen ganzen Zaun oder ein Gitter zu aufdringlich wäre. Ein einfaches, von einer Eibenhecke flankiertes Holztor sieht mit leuchtendem Gelb besonders hübsch aus. Metalltore – vor allem solche mit filigranen Ziermustern – sollte man schwarz oder dunkelgrün streichen. Berücksichtigen Sie bei der Wahl der Farbe auch die des Hauses: Wenn das Haus vom Gartentor aus zu sehen ist, sollte entweder der gleiche Farbton oder eine andere Farbe, die gut paßt, gewählt werden.

Eine Öffnung in einer Grenzmauer kann rechteckig oder gebogen sein. Letztere Form wirkt gefälliger, eignet sich aber nur für wirklich hohe Umfriedungen (3 Meter und mehr). Auch ein hohes Tor wirkt einladender, wenn der obere Teil bogenförmig angelegt ist und mit einem Ziegelsteinmuster optisch abgesetzt wird.

Wenn man ein geschlossenes Tor in eine Öffnung einbaut, sollte man daran denken, daß sich im unteren Bereich kalte Luft stauen kann. Wenn der Luftabzug blockiert wird, entsteht eine sogenannte Frosttasche. Ein durchbrochenes Tor hingegen läßt die Luft abziehen.

Oben: Ein filigran gearbeitetes Gartentor aus Schmiedeeisen in einer hohen Ziegelsteinmauer zeichnet sich elegant vor Garten und Himmel ab.

Unten: Ein mit Dachziegeln gedeckter Bogen markiert den Durchgang zu einem dahinterliegenden Obstgarten.

• DIE MAUER ALS LEBENSRAUM •

Eine Mauer hat den großen Vorzug, gleichermaßen Schutz und Halt zu bieten. Sie ist nicht nur ein gravierendes Strukturelement für eine Gartenanlage, sie bietet auch an ihrer windabgewandten Seite für empfindliche Pflanzen mit zartem Blattwerk einen geschützten Lebensraum. Das Mauerwerk speichert die Sonnenwärme, so daß in ihrer unmittelbaren Nachbarschaft während des Tages und auch während der Nacht, wenn die gespeicherte Wärme langsam abgegeben wird, höhere Temperaturen vorherrschen als in anderen, ungeschützten Gartenbereichen.

Pflanzen profitieren von einer Gartenmauer auf verschiedene Weise: Im Winter ist der Mauerbereich windgeschützt, so daß man hier auch kälteempfindliche Büsche und Kletterpflanzen (siehe Seite 39) ansiedeln kann; im Schutz einer Mauer entwickeln sich neue Triebe, die im Frühsommer prächtig heranwachsen und kräftig genug sein werden, um die kalte Jahreszeit gut zu überstehen. Frühlingsblüher, die im Spätsommer die Knospen für die Blüten und Früchte des folgenden Jahres bilden, gedeihen im Schutz einer Mauer besonders gut; ja, sogar Pflanzen, für die es in Ihrem Garten eigentlich zu kühl ist, da sie normalerweise ein wärmeres Klima gewohnt sind, werden am Fuße einer Mauer gedeihen.

Ein weiterer Vorzug liegt in der Entstehung von Schattenzonen. Viele Büsche und Kletterpflanzen gedeihen auf der sonnenlosen Seite einer Mauer besonders gut. Der Boden ist hier zwar oft trocken, doch bei richtiger Vorbereitung des Erdreichs und ausreichender Bewässerung gelingt es, einen Lebensraum zu schaffen, in dem sich manche Pflanzen wesentlich wohler fühlen als zwischen dem Wurzelwerk von Bäumen.

Der Halt, den eine Mauer bieten kann, hängt von ihrer Größe und Stabilität ab. Büsche und Kletterpflanzen können zwar auch an niedrigen Mauern angelegt werden, doch je größer die Mauer ist, um so mehr kräftige Pflanzen können sich an ihr emporranken, was sogar zur Folge haben mag, daß der Gärtner nur mit Hilfe einer Leiter arbeiten kann.

Mauern bereiten aber auch ganz spezifische Probleme. Man muß sich ihrer bewußt sein: Das erste und wichtigste Problem ist Wassermangel. Die Wärme, dank derer sich die Pflanzen einerseits so prächtig entwickeln, läßt andererseits das Erdreich und die Pflanzen wegen der erhöhten Verdunstung schnell austrocknen, außerdem halten insbesondere hohe Mauern und Hauswände mit überstehenden Dachrinnen einen beträchtlichen Teil des Regens ab. Der Wassermangel wird durch schlechten, steinigen Boden am Fuß der Mauer noch verstärkt – ein Problem, das man besonders bei neuen Häusern häufig antrifft. Wenn der Gärtner Schwierigkeiten beim Graben hat, wird das Wurzelwerk der Pflanzen ähnliche Probleme haben.

Im Kapitel »Gartentore und -Einfahrten« wurde bereits auf das Thema Frostzonen eingegangen. Ich möchte an dieser Stelle nochmals betonen, daß sich in einer umfriedeten Fläche immer Kaltluftzonen bilden. Wenn sich die Südmauer im niedrigsten Teil des Gartens befindet, müssen empfindliche Pflanzen bei strenger Kälte oder Frost mit Sackleinen oder Strohbündeln geschützt werden.

Das letzte große Problem ist, daß die Pflanzen auf der Wetterseite einer Mauer schutzlos der Witterung ausgesetzt sind. Den Mauern eines Hauses zum Beispiel, das auf einem Hügel steht, fehlt die Behaglichkeit, die im Innern eines umfriedeten Gartens herrscht. Wenn die Besitzer das Mauerwerk mit Kletterpflanzen überwuchern lassen wollen, werden sie feststellen, daß es für die Auswahl der Pflanzen in einer solchen Pufferzone wichtig ist festzustellen, welcher Mauerbereich in welchem Winkel zur Windrichtung steht. An manchen Stellen haben die Pflanzen mit weniger schwierigen Bedingungen zu kämpfen als an anderen, wo nur die widerstandsfähigsten, fest am Mauerwerk verankerten Pflanzen gedeihen.

WIE MAN DAS PROBLEM DES WASSERMANGELS LÖST

Wassermangel stellt die größte Bedrohung für Pflanzen dar, die an einer Mau-

Gegenüber: Viele Pflanzen, die in einem offenen Garten nicht gedeihen würden, fühlen sich vor einer schützenden Wand wohl. In kühlen Regionen benötigt besonders der prächtig wachsende, aber empfindliche *Fremontodendron californicum* ein solches Plätzchen.

Unten: Selbst auf der Schattenseite einer Mauer gedeihen manche Pflanzen. Fingerhut *Digitalis purpurea* und *Corydalis lutea* vermehren sich hier rasch.

er wachsen. Die wichtigste Komponente für eine ausreichende Bewässerung stellt die Konsistenz und die Qualität des Bodens dar. Da die neu eingesetzten Pflänzchen unbedingt ausreichend gewässert werden müssen, sollte der Boden nicht nur nährstoffreich, sondern auch in Lage sein, das Wasser gut zu halten. Das Wasser wird in erster Linie von organischen Stoffen gespeichert, deshalb sollte der Boden soviel wie möglich davon enthalten.

Organische Stoffe gibt es in vielen Formen. Torf, der kein Unkraut enthält, ist leicht zu verarbeiten und überall er-

hältlich. Aber er ist keineswegs der ideale Bodenverbesserer. Torf ist relativ teuer und muß in vielen Fällen durch zusätzlichen Dünger ergänzt werden. Torf hat große Speicherkapazität für Wasser, doch es ist nicht ganz einfach, getrockneten Torf wieder richtig durchzufeuchten. Sie müssen ihn mit großen Mengen Wasser besprengen, bis er verwendungsfähig ist; dies gilt besonders, wenn trockener Torf in trockenes Erdreich eingearbeitet wurde, es sei denn, Sie hätten das Glück, daß anschließend ergiebige Niederschläge fallen. Auch aus Gründen des Umweltschutzes sollten Gärtner sich nach anderem organischen Material umsehen, denn Torf wurde in der Vergangenheit im Garten in einem solchen Maße eingesetzt, daß die natürlichen Vorräte sich langsam erschöpfen (Torf bildet sich nur sehr langsam). Versuchen Sie es aus diesem Grunde mit einer der folgenden Alternativen:

In ländlichen Gegenden mit Viehhaltung können Gärtner ohne Schwierig-

Oben: Der Bau einer Mauer mit Rundungen ist leider sehr teuer und benötigt viel Platz, aber die zurückgesetzten Nischen an der Sonnenseite bieten Schutz und Wärme für auserlesene, besonders zarte Pflanzen.

keiten Stallmist zum Düngen erwerben. Der Nährstoffgehalt ist zwar schwankend, und die Ausbringung kann schwierig (und übelriechend) sein, doch dafür ist Stallmist recht billig. Er enthält leider oft Unkrautsamen, die aber durch ein Unkrautvertilgungsmittel vernichtet werden können. Nach der Verwendung solcher Mittel empfiehlt es sich, mit dem Anpflanzen noch einige Zeit zu warten. Richten Sie sich nach der Anleitung des Herstellers.

Darüber hinaus kann man in jedem Gartencenter verschiedene Arten von vorgefertigtem und besonders konzentriertem organischem Material kaufen, die Torf vorzuziehen sind. Sie sind sauber in Tüten abgepackt, frei von Unkraut und enthalten unterschiedliche Mengen organischer Nährstoffe.

Vergessen Sie auch den gewöhnlichen Gartenabfall nicht. Ein Komposthaufen hat in fast jedem Garten Platz. Verwenden Sie zum Kompostieren gesunde und samenlose Pflanzenteile aller Art, Gemüseabfälle, Obstreste, Eierschalen, Rasensoden, Tee- und Kaffeesatz sowie Holzasche. Weiter wachsendes Wurzelunkraut sollten Sie allerdings von einem Komposthaufen fernhalten. Als Zusatz eignen sich Stallmist oder auch Erde.

Nachdem man das Erdreich mit organischen Stoffen angereichert und Steine entfernt hat, kann man mit dem Anpflanzen beginnen. Doch selbst wenn Sie das ganze Erdreich gedüngt haben, sollten Sie immer noch etwas organisches Material in die einzelnen Pflanzlöcher geben. Viele Pflanzen werden heute in Behältern verkauft, so daß ihre Wurzeln vor dem Einsetzen nicht beschädigt werden. Aber weil sie meist in erdlosem Kompost gezogen wurden, wirkt der Wechsel in echte Erde wie ein regelrechter Schock. Erleichtern Sie den Pflanzen die Umgewöhnung, indem Sie das Loch größer anlegen als den ursprünglichen Behälter der Pflanze, und vermischen Sie die Erde mit etwas Gartenkompost im unteren Bereich des Pflanzlochs.

Wenn eine Pflanze zu lange in einem Topf gestanden hat, sollten die eingerollten Wurzeln vorsichtig auseinandergezogen werden, bevor sie ins Erdreich eingesetzt wird. Ist der Kompost am Wurzelwerk zu trocken, müssen Sie den Topf so lange in einen Eimer mit Wasser tauchen, bis keine Luftblasen mehr aufsteigen. Wenn der Boden des Beetes zu trocken ist, empfiehlt es sich, die Erde am Vortag zu wässern und nach dem Einpflanzen genügend Wasser über die festgedrückte Erde zu geben, um die Lufttaschen an den Wurzeln zu entfernen. Und vergessen Sie nicht, anschließend ausgiebig zu mulchen (z. B. mit einer 5 cm dicken Schicht gehäckselter Borke oder verrottetem Grasschnitt). Setzen Sie die Pflanzen nicht zu nahe an die Mauer, halten Sie einen Abstand von mindestens 30 cm (wenn möglich noch mehr). Wenn die Pflanzen zu wachsen beginnen, können sie mit Hilfe von Stäben und Schnüren in die gewünschte Richtung gelenkt werden. Wenn Ihr Haus von einem gepflasterten Weg umsäumt wird, können hier die Pflanzen zwangsläufig nur in Behältern gezogen werden. Die Pflanzenkübel sollten möglichst groß (je nach Geldbeutel und verfügbarem Platz) und mit qualitativ hochwertigem Kompost mit einem hohen Anteil an organischen Stoffen gefüllt sein. Während der warmen Monate müssen die Pflanzen regelmäßig gegossen werden. Die Auswahl an Pflanzen, die in Behältern gedeihen, ist groß, und die Mühe wird sich zweifellos lohnen.

Im Winter stellt sich das Problem, daß die Erde in den Behältern schnell friert. In Pflanzenkübeln können nur wirklich winterfeste Pflanzen überleben. In manchen Regionen müssen die Behälter im Winter in einem schützenden Gebäude untergebracht werden; in Regionen mit weniger strengen Wintern kann man die Pflanzen während der Kälteperiode schützen, indem man sie mit Isoliermaterial umwickelt und die Erde mit Mulch bedeckt. Als Faustregel gilt, daß die Wurzeln einer Pflanze ein- bis zweimal so frostempfindlich sind wie die Pflanzenteile oberhalb der Erde.

HAUS-, GARTEN- UND STÜTZ-MAUERN IM VERGLEICH

Aus verschiedenen Gründen stellen Hausmauern die größten Herausforderungen an den Gärtner. Auch wenn Hausmauern auf den ersten Blick für rankende Pflanzen sehr große Flächen bereithalten, gibt es doch nur wenige Bereiche, an denen nicht eine Tür oder ein Fenster zu berücksichtigen wäre. Gleichermaßen problematisch sind auch Regenrinnen, die für Wartungsarbeiten freigehalten werden müssen. Die nutzbaren Mauerflächen beschränken sich oft auf Zwischenräume, die häufig hoch und eng sind. Solche Flächen sind für Pflanzen, die in die Breite wachsen, ungeeignet. Wenn Sie Ihre Hauswände begrünen wollen, können Sie also nur bestimmte Pflanzenarten einsetzen: Niedrige Büsche unter den Fenstern, größere Büsche oder entsprechend in die Höhe wachsende Kletterpflanzen zwischen Fenstern und Türen sowie kräftige (sorgfältig aufgezogene) Kletterpflanzen, die bis unter das Dach ranken können.

Für ein verputztes und gestrichenes Haus sollte man bei der Auswahl der Gewächse bedenken, daß regelmäßige Instandhaltungsarbeiten durchgeführt werden müssen, d. h., man muß die Pflanzen abnehmen können. Kletterpflanzen, die sich ohne Stützwerk an der Mauer festklammern, oder besonders dornige Pflanzen sind in diesem Fall nicht zu empfehlen.

Gartenmauern sind dagegen wesentlich einfacher zu bepflanzen, da sie eine ununterbrochene Fläche aufweisen. Besonders glücklich schätzen kann sich der, dessen Mauer an eine Scheune oder ein anderes fensterloses Gebäude anschließt. Deren Außenwände lassen sich nach Herzenslust begrünen. Doch auch niedrige Mauern bieten für interessante Pflanzen Halt und Schutz.

Da Stützmauern relativ niedrig sind, wachsen dort entsprechend kleinere Pflanzen. Dennoch hat diese Mauerart auch ihre Reize. Im Erdreich oberhalb der Mauer wird es selbst nach starken Regenfällen zu keinem Wasserstau kommen, da das Wasser gut ablaufen kann – ein idealer Lebensraum für Pflanzen, die zuviel Feuchtigkeit nicht vertragen. Für die Pflanzen, die direkt

An einer Stützmauer aus grobem Naturstein können ohne weiteres robuste Pflanzen wie *Centranthus ruber*, Blaukissen und Nelken *Dianthus* sowie auch empfindlichere Gewächse wie *Convolvulus cneorum* angesiedelt werden.

am Mauerwerk wachsen, sind die Lebensbedingungen etwas ausgefallener. Hier lassen sich sogar bestimmte alpine Gewächse ansiedeln. Doch nicht alle Stützmauern eignen sich für Gebirgspflanzen, denn für ihr Gedeihen müssen Lichtintensität, Niederschlagsmengen und Windrichtung spezifische Bedingungen erfüllen.

Eine schattige, feuchte Mauer eignet sich eher für Farne und Moose. Sie sollten dies akzeptieren und nur entsprechende Pflanzen einsetzen. In einem anderen Extremfall, wenn Ihr Garten in einer eher trockenen Region liegt, gedeihen entlang einer Mauer häufig nur Sukkulenten.

Das Gestein und die darüberliegende Erde können sauer, alkalisch oder neutral sein; auch dies ist für die Auswahl der Pflanzen wichtig: Nelken und Gipskraut lieben zum Beispiel einen alkalischen Untergrund, während die meisten blauen Enzianarten es lieber sauer mögen. Auch hier ist es sinnlos und letztendlich erfolglos, gegen die Natur ankämpfen zu wollen.

• DIE BEDEUTUNG DER HIMMELSRICHTUNG •

In welche Himmelsrichtung die jeweilige Mauer ausgerichtet ist, gehört zu den wichtigsten Faktoren für die Auswahl der richtigen Pflanzen. In kühlen Regionen bieten Mauern, die nach Süden oder Südwesten ausgerichtet sind, für frostempfindliche Pflanzen den notwendigen Schutz. Man sollte daran denken, daß vor allem Sträucher zusätzliche Wärme benötigen. Kletterpflanzen sind einfacher zufriedenzustellen. Ich werde später noch ausführlicher darauf eingehen, daß viele edle Sträucher nur im Schutz von Südmauern angepflanzt werden können, während die meisten Kletterpflanzen auch an Westseiten gedeihen.

Die Bereiche vor einer Südwand sollten nicht nur Zierpflanzen vorbehalten sein, sondern auch für Obstbäume (besonders für Pfirsiche, Nektarinen, Aprikosen und Feigen) genutzt werden. Im Schutz einer Südmauer kann es passieren, daß die Pflanzen zu früh austreiben und die jungen Triebe und Blüten noch frostigen Frühjahrsnächten ausgesetzt sein werden. Bei unbeständigen Wetterverhältnissen muß der Gärtner empfindliche Blüten schützen, wenn Frostgefahr besteht. In wärmeren Regionen wird an der Südwand für hitzeempfindliche Pflanzen unter Umständen zuviel Wärme reflektiert; für diese Gewächse sind schattige Mauerbereiche sehr viel eher geeignet. Am Fuß einer Südwand ist die Erde im Sommer heiß und trocken – ideale Bedingungen für verschiedene Arten von Zwiebelgewächsen, die ursprünglich aus warmen Gegenden stammen. Die algerische *Iris unguicularis* blüht auf freien Flächen nur ungern, wenn sie aber im Sommer Hitze und Sonne tanken kann, treibt sie im nächsten Frühjahr zahllose zarte violette Blüten. Die lieblichen Guernseylilien *Nerine sarniensis* erfreuen das Auge im Oktober mit ihrer exotischen Schönheit; auch sie gedeihen besonders gut am Fuße einer Südmauer.

Unerfahrene Gärtner wissen oft mit einer Nordmauer nichts anzufangen. Aber es gibt eine Vielzahl von robusten

Am Fuß einer nach Süden ausgerichteten Mauer ist es besonders warm. Hier fühlen sich *Acanthus latifolius* mit seinen hochgeschossenen Blütenstengeln und Stockrosen *Alcea rosea* besonders wohl.

Sträuchern und Kletterpflanzen, die sich für eine nach Norden ausgerichtete Mauer eignen. Die Pflanzenkombinationen, die hier angelegt werden können, gehören mit zu den schönsten überhaupt. Manche Kletterpflanzen – wie zum Beispiel Geißblatt – ziehen den Schatten sogar vor, da sie eigentlich Waldbewohner sind. Sie finden hier ideale Bedingungen vor. Es gibt auch viele Sträucher, wie etwa Hortensien, die kein direktes Sonnenlicht mögen, ebenso schattenliebende Stauden, wie die edle Nieswurz und die Funkie. Zu den Zwiebelblumen, die sich für eine Nordwand eignen, gehören Schneeglöckchen *Galanthus, Anemone nemorosa,* Krokusse, Glockenblumen und Waldhyazinthen. Doch denken Sie daran, daß das Erdreich an einer nach Norden ausgerichteten Mauer trocken sein kann und Bodenverbesserung und Bewässerung auch hier für das Gedeihen der Pflanzen unerläßlich sind. Eine nach Westen ausgerichtete Mauer ist zwar Wind und Regen ausgesetzt, doch die hier angesiedelten Pflanzen wachsen im feuchten Erdreich schnell heran. Sie bietet selbst etwas empfindlicheren Pflanzen recht gute Bedingungen, denn die Mauer speichert die Wärme der Nachmittagssonne und gibt sie während der Nacht wieder ab.

Eine Ostmauer birgt für Pflanzen eine große Gefahr: Die Morgensonne erwärmt Blätter, Stengel und Blüten zu schnell und verursacht damit Schäden. Immergrüne Pflanzen können unter diesen Bedingungen in kalten Regionen sehr schnell »verbrennen«, die Blüten von Sträuchern, die sich morgens sehr früh öffnen, laufen Gefahr, bei solch starken Temperaturschwankungen zu verwelken. Wenngleich es sich auch bei Kamelien oder der Winterblüte um winterfeste Pflanzen handelt, überleben auch sie einen so extremen Wechsel der Temperaturen nur selten. Hinzu kommt, daß der Ostwind meist sehr kalt ist; Pflanzen, die an einer Ostmauer angepflanzt werden, müssen also robust sein.

Es ist nicht immer möglich, genau festzustellen, welche Voraussetzungen eine Mauer bietet, wenn sie zum Beispiel nach Nordosten oder Südwesten ausgerichtet ist. Auch überhängende, schattenspendende Bäume (außerhalb Ihres Gartens und damit außerhalb Ihres Einflußbereiches) erschweren eine genaue Bestimmung der Pflanzbedingungen. Eine schattige Südmauer eignet sich weniger als Schutzzone für empfindliche Pflanzen, die gerade die Wärme der Sonne, die sich an der Mauer staut, lieben. Doch es ist dort immer noch wärmer als an einer Nordwand. Welche Eigenschaften eine bestimmte Wand wirklich aufweist und welche Pflanzen dort wachsen können, zeigt erst die Erfahrung.

In welche Himmelsrichtung sie ausgerichtet ist, beeinflußt auch den Charakter einer Stützmauer. Alpine Gewächse brauchen möglichst viel Sonne und gedeihen in kühlen, feuchten Regionen nur an einer Südmauer. Für sie sind die trockenen, hellen Wintertage, die nur eine Südlage bietet, besonders wichtig. Es wird nahezu unmöglich sein, an einer Stützmauer, auf die keine Sonne fällt, rankende Gewächse anzusie-

Links und unten: In diesem australischen Garten bieten die Schatten und Kühle spendenden Wände einen Lebensraum für Pflanzen aus gemäßigten Klimazonen, wie etwa Glyzinen und Rosen.

deln. Sie werden zur Sonne streben, und die Pflanzenteile, die in den Schatten fallen, blühen nur sehr spärlich. An einer sonnenabgewandten Stützmauer sollten deshalb nur Pflanzen verwendet werden, die Schatten lieben.

Was für die Ost- und Westausrichtung von höheren Mauern gilt, trifft mit Einschränkungen auch auf Stützmauern zu. Die Gefahr von Sonnen- und Frostschäden verringert sich bei kleinen Stützmauern, da die meisten der hier verwendbaren Pflanzen erst blühen, wenn der schlimmste Frost vorüber ist.

• PFLANZEN FÜR MAUERN UND ZÄUNE •

KLETTERPFLANZEN

Pflanzen können ohne Licht nicht leben. In ihrem Bemühen, die Energie der Sonne einzufangen, haben verschiedene Pflanzenarten unterschiedliche Methoden entwickelt: Bäume und Sträucher geben mit einem stabilen Geäst ihren Blättern und Blüten Halt. Einjähriges Unkraut produziert Unmengen von Samen, um jede freie Fläche deckend besiedeln zu können. Kletterpflanzen finden Halt an Bäumen und Sträuchern, und weil sie keinen Stamm oder stabiles Astwerk bilden, können sie sich schnell ausbreiten.

Kletterpflanzen haben verschiedene Klettertechniken entwickelt, und es ist sinnvoll, sie in unterschiedliche Gruppen einzuteilen. Diese Klassifizierung ist künstlich, und die Grenzen zwischen den einzelnen Gruppen sind oft fließend. Eine solche Einteilung ist aber hilfreich, weil der Gärtner über sie Informationen erhält, wie eine bestimmte Pflanze am besten an Wand oder Zaun befestigt wird.

Die Passionsblume klammert sich fest an die Kletterhilfe.

RANKENDE KLETTERPFLANZEN

Rankende Pflanzen sind leicht zu erkennen. Zu ihnen gehören die bekannten Kletterer wie einige Bohnengewächse und die Passionsblumen. Die Rankorgane entstehen durch die Umwandlung von Blättern, die sich ausstrecken, bis sie einen geeigneten Halt finden. Dann wickelt sich die Ranke schnell um die gefundene Stütze und klammert sich fest. Die Ranken verleihen den Kletterpflanzen ein apartes Aussehen und garantieren einen guten Halt. Es ist äußerst schwierig, eine Ranke zu lösen, ohne sie dabei abzureißen.

Reben (*Vitis*-Arten) sind besonders attraktiv. Viele Sorten weisen schöne Blätter (oft mit hübscher Herbstfärbung) und (meist eßbare) Früchte auf. An einer warmen Mauer sollte man die *Vitis* 'Brant' anpflanzen, deren kleine, süße blaue Trauben sehr gut schmecken und meist schon auf dem Weg in die Küche verzehrt werden. Ihre Blätter nehmen im Herbst eine leuchtendrote Farbe an. *Vitis vinifera* findet man an der Pazifikküste der Vereinigten Staaten sehr häufig; im Osten der USA fühlen sich die dort beheimateten Fuchsreben *V. labrusca* wohler. Die 'Concord' ist die beliebteste, aber es gibt auch weiße, rote und violette Sorten, die zum Teil kernlos sind.

Eine robustere Rebe, die als reine Zierpflanze gezüchtet wird, ist die *Vitis coignetiae,* die sich durch große Blätter auszeichnet. Sie haben eine gezackte Herzform und nehmen im Herbst eine orange oder rote Färbung an. Auf Grund ihrer Großblättrigkeit sollte man diese Pflanze an einer hohen Mauer ansiedeln, wo sie sich gut ausbreiten kann; sie läßt sich zwar auch für

Gegenüber: Die *Clematis* gehört mit Recht zu den beliebtesten Kletterpflanzen. Sie rankt sich mit Hilfe ihrer Blattstiele empor. Sowohl die großblütigen Hybriden als auch die meisten Arten eignen sich für den Garten. *Clematis alpina* ist zum Beispiel eine Art, die nicht sehr hoch wächst und sich für kleine Gärten besonders empfiehlt. Die meisten Sorten haben lila oder violette Blüten; 'White Moth' stellt insofern eine Ausnahme dar.

Unten: Die robuste Rebe *Vitis coignetiae* ist eine herrliche Kletterpflanze. Im Vordergrund steht ein Terracottagefäß inmitten von Bergenien.

Ganz links: Die Herbstfärbung der *Vitis coignetiae* wirkt neben den dunklen Violettönen der *V. vinifera* 'Purpurea' intensiv leuchtend.

Links: Von der *Clematis montana,* einer pflegeleichten und robusten Pflanzenart, gibt es verschiedene Sorten. Die Farben reichen von Weiß bis Purpurrot.

Unten: An dieser Wand ergänzen sich Rosen, *Clematis* und Reben *Vitis coignetiae* zu einer optisch reizvollen Harmonie.

kleinere Flächen anpflanzen, doch dann muß sie regelmäßig zurückgeschnitten werden. Dazu braucht man ein bißchen Geschick, ansonsten bleibt nur ein häßliches Durcheinander zurück.

Es gibt verschiedene Arten von Passionsblumen, die unterschiedlich robust sind. An einer warmen Wand sollte die *Passiflora caerulea,* die vermutlich bekannteste Sorte, gedeihen. Ihre empfindliche Blüte wird von einem blauen Rand geziert. 'Constance Elliott' ist elfenbeinfarben mit gelben Staubbeuteln. Ihre dunkelgrünen, gelappten Blätter sind sehr hübsch, doch häufig blühen Passionsblumen selbst an geschützten Stellen nicht so recht, denn Quantität und Qualität der Blütenentwicklung sind zum Teil genetisch bestimmt, und da viele Passionsblumen von Samen gezogen werden, ist ihre Blühfreudigkeit sehr unterschiedlich. Die Passionsblume *P. incarnata,* die im Südosten der Vereinigten Staaten vorkommt, ist am widerstandsfähigsten. Ihre Blüten sind etwas kleiner, aber dennoch sehr auffällig. Bei dieser Pflanze handelt es sich um eine winterfeste Staude, die im Winter zwar weitestgehend abstirbt, aber bis zum Spätsommer gut 6 Meter hoch wächst; die Ausbreitung der rhizomartigen Wurzeln kann in nördlichen Regionen leicht kontrolliert werden.

Der *Eccremocarpus scaber* ist eine kleinere Kletterpflanze, die ebenfalls Wärme sehr schätzt. Ihre Blätter sind klein und farnartig. Im Spätsommer entwickeln sich orange, röhrenförmige Blüten. Sie kann von Samen gezogen werden und braucht im Frühjahr Wärme. Sie klettert über Sträucher und andere Pflanzen und breitet sich auch an Spalieren gut aus; dort sieht sie besonders hübsch aus, denn sie wirkt sehr zart. Sie eignet sich auch gut als Lückenfüller an Stellen, wo andere Kletterpflanzen vielleicht eingegangen sind, oder in neu angelegten Gärten, wo die frisch eingesetzten Pflanzen noch klein und unscheinbar sind. Leider mag dieser Kletterer keine heißen Sommer.

CLEMATIS (WALDREBE)

Die Familie der *Clematis* ist groß und vielfältig (bei den meisten handelt es sich um Kletterpflanzen, aber es sind auch einige Stauden darunter) mit mindestens 40 Arten und über 50 großblumigen Sorten; wenngleich hier nicht auf alle Arten eingegangen werden kann, darf man sie dennoch nicht völlig übergehen, denn das hieße, eine der auffälligsten und schönsten Kletterpflanzen außer acht zu lassen. Die *Clematis* klettert mit Hilfe ihrer Blattstiele. Diese werden um die jeweiligen Stützen gewickelt und können nur unter Schwierigkeiten wieder gelöst werden. Da die *Clematis* schnell wächst, sollte sie regelmäßig ausgerichtet werden, da sich andernfalls dichte Knäuel bilden.

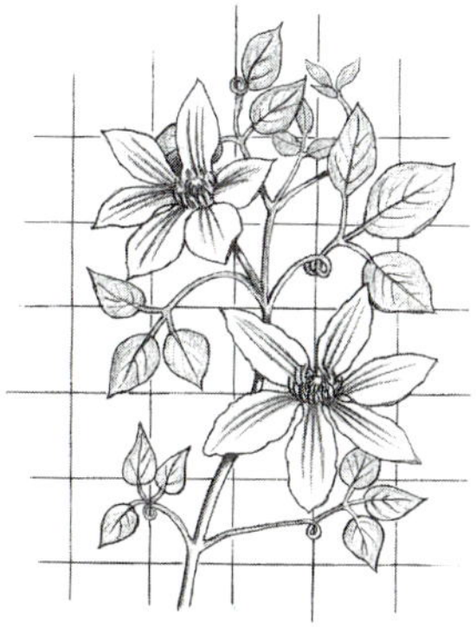

Die *Clematis* klettert mit Hilfe ihrer rankenden Blattstiele.

In der Regel bevorzugen Waldreben alkalische Böden, doch solange ihre Wurzeln tief genug liegen und feucht sind, gedeihen sie in jedem guten Gartenboden. Es sind im Grunde Waldpflanzen, die sich an Bäumen entlang nach oben ranken, und somit daran gewöhnt, daß der Boden keinem direkten Sonnenlicht ausgesetzt ist. Da es am Fuß einer Mauer oder eines Zaunes oft recht heiß wird, sollten die Wurzeln mit Steinen oder einer dicken Mulchschicht geschützt werden. Waldreben müssen ziemlich tief eingepflanzt werden; einige Zentimeter des Stengels sollten im Erdreich liegen. Dies schützt vor dem Clematissterben, einer Krankheit, deren Ursache heute immer noch Rätsel aufgibt. Sie befällt die Stengel und läßt die ganze Pflanze in wenigen Tagen eingehen. Triebe, die ins Erdreich heruntergelegt werden, entwickeln bald Wurzeln und neuen Austrieb – das Wachstum beginnt von neuem.

Von einigen Ausnahmen abgesehen, eignen sich Waldreben eigentlich nicht für die Pflanzung an einer Mauer, da Blätter und Stiele nicht sehr üppig wachsen. Im unteren Bereich sind die Pflanzen oft langstielig, die Blüten entwickeln sich häufig in einem Knäuel am oberen Ende. Diese Eigenheit erweist sich aber in manchen Fällen wiederum als sehr hilfreich; in sonnigen Bereichen kann man die Mauerkrone mit farbenprächtigen Blüten überwuchern lassen, indem man eine *Clematis* auf der Schattenseite anpflanzt und sie ins Licht hochwachsen läßt. Als Mauerbewachsung eignen sich die verschiedenen Sorten der *Clematis montana,* die von Drähten gestützt 6 bis 9 Meter Höhe erreichen können. Sie wachsen schnell, müssen nicht zurückgeschnitten werden und sind in den Monaten Mai und Juni mit Blüten übersät. Mir gefällt die einfache weiße 'Grandiflora' besonders gut; eine andere, die etwas später blühende *C. wilsonii,* hat ähnliche Blüten, die zudem angenehm duften. Andere Arten haben Blüten, die von Hell- bis Dunkelrosa variieren. 'Tetrarose' hat bronzefarbene Blätter, die zu ihren lilafarbenen Blüten einen interessanten Kontrast bilden.

Im zeitigen Frühjahr ist die *Clematis macropetala* mit ihren farnähnlichen, geteilten Blättern und ihren hängenden, gefüllten Blüten besonders apart. Sie ist lange nicht so widerstandsfähig wie die

Die 'Duchess of Albany' ist eine Clematiskreuzung, die im Winter fast völlig abstirbt, aber sie wächst jedes Jahr wieder bis zu 3 Meter in die Höhe.

C. montana und kann auf kleinerem Raum angepflanzt werden; an Spalieren macht sie sich besonders hübsch. Ich sah einmal ein Exemplar, das sich neben dem Bogen einer Einfahrt hochrankte, in unmittelbarer Nachbarschaft einer großen Blutbuche. Das wunderbar transparente Rot der Buchenblätter kam durch die blauen Clematisblüten besonders schön zur Geltung. 'Markham's Pink' ist eine Sorte der *C. macropetala,* 'White Moth' eine Sorte der *C. alpina*. Sie können farblich ungewöhnliche Effekte erzielen, wenn Sie die verschiedenen Waldrebensorten zusammen anpflanzen. Zurückschneiden ist nicht erforderlich. Mehr über die verschiedenen Clematisarten finden Sie in dem Kapitel über mögliche Pflanzenkombinationen (siehe Seite 80).

Eine weitere erwähnenswerte Sorte ist die halbkrautige *Clematis* x *jouiniana* 'Praecox'. Diese klettert nicht von selbst, aber ihre zahlreichen Stiele können einfach befestigt werden. Eine Vielzahl kleiner weißer Blüten mit lilafarbenen Rändern zieren die Pflanze im Spätsommer. Besonders effektvoll ist sie in Kombination mit anderen silber- und lilafarbenen Pflanzen, wie der *Buddleja* 'Lochinch', die graue Blätter hat und lange, elegante blauviolette Blüten trägt. Sie kann als freistehender Busch gepflanzt werden, und im Schutz einer wärmenden Mauer blüht sie auch schon etwas früher.

Es gibt eine Vielzahl verschiedener großblumiger Waldreben. Die Farben der einfachen oder gefüllten Blüten reichen von Weiß über Rosa und Rot zu Dunkellila. Es empfiehlt sich, ein gut sortiertes Pflanzencenter aufzusuchen, wo man die Eigenheiten der verschiedenen Pflanzen und ihre tatsächlichen Farben sehen kann, denn selbst gute Abbildungen in Katalogen geben den wirk-

Links: Obwohl die *Clematis* x *jouiniana* 'Praecox' zur Hälfte eine halbkrautige Pflanze ist, kann sie dennoch an einer Wand gezogen werden, wo sie dank Schutz und Wärme gedeiht.

Unten: Die großblütige *Clematis* 'Henryi' gedeiht in jeder Himmelsrichtung; ihre Blüten in Kombination mit denen der Rose 'Iceberg' stellen eine kühle Farbkomposition dar.

lichen Farbton nur vage wieder, die feinen Unterschiede in den Blauschattierungen sind nur selten erkennbar. Wie man die *Clematis* richtig schneidet, erfahren Sie in dem Kapitel »Pflanzenschnitt« (siehe Seite 146).

WURZELKLETTERER

Die Pflanzen dieser Kategorie bilden längs der jungen Triebe Haftwurzeln aus, die sich in der Wachstumsphase an die Unterlage, zum Beispiel eine Mauer, klammern. Sie müssen ihre Wurzeln erst fest verankert haben, bevor die übrigen Pflanzenteile zu treiben beginnen. Wenn sie aber erst einmal zu wachsen begonnen haben, dann werden sie groß und können nur unter Schwierigkeiten wieder entfernt werden. Für einen Zaun eignen sie sich somit nicht. Obwohl sie sich an einem Untergrund festklammern können, benötigen sie anfangs oft eine Stütze, die sie in die gewünschte Richtung ausrichtet und ihnen genug Halt gibt, bis sich die Pflanze an der Mauer über die Haftwurzeln verankert hat, und selbst dann müssen sie oft noch mit Schnüren gehalten werden.

Efeuarten *Hedera* bieten mit ihrer wunderbaren Vielfalt an Blattformen zahllose Möglichkeiten der Bepflanzung. Manche Arten sind kleinblättrig und zart, andere robust mit großen, auffälligen Blättern; einige überdauern auch die kältesten Winter in nördlichen Regionen und sind sehr bedürfnislos, was die Qualität des Erdreichs angeht. Manche Gärtner betrachten sie, wohl gerade weil sie so pflegeleicht sind, mit Verachtung, doch damit tut man diesen vielseitigen Pflanzen unrecht. Ein Besuch bei einer Baumschule oder der Farbkatalog eines Gartencenters wird Sie davon überzeugen, daß Efeu sich in einem Garten sehr gut macht.

Auch die Jungfernrebe *Parthenocissus* wird häufig zu den Wurzelkletterern gezählt, obwohl sie eigentlich eine Rankpflanze ist. Wie den Efeu schätzen manche Gärtner auch die Jungfernrebe gering, dennoch bin ich der Meinung, daß sie erwähnt werden sollte. Sowohl Wilder Wein *P. quinquefolia* als auch *P. tricuspidata* werden leider oft wahllos an roten Ziegelwänden angepflanzt, wo sie zwar im Sommer frisch und grün aussehen, wo aber ihre herrliche, leuchtendrote und purpurfarbene Herbstfärbung vom Rotton des Hintergrundes völlig geschluckt wird. Ein drittes Mit-

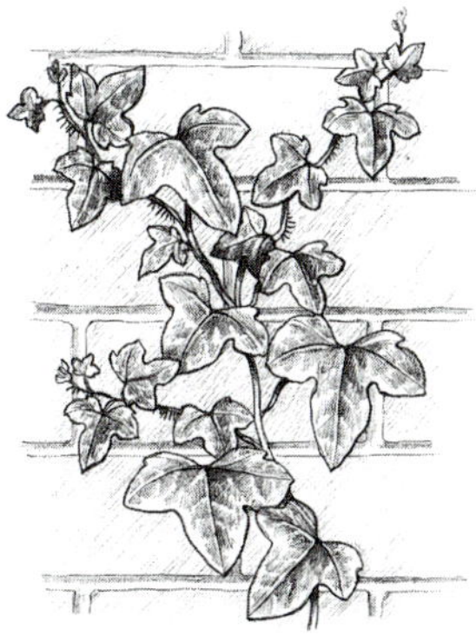

Efeu gehört zur Gruppe der Spreizklimmer, die sich mit Haftwurzeln an das Mauerwerk festklammern.

Oben und unten: Die vielen Sorten des Efeus *Hedera helix* unterscheiden sich beträchtlich voneinander. Die gelben und gefleckten Arten machen sich an dunklen Mauern besonders gut.

glied der Familie ist seltener zu sehen, wenngleich es wirklich etwas Besonderes ist: Die *P. henryana* hat drei- oder fünflappige Blätter, die von silbernen und rosafarbenen Adern durchzogen sind. Im Herbst nimmt das Laub eine wunderbare Färbung an.

Eigentlich schätze ich diese Pflanzen nicht so sehr wie die Efeuarten, wenngleich sie ebenso wie diese im Schatten gedeihen und keine großen Ansprüche an die Bodenqualität stellen: Meine ablehnende Haltung liegt darin begründet, daß die Jungfernreben im Winter die Blätter abwerfen. Eine *Parthenocissus* breitet sich im Sommer flächendeckend über eine ganze Wand aus, hinterläßt aber im Winter eine kahle Mauer.

Wenn Sie einen geschützten, sonnigen Mauerfleck zur Verfügung haben und etwas Besonderes ausprobieren wollen, dann sollten Sie einen Sternjasmin *Trachelospermum jasminoides* anpflanzen. Es handelt sich um eine immergrüne Pflanze, deren dunkle, glänzende Blätter zu den cremefarbigen Blüten einen optisch interessanten Kontrast bilden. Wie der Name schon andeutet, ähneln sie Jasminblüten – sie riechen auch so süß. Eine verwandte Art, das *T. asiaticum,* sieht sehr ähnlich aus und ist etwas robuster. Seine Blüten sind jedoch etwas kleiner. Beide überleben einen strengen Winter möglicherweise nicht, aber das sollte Sie nicht davon abhalten, einen Versuch zu wagen.

Sternjasmin *Trachelospermum jasminoides* spannt einen blütenreichen Bogen über den Eingang – die Terrasse ist vom lieblichen Duft der kleinen, weißen Blüten erfüllt.

SCHLINGPFLANZEN

Die Glyzine ist eine Königin unter den Kletterpflanzen, aber sie benötigt viel Platz, um ihre Schönheit entfalten zu können. Ein hübsch angeordnetes, blühendes Exemplar vor einer blassen Steinmauer ist ein faszinierender Anblick. Lassen Sie sich aber nicht dazu verleiten, sie in einem zu kleinen Garten anzupflanzen. Erstens dauert es oft mehrere Jahre, bis sie Blüten trägt, und in der Zwischenzeit schickt sie ihre biegsamen grünen Stengel in alle Himmelsrichtungen, wenn man sie nicht sorgfältig zurückschneidet und ausrichtet. Wählen Sie nur einen oder zwei Triebe und befestigen Sie diese horizontal. Den Rest schneiden Sie im Sommer auf etwa 2 cm zurück. Dadurch können Sie das üppige Wachstum der Pflanze in Zaum halten und sie ermuntern, Blüten zu entwickeln. In diesem Zusammenhang sollte man noch erwähnen, daß eine neu angepflanzte Glyzine im ersten

Geißblatt ist eine Schlingpflanze, die an Gitterwerk schnell emporklettert.

Frühjahr nur zögerlich Blätter ansetzt, wenn es ihr an Wasser fehlt. Vergessen Sie also nicht, die Pflanze zu gießen.

Die bekanntesten Arten kommen aus Japan und China. Die Sorten der japanischen *Wisteria floribunda* haben meist wesentlich längere Blütentrauben als die der chinesischen *W. sinensis*. Je nach Hintergrund wirken die Blüten außergewöhnlich attraktiv, aber sie wachsen auch üppig. Lassen Sie sich also nicht von Katalogbildern oder -beschreibungen dazu verleiten, die *W. floribunda* 'Macrobotrys' anzupflanzen (ihre Blüten können bis zu 90 cm lange Trauben bilden), wenn Sie nicht wirklich genug Platz zur Verfügung haben.

Auf die verschiedenen Geißblattarten werde ich später noch genauer eingehen (siehe Seiten 54–55), denn sie fallen in die Kategorie »zuverlässige Mieter«, wie eine befreundete Gärtnerin diese nützlichen Pflanzen, auf die man – vor allem in einem kleinen Garten – kaum verzichten kann, einmal nannte.

Die großen, eindrucksvollen Blätter der *Aristolochia macrophylla* syn. *A. durior* (gemeinhin als Pfeifenwinde bekannt) eignen sich bestens als Bewachsung für eine Mauer. Die Blüten sind röhrenförmig, gelb-grün und bilden sich im Frühsommer. Das faszinierendste Merkmal aber sind die etwas rauhen, herzförmigen Blätter. Wenngleich diese Pflanze für einen kleinen Garten vermutlich zu dominant ist, zählt sie doch zu den besonders geeigneten Schlingpflanzen.

Die Blätter der *Akebia quinata* hingegen sind sehr zart; jedes Einzelblatt besteht aus jeweils fünf kleinen Blättchen. Auch an dieser Pflanze sind die Blätter das Schönste, obwohl sie im Frühsommer auch duftende lila Blüten und im Herbst violette Früchte trägt. Die Früchte entwickeln sich aber nur, wenn Frühling und Sommer heiß und sonnig waren. Die verwandte *A. trifoliata* weist nur drei Blättchen pro Einzelblatt auf, aber auch sie bildet ein dichtes, zartes Blattwerk aus. Beide Pflanzen behalten während eines milden Winters ihre Blätter.

Hopfen *Humulus lupulus* ist eigentlich eine Staude, die im Winter über der

Die Glyzine *Wisteria floribunda* ist weniger robust als die chinesische Art *W. sinensis,* kann aber eine Höhe von bis zu 9 Meter erreichen. Die hier abgebildete 'Rosea' ist eine von vielen Züchtungen.

Hier bildet das gelbliche Blätterwerk des Hopfens *Humulus lupulus aureus* einen hübschen Hintergrund für Bartiris und Fingerhut.

Jasmin *Jasminum officinale* gehört zu den wohlriechendsten Sommerblumen und entfaltet vor einer sonnenverwöhnten Wand einen reichen Blütenzauber.

Erde abstirbt und während des Sommers bis auf 4 Meter und mehr hochwächst. Die gewöhnliche Form mit den handförmigen, drei- bis fünflappigen Blättern und den zartgrünen, papierartigen Hopfenblüten (an weiblichen Pflanzen) ist im Spätsommer hübsch anzusehen. Die goldblättrige Sorte wirkt noch attraktiver. Die gelbe Farbe entwickelt sich besonders gut an einem sonnigen Standort.

Jasmin duftet süß und sieht apart aus. Auch die zierlichen, dunkelgrünen, unpaarig gefiederten Blätter, die spitz zulaufen, sind eine Augenweide. Jasmin braucht eine warme Wand, damit sich die Blüten entfalten können, und vermag bis zu 3 Meter und höher zu werden. Seine grünen Stengel können problemlos zurückgeschnitten werden, weshalb diese Pflanze auch für die Besitzer kleinerer Gärten von Interesse ist. Eine besondere Züchtung, das *Jasminum officinale affine,* hat größere Blüten mit einer rosa gefärbten Außenseite.

SPREIZKLIMMER UND WUCHERPFLANZEN

Spreizklimmer haben häufig dornige und stachelige Triebe und müssen normalerweise an einem Klettergerüst gut befestigt werden. Wenn ihre langen und sperrigen Triebe keinen Halt finden, sinken sie durch ihr Eigengewicht zu Boden und legen sich über andere Pflanzen oder über andere Triebe, anstatt in die Höhe zu wachsen.

Die Familie der Kartoffelgewächse beinhaltet einige Kletterpflanzen, deren Blüten uns aus dem Gemüsegarten wohl vertraut sind. Das *Solanum crispum* 'Glasnevin' braucht eine schützende, sonnenbeschienene Mauer, wo es schnell wächst und eine Vielzahl von violetten Blüten mit gelben Herzen ausbildet, die das Auge von Sommer bis Herbst erfreuen. Es ist ein Halbimmergrün, das im Winter jedoch recht reizlos aussieht. Eine ähnliche Art, *S. jasminoides*, hat eine weiße Blüte, die mir persönlich besser gefällt. Auch diese Pflanze benötigt eine warme Wand.

Der *Celastrus orbiculatus* ist eine Schlingpflanze mit Dornen. Da sie sich in Windeseile ausbreitet, eignet sie sich für große Flächen und als schnelle Bewachsung für häßliche Mauerflächen. Im Herbst erstrahlt sie in den schönsten Farben. Gut sortierte Gartencenter verkaufen fortpflanzungsfähige Zwitterpflanzen (anderenfalls benötigen Sie eine männliche und eine weibliche Pflanze, und dafür bieten nur wenige Gärten ausreichend Platz), und diese bringen große Mengen an Früchten hervor. Die Samenkapseln sind bräunlichgelb. Wenn sie sich öffnen, offenbaren sie leuchtendrote Samen, die den Früchten des Spindelstrauches *Euonymus europaea* ähneln, der zur gleichen Familie gehört. Vor einem Hintergrund aus sich gelb verfärbenden Blättern hinterlassen diese imposant wirkenden Farbtupfen einen unvergeßlichen Eindruck. Da die Pflanze sehr robust ist, können Sie Zweige abschneiden und Ihr Haus mit der Blütenpracht schmükken, ohne die Pflanze dadurch zu beschädigen.

'Glasnevin' ist eine häufig angepflanzte Züchtung des *Solanum crispum*. Sie entfaltet eine üppige Blütenpracht.

EINJÄHRIGE KLETTERPFLANZEN

Die meisten Klettergewächse sind zwar große, schnell wachsende Pflanzen, aber viele brauchen mindestens eine Saison (und manchmal mehr), um sich einzuleben, bevor sie ein ansprechendes Wachstum zeigen. Wenn Sie nicht so lange warten wollen und dennoch eine Gartenmauer oder Hauswand begrünen möchten, dann sollten Sie frühblühende, einjährige Kletterpflanzen mit einigen dauerhafteren Pflanzen kombinieren.

Die Arten der einjährigen Kapuzinerkresse ranken sich meist am Boden entlang, aber sie können auch zum Klettern ermuntert werden und eignen sich bestens dazu, für eine Gartensaison eine Lücke zu schließen, wenn eine andere Pflanze eingegangen ist. Stecken Sie die dicken Samen einfach an den gewünschten Stellen in den Boden, dünnen Sie später die Pflanzen aus, und lenken Sie sie in die gewünschte Richtung. Sie werden sich von selbst vermehren, so daß Sie sie in den folgenden Jahren nur versetzen oder entfernen müssen, wenn sie an den falschen Stellen wachsen. Kapuzinerkresse ist bei manchen Raupenarten sehr beliebt. In einem Jahr waren meine Pflanzen vom Raupenfraß so entstellt, daß ich sie ausgraben und zum Komposthaufen geben mußte, wo sie prompt neue Wurzeln bildeten; dies zeigt, wie zäh und pflegeleicht diese Gewächse sind. Die Prunkwinden *Ipomoea* sind faszinierende Verwandte der Winde, einer lästigen Würgepflanze, und ihre offenen Blüten sind von ungewöhnlicher Schönheit. Die Samen können problemlos auf dem Fensterbrett gezogen werden, aber sie wachsen nur zögernd an, wenn die Setzlinge zu kalten Temperaturen und zuviel Regenwasser ausgesetzt sind. Auch wenn sie überleben, wird sich zumindest die Blüte vermutlich verzögern. Wenn die Blüten sich dann aber entwickeln, sind sie wirklich wunderschön, auch wenn sie kaum mehr als sechs Stunden vormittags blühen. Pflanzen Sie die Prunkwinde also nur an, wenn Sie zu den Frühaufstehern gehören und wenn Sie ein geschütztes Fleck-

Die Kartoffelpflanze *Solanum jasminoides* 'Album' ist eine aparte, zarte Pflanze, die im Spätsommer am schönsten zur Geltung kommt.

chen zur Verfügung haben, an dem die empfindliche Pflanze gedeihen kann. Ein Spalier bietet den Ranken guten Halt; eine Mauer wirkt zu mächtig für eine so zarte Pflanze.

Wesentlich auffälliger ist die *Cobaea scandens,* eine winterharte, mehrjährige Pflanze. Die Samen keimen besser, wenn sie schräg eingesetzt werden, was einfach zu bewerkstelligen ist. Der kleine Mehraufwand lohnt die Mühe. Die Pflanze braucht Schnüre oder Draht, an dem sie mit Hilfe ihrer Ranken emporklimmt. Man kann sie auch über eine Stützmauer hinunterwachsen lassen; auf diese Weise läßt sich die Pracht ihrer glockenförmigen Blüten – violett mit grünen und cremefarbenen Schattierungen – aus der Nähe bewundern. Wie alle schnell wachsenden Pflanzen braucht sie qualitativ gute Erde und viel Wasser.

In kleineren Gärten in Regionen mit kühlen Sommern ist für einen unbearbeiteten neuen Zaun nichts besser geeignet als eine Wicke. Man zieht sie am besten an einer unauffälligen Kletterhilfe aus Schnüren oder an einem breitmaschigen Netz hoch. Die Samen können im Herbst in Töpfen angesetzt werden, so daß sie im Frühsommer ausgepflanzt werden können; aber selbst Pflanzen, die erst im Frühjahr gezogen wurden, wachsen schnell heran. Wicken mögen Feuchtigkeit und viel Kompost oder anderen organischen Dünger an ihrem Wurzelwerk. Man sollte also entlang des Zauns einen Graben ziehen und ihn bereits vor der Pflanzzeit mit diesen Bestandteilen füllen. Ich habe das in einem winzigen Stadtgarten einmal ausprobiert und war von dem Ergebnis be-

Rosa und lila Prunkwinden *Ipomoea* in einem spanischen Garten zusammen mit den roten Blüten einer *Bougainvillea*.

Wicken *Lathyrus odoratus* haben wunderhübsche, pastellfarbene, duftende Blüten, wenn sie in fruchtbare Erde gepflanzt und gut bewässert werden.

geistert. In dem schmalen Streifen gab es genug Platz für andere Pflanzen, die den unteren Bereich der Wicken ausfüllten. Die mit ihren langen Stielen bis auf 180 cm hochkletternden Wicken trugen duftende, pastellfarbene Blüten, die die dahinterliegende Mauer verdeckten. Man kann auch grüne Bohnen auf ähnliche Art anlegen. Ihre orangefarbenen Blüten sind sehr dekorativ, sie überwuchern ihre Kletterhilfe schnell, und als erfreuliche Zugabe liefern sie köstliche Hülsenfrüchte.

Eine etwas ausgefallenere Pflanze ist der zarte *Rhodochiton atrosanguineus*. Wie bei der *Bougainvillea* ist auch bei seinen Blüten der violette Kelch sehr auffällig. Innen bildet die Blumenkrone ein dunkles schwarzviolettes Röhrchen. Die Blätter sind klein, hellgrün und erinnern an Efeu. Ich habe auch schon gesehen, daß diese Pflanzen in Töpfen gezogen werden, was ihr normalerweise üppiges Wachstum einschränkt. An einer geschützten Stelle im Freien gedeihen sie hervorragend.

Die üppig wachsenden Stangenbohnen mit ihren herrlichen roten Blüten eignen sich nicht nur als Nutzpflanzen, sondern auch als Zierpflanzen.

KLETTERPFLANZEN – BESONDERE EIGENSCHAFTEN

Wenn nur ein kleiner Garten zur Verfügung steht, muß die Auswahl der Pflanzen sorgsam getroffen werden. Die Einbeziehung der Hauswände und der Gartenbegrenzung bietet zwar zusätzlichen Pflanzraum, aber dadurch wird das Problem oft nur noch schlimmer: Die Neugier auf Kletterpflanzen wird nämlich geweckt, und leider sind viele von ihnen für kleinere Flächen völlig ungeeignet.

Viele Kletterpflanzen werden einfach zu groß. *Polygonum baldschuanicum* und *P. aubertii* sind zwar schöne Pflanzen, deren schaumartige, cremefarbene Blüten ihre Pracht über einen langen Zeitraum hinweg entfalten und die von ihnen bewachsene Fläche mit einer weichen, hellen Blütendecke überziehen, doch leider wachsen sie eben zu ausladend, als daß man sie in einem kleinen Garten anpflanzen sollte. Erst als Schleier, der sich wohltuend über häßliche, riesige, kahle Wände legt, können sich diese Pflanzen in ihrer vollen Schönheit entfalten.

Andere Pflanzen sind weniger ausladend, aber dafür wirken sie langweilig. In einem kleinen Garten braucht man gut geschnittene, eher kleine Pflanzen, die der Mühe auch wert sind: Sie müssen einen Großteil des Jahres schön anzusehen sein. Einer Primadonna, die viel Liebe und Pflege braucht, sollte man keine Beachtung schenken, wenn sie den Garten nur für eine kurze Weile verschönt. Die *Hydrangea petiolaris* zum Beispiel, die ich sehr liebe, eignet sich zwar für eine nach Norden ausge-

Kletterhortensien klammern sich mit Hilfe von Haftwurzeln an der Maueroberfläche fest. Am häufigsten sieht man die *H. petiolaris*, eine robuste, laubabwerfende Art, die Bäume hinaufklettert und auch Mauern überwuchert. Im Hochsommer entwickelt sie winzige fruchtbare und größere unfruchtbare Blüten. Ihr kräftiges, braunes Geäst ist auch im Winter schön anzusehen.

Obwohl die *Bougainvillea* in kühleren Regionen im Freien nicht gedeiht, eignet sie sich in südlichen Ländern hervorragend als Hecke oder Mauerbewuchs. Hier klettert ein Musterexemplar über einen Bogen und erfreut den Betrachter mit seiner Farbenpracht.

richtete Mauer, aber es dauert einige Jahre, bis sie sich eingewöhnt hat. Außerdem ist sie keine immergrüne Pflanze, und die großen, cremefarbenen Blüten nehmen bereits nach zwei oder drei Wochen herrlichster Pracht eine unansehnliche braune Farbe an.

Die Geißblattarten sind empfehlenswerte Kletterpflanzen. Sie sind winterfest und haben auffallende, herrlich duftende, ungewöhnlich geformte Blüten. Im Herbst bilden sie oft interessante Früchte aus; man kann sie leicht zurückschneiden und in jede gewünschte Richtung lenken. Es läßt sich unter mehr als einem Dutzend verschiedener Arten auswählen, deshalb ist es ratsam, sich einige Sorten zuvor in einem Gartencenter oder in einer Baumschule anzusehen. Sehr beliebt ist das Waldgeißblatt *Lonicera periclymenum.* Bienen mögen die süßen trompetenförmigen Blüten, für ihre leuchtendroten Beeren zeigen die Vögel besonderes Interesse. Wie andere Waldbewohner haben die Geißblattarten gerne »kalte Füße«, d. h., ihre Wurzeln sollten im Schatten liegen; an einer warmen Wand werden sie oft von Blattläusen befallen, aus diesem Grund sollten Sie diese Stellen lieber für wärmeliebende Pflanzen reservieren.

Zu den besonders gut geeigneten Arten der Geißblattgattung gehören *L. x heckrottii* und *L. sempervirens.* Beide blühen vom Frühsommer bis zum ersten Frost, letztere trägt rote Beeren.

Soll der Garten auch im Winter blühen, dann sollten Sie *Clematis cirrhosa* anpflanzen, die von Januar bis März Blüten trägt und in einem geschützten Gartenbereich gut gedeiht. Sie hat ein-

Oben rechts: Zur Familie der Geißblattarten gehören Sträucher und Kletterpflanzen, von denen möglichst viele einen Platz im Garten haben sollten. Die amerikanische Art *Lonicera sempervirens* hat ungewöhnlich gefärbte Blüten, doch leider duften sie genausowenig wie ihre Sorten.

Oben links: Lonicera sempervirens 'Sulphurea' hat klare, gelbe Blüten, die häufig noch blühen, wenn schon leuchtende Früchte heranreifen.

Unten: Lonicera tragophylla, ein laubabwerfendes Geißblatt, hat große, aber geruchlose Blüten. Sie gedeiht im Schatten.

geschnittene Fiederblätter, die während der kalten Jahreszeit bronzefarbene Schattierungen annehmen. Nach einem schönen Sommer entwickeln sich neue Triebe, Knospen und kleine gelbe, duftende Blüten, deren Innenseite violett gepunktet ist; sie öffnen sich im Winter, wenn das Wetter es eben zuläßt.

WIE MAN KLETTERPFLANZEN DEN NÖTIGEN HALT GIBT

Die Vielzahl der verschiedenen Kletterpflanzen haben unterschiedliche Klettertechniken entwickelt. Die Kletterhilfen sollten dementsprechend auf die Pflanzenart abgestimmt sein. Selbst Wurzelkletterer brauchen anfangs einen gewissen Halt. Es ist durchaus möglich, daß ein starker Wind Ranken vom Mauerwerk oder Spalier löst, sie müssen dann wieder festgebunden werden, damit beim nächsten Sturm nicht die ganze Pflanze zu Boden geht. Rank- und Schlingpflanzen bevorzugen eine Kletterhilfe an dünnem Draht oder Schnüren, an der sie sich besser festhalten können als zum Beispiel an einem Holzspalier mit breiten Latten.

Stützgerüste für Pflanzen müssen vor allem stabil sein. Die meisten Kletterpflanzen sind groß und kräftig und sollen den Garten auf lange Zeit hin bereichern. Durch Ausrichten und Zurückschneiden gelangen sie zu voller Schönheit, was aber oft über einige Jahre und mehr betrieben werden muß; aus diesem Grunde sollten Sie den Verlust einer voll entwickelten Kletterpflanze nicht dadurch riskieren, keine geeignete oder zu schwache Kletterhilfe zu instal-

Stabile und langlebige Stützgerüste sind die Voraussetzung, wenn sich Kletterpflanzen zu ihrer vollen Schönheit entfalten sollen. An dieser Mauer sind verzinkter Maschendraht und ein Holzspalier angebracht.

lieren. Das Gerüst sollte nicht nur stabil und gut befestigt, sondern auch möglichst unauffällig sein, denn die Aufmerksamkeit sollte auf den Bewuchs gelenkt werden.

Alte Mauern tragen oft noch die Spuren von Kletterhilfen, die von Generationen von Gärtnern zuvor verwendet wurden und an denen Sie sich orientieren können. Eine Möglichkeit besteht darin, in einem Abstand von ungefähr 30 cm verzinkten Draht zwischen jeweils zwei Ringschrauben, die mindestens 15 cm lang sein sollten und mit Dübeln im Mauerwerk verankert werden, in Längsrichtung zu befestigen. Man kann auch verzinkte Winkelhaken verwenden. Der Draht sollte in einem Abstand von einigen Zentimetern an der Mauer angebracht werden, so daß die dort befestigten Kletterpflanzen gut belüftet werden und damit weniger krankheitsanfällig sind. Außerdem bietet dieses Gerüst Pflanzen wie der *Clematis* mehr Platz, sich um den Draht zu ranken. Wenn die ganze Mauer mit einem Drahtskelett versehen ist, kann man die Pflanzen nach Belieben umleiten oder neu anordnen.

Für manche Kletterranken, wie *Clematis* oder Geißblatt, ist ein Abstand von 30 cm zwischen den horizontalen Drähten allerdings schon zu groß; ihre Ranken können den ersten Draht nicht erreichen. Mit einer Schnur (von unauffälliger Farbe) kann man zur Unterstützung an den erforderlichen Stellen vertikale Kletterhilfen anbringen. In manchen Fällen ist es sogar angebracht, Kletterpflanzen über andere Gewächse

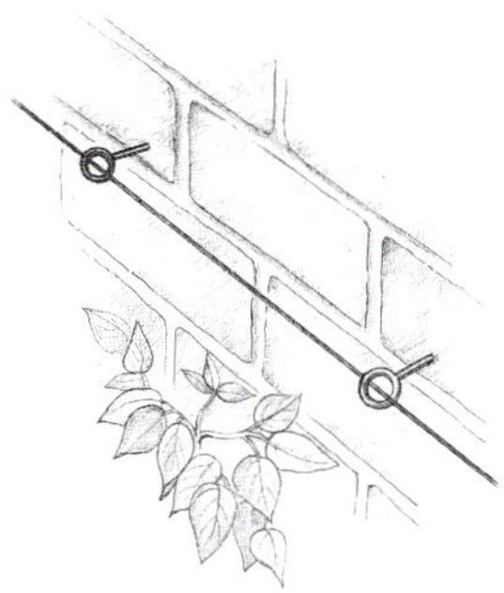

Verzinkter Draht, der durch Ringschrauben läuft, stellt eine ideale Kletterhilfe dar.

ranken zu lassen (siehe Pflanzenkombinationen, Seite 80). Wenn diese Möglichkeit nicht besteht, kann man auch Maschendraht an der Wand anbringen, der dann die gewünschte Stützfunktion erfüllt.

Kunststoffüberzogene Drahtnetze, die es in verschiedenen Breiten und Farben (grün und braun) gibt, sind eine weitere Alternative. Sie werden an der Wand oder am Zaun mit Nägeln oder Schrauben befestigt. Obwohl sie recht praktisch sind, gefallen sie mir persönlich nicht, da sie zu auffällig sind. Ich bevorzuge grobmaschigen, stabilen Maschendraht, der für Kletterpflanzen besser geeignet ist als zum Beispiel Kaninchendraht. Er sollte darüber hinaus verzinkt und damit rostfrei sein.

Ranken müssen Platz genug haben, sich um das vorgegebene Stützgerüst herumzuwinden. Dies gilt aber nicht für viele Arten der Spreizklimmer. Solche Pflanzen sollten an der Kletterhilfe festgebunden werden. Häufig sieht man Rosenstöcke, die völlig verwachsen sind, weil die jungen Triebe gedankenlos durch die Maschen geschoben wurden, anstatt sie am Draht festzuknüpfen. Wenn die Triebe dicker werden, wachsen sie um die Drähte herum, und das Zurückschneiden wird zu einem Alptraum; dann bleibt oft keine andere Wahl mehr, als die Rose ganz abzuschneiden und neu zu ziehen.

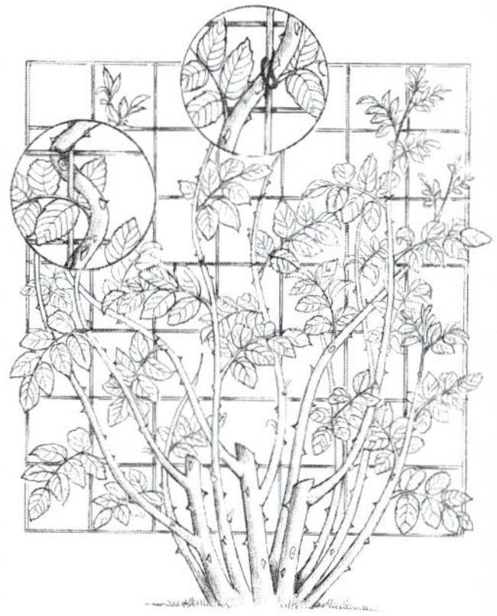

Die Details zeigen *(links)* die falsche und *(rechts)* die richtige Methode, eine Rose an einem Rankgitter zu befestigen.

Sternjasmin *Trachelospermum jasminoides* und Rosen werden an horizontal verspanntem Draht sorgfältig zu einem blütenreichen Rahmen für das Fenster aufgezogen.

• KLETTERROSEN •

Es gibt eine so überwältigende Vielzahl verschiedener Kletterrosen, daß man es dem Laien kaum übelnehmen kann, wenn er angesichts des enormen Angebots die erstbeste Pflanze kauft, die ein Gartencenter anbietet. Aber bei genauerem Hinsehen wird man feststellen, daß es einige Rosensorten gibt, die einem besser gefallen als andere, und daß einige – so schön sie auch sein mögen – für einen kleineren Garten einfach zuviel Platz in Anspruch nehmen.

Ich unterteile Kletterrosen in drei Hauptgruppen: Es gibt Wildrosen, Ramblerrosen und die echten Kletterrosen. Die Wildform umfaßt – wie der Name schon sagt – die Rosen, die in der Natur vorkommen (man kann diese Gruppe auch etwas weiter fassen und ausgewählte Arten einschließen, die nicht gekreuzt wurden). Zu ihnen gehören die Hundsrose *Rosa canina* und die amerikanische *R. virginiana*. Diese beiden sind zwar eigentlich keine Kletterrosen, aber sie sind stark- und hochwüchsig, und man kann sie an ihren Einzelblüten und den dekorativen Hagebutten eindeutig als Wildrosen erkennen.

Die Wildform der Kletterrose hat einfache Blüten und neigt zu einer recht kurzen Blütezeit, doch die schönen Hagebutten, die sich später im Jahr entwickeln, machen diesen Nachteil wieder wett. Auch was die Blattform und das allgemeine Aussehen betrifft, haben sie ihren spezifischen Charakter bewahrt. Sie sind zäh und wenig krankheitsanfällig, und sie haben eine ungezähmte Lebenskraft beibehalten, was sie für kleinere Gärten ungeeignet erscheinen läßt.

Doch wenn Sie genügend Platz für die Wildform der Kletterrose haben, wird Ihnen ihre spartanische Einfachheit, die so gar nichts mit den üppigen und manchmal atemberaubenden Exemplaren der Rosenzüchter zu tun hat, viel Freude bereiten. *Rosa longicuspis* zum Beispiel hat glänzende dunkelgrüne Blätter, die zu den Büscheln der einfachen weißen Blüten einen hübschen Kontrast bilden. Später im Jahr entwickelt sie aparte orangerote Hagebutten, und wenn der Winter mild ist, wirft sie kaum Blätter ab. Eine Pflanze, die sich weniger ausbreitet und als Strauch oder Klettergewächs verwendet werden kann, ist die *R. soulieana,* deren Zuchtform 'Wickwar' sehr zu empfehlen ist. Die Schönheit dieser Rose liegt in ihren weichen gräulichen Blättern. Sie zeigt zahllose Einzelblüten (weiß, als Knospe cremefarben) und kleine orange Hagebutten. Ihre blassen Blätter bereichern jede Gartenlandschaft.

Auch Ramblerrosen sind robuste Pflanzen, die nur einmal im Jahr blühen. Es heißt, daß sie am schönsten gedeihen, wenn sie sich frei entfalten können. Für die Ausrichtung entlang einer Mauer oder eines Zaunes eignen sie sich daher nicht sehr gut, zumal Ramblerrosen an geschützten Stellen oft von Mehltau be-

Kletterrosen eignen sich hervorragend als blühender Mauerschmuck. Die horizontale Ausrichtung wie hier entlang der Maueroberseite ermuntert sie, ihren Blütenflor reich zu entfalten. Der kahle untere Mauerbereich kann durch andere, hoch aufschießende Pflanzen verdeckt werden.

Rechts: Die 'Complicata' ist eine Strauchrose mit langen gebogenen Stämmen, die auch an einem Stützgerüst oder an einer Mauer gezogen werden kann.

Unten: Vier Exemplare der Kletterrose 'New Dawn', an einer sechseckigen Gartenlaube hochgezogen. Nach dem ersten Aufblühen folgen den ganzen Sommer sporadisch weitere Blüten.

Links: 'Constance Spry' ist eine kräftige Strauchrose, die sich auch als Kletterpflanze eignet. Die üppigen Blüten öffnen sich nur im Hochsommer.

Unten: Viele Kletterrosen ähneln sich im Aussehen. Oft haben sie kleine weiße oder cremefarbene Blüten, die dichte Büschel bilden und im Hochsommer ihre ganze Pracht entfalten.

fallen werden. Aber was könnte die geliebte 'Albertine' ersetzen, die so viele Landhausmauern ziert? Die etwas ungeordnet angelegten rosa Blütenblätter dieser besonders in England beliebten Rose haben mit ihrem süßen Duft schon vor 70 Jahren die Dorfstraßen erfüllt. Mehltau kann ein Problem sein, aber er befällt die Pflanze meist erst nach der Blüte, und dann ist sie stark genug, diese Pilzkrankheit zu überstehen.

Eine weitere bekannte Ramblerrose ist die rosa gefärbte 'Dorothy Perkins', die erst spät blüht. Ich persönlich mag die Farbe ihrer quastenförmigen Blüten nicht besonders.

Echte Kletterrosen sind in der Regel weniger robust als die Wildform und die Ramblerrosen, doch ihre Wuchseigenschaften erleichtern ihre Ausrichtung an einer Mauer oder einem Zaun. Viele blühen mehr als einmal, wenn auch nicht ununterbrochen, und sind vielleicht genau das, was in einen kleinen Garten paßt. Es gibt unter ihnen aber auch Exemplare, die mit Vorsicht zu genießen sind, so zum Beispiel 'Danse du Feu', deren hellrote Blütenfarbe mir gar nicht gefällt, zudem sie im Laufe der Zeit zu einem fahlen Grau verblaßt. Sie wird für nach Norden ausgerichtete Mauern empfohlen, aber es gibt genügend andere Arten, die genausogut im Schatten gedeihen.

Eine interessante Kletterrose ist die nicht sehr verbreitete 'Leverkusen', die bereits vor mehr als 30 Jahren eingeführt wurde. Sie hat große gelbe, halbgefüllte Blüten, die auf charmante Art etwas ungeordnet wirken. Diese Rose produziert fast ununterbrochen neue Blüten. Die hellgrünen Blätter sind gezackt und sehr kräftig – sie sollte eigentlich viel öfter angepflanzt werden. (Die 'Leverkusen' stammt von dem deutschen Rosenzüchter Kordes; wenn dessen Name in einem Katalog in Klammern hinter der Beschreibung der Rose steht, kann man mit ziemlicher Sicherheit davon ausgehen, daß es sich um eine gute Sorte handelt).

Die Rosen der drei genannten Gruppen müssen unterschiedlich geschnitten werden. Die mehrfachblühenden Arten tragen ihre Blüten während des Sommers an den neuentwickelten Trieben; sie können also während der Ruhezeit zurückgeschnitten werden. Wild- und Ramblerrosen tragen Blüten an den Trieben des Vorjahres; wenn Sie sie im Winter zurückschneiden, laufen Sie Gefahr, Triebe zu entfernen, die im Frühjahr Blüten tragen sollen. Es empfiehlt sich, blütentragende Triebe sofort nach dem Verblühen zurückzuschneiden und, falls die Pflanze sich zu sehr ausbreitet, ruhig auch einige der neuen Triebe zu schneiden. Die übrigen Triebe sollten immer wieder zusammengebunden werden; mit den kräftig austreibenden Arten muß dieser Vorgang im Laufe des Sommers mehrmals wiederholt werden. Ausgenommen von dieser Regel sind die einmalblühenden Wildrosen, an deren Hagebutten sie sich im Herbst erfreuen wollen. Dann sollte das Zurückschneiden verschoben werden. Der Umfang des Rückschnitts ist natürlich auch immer abhängig von der Fläche, die Ihnen zur Verfügung steht.

Der Sommerschnitt bei öfterblühenden Rosen, d. h. das Zurückschneiden

Unten links: Auch wenn sie oft unter Mehltaubefall leidet – die Kletterrose 'Dorothy Perkins', die im Spätsommer blüht, ist immer noch sehr beliebt.

Unten rechts: 'Ballerina' wird meist als offener, etwa 120 cm hoher Strauch gepflanzt, aber sie eignet sich auch als niedrige Kletterpflanze.

der Triebe nach dem Verblühen der Blüten des ersten Flors, sollte mit Sorgfalt durchgeführt werden. Schneiden Sie die Triebe auf ein unter dem Blütenstand befindliches Auge zurück. Das beste Auge befindet sich meistens in der Blattachsel des 2. Blattes unterhalb des Blütenstandes. Es ist in der Regel recht dick und treibt früher als die anderen Knospen aus. Damit erreichen Sie die Bildung neuer Blüten. Je tiefer sie zurückschneiden, desto kräftiger und länger wird der sich neu bildende Trieb.

Rosen bringen den ganzen Sommer lang Blüten hervor und verbrauchen dabei sehr viel Kraft. Darum ist es besonders wichtig, sie richtig zu düngen. Im Frühjahr sollte man einen guten Dünger und eventuell etwas Knochenmehl ausbringen. Achten Sie auf gute Wässerung. Wie Sie sehen, sind Rosen nicht sehr pflegeleicht. Sie gedeihen nur unter guten Bedingungen und in gut vorbereiteten Böden.

Wenn Sie eine Rose auswählen, sollten Sie schon eine klare Vorstellung haben, wo Sie sie anpflanzen wollen, denn insbesondere Kletterrosen stellen auf Grund ihrer Größe und Anordnung in einer Gartenanlage einen optischen Schwerpunkt dar. Begehen Sie also nicht den Fehler, in einem Gartencenter spontan eine Rosensorte zu kaufen, ohne sich vorher Gedanken gemacht zu haben, wo genau sie in Ihrem Garten stehen soll.

Fragen Sie sich als erstes, ob Sie wirklich eine Kletterrose gebrauchen können. Rosen gibt es zwar in zahllosen Formen und Farben, aber vielleicht eignet sich eine andere Kletterpflanze oder gar ein Strauch viel besser, wenn Sie zum Beispiel eine hohe, schmale Fläche begrünen wollen wie etwa den Bereich zwischen zwei Fenstern oder neben einer Tür. Rosen blühen viel reicher, wenn ihre Triebe horizontal ausgerichtet werden können; bei einer vertikalen

Anordnung bilden sie ihre Blüten hoch oben aus und entziehen sich dem Auge des Gartenfreundes. Es besteht allerdings auch die Möglichkeit, die Rosen zunächst in der Vertikalen auszurichten und sie um die Fenster zu leiten, über denen sie wieder zusammenwachsen werden. Auf diese Weise können Sie eine ganze Hausfassade begrünen. Doch dann brauchen Sie nicht nur eine gute und hohe Leiter, sondern Sie sollten auch schwindelfrei sein.

Wenn Sie sich für eine Kletterrose entschieden haben, wird die Auswahl durch die Ausrichtung der Gartenmauer oder Hauswand bestimmt. Die meisten Kataloge beschreiben, welche Rosensorten viel Sonne benötigen und welche nicht. Die Auflistung derer, die auch im Schatten gedeihen, könnte vermutlich noch erweitert werden – ich kenne viele schöne Gärten, wo Rosen im ungastlichen Schatten unter Bäumen prächtig gedeihen.

Eine nach Süden ausgerichtete Mauer ist auf Grund der Hitze und des Wassermangels ein problematischer Rosenstandort. Einige empfindliche Rosensorten benötigen den Schutz einer Südmauer. Aber ein harter Winter bedeutet für diese Rosen meistens das Aus, so daß sich in einem kleinen Garten das Risiko und die Mühe wohl nicht lohnen. Im Süden der Vereinigten Staaten lassen sich solche Rosensorten mit Erfolg anpflanzen. Die Banksrose *Rosa banksiae* wird hier wegen der kleinen, attraktiven Blütenbüschel besonders geschätzt.

West- und Ostmauern stellen keine besonderen Probleme dar, es sei denn, sie sind starkem Wind ausgesetzt. Wie alle anderen Pflanzen können auch Rosen von einem Sturm zerrissen und vernichtet werden; vorbeugend sollte man deshalb die neuen Triebe regelmäßig festbinden.

Nachdem man alle praktischen Überlegungen bei der Rosenwahl erwogen hat, ist es nun an der Reihe, ästhetische Fragen zu klären.

Die Farbe der Mauer oder des Zaunes, vor dem die Rose gepflanzt werden soll, ist dabei von entscheidender Bedeutung. Es versteht sich von selbst, daß eine Rose mit rosa leuchtenden Blüten zu einer roten Ziegelsteinwand nicht besonders gut paßt, dennoch kann man diesen Fehler häufig beobachten.

Rote Ziegelsteine sind ein schwieriger Hintergrund, aber mit den Farben Weiß, Creme und Gelb dennoch gut zu kombinieren. Ältere, verwitterte Ziegelsteinmauern vertragen sich wesentlich besser auch mit anderen Farben, selbst Rosatöne sind hier möglich. Vor hellen Steinmauern oder weiß gestrichenen Zäunen schränken lediglich die Farben der bereits vorhandenen Pflanzen die Auswahl ein. Ein neuer Holzzaun, der zwar behandelt, aber nicht gestrichen wurde, bereitet ähnliche Schwierigkeiten wie eine neue, rote Mauer, denn die frische Naturholzfarbe ist genauso augenfällig. Aber da Holz schnell verwittert, verblaßt die Farbe innerhalb weniger Jahre zu einem weicheren Farbton, und da Rosen einige Zeit brauchen, bis sie herangewachsen sind, sollte ihre Blütenfarbe so gewählt werden, daß sie zur zukünftigen und nicht zur gegenwärtigen Farbe des Zaunes passen.

Da mehr als 200 Kletterrosensorten im Handel sind, ist es unmöglich, auf die einzelnen Pflanzen einzugehen. Dennoch möchte ich einige meiner Lieblingspflanzen vorstellen.

Wenn der Platz knapp bemessen ist und Sie eine äußerst zuverlässige, öfterblühende Rose suchen, dann ist 'New Dawn' die geeignete Sorte für Sie. Ihre Blüten sind hellrosa, mittelgroß und haben eine hübsche Form. Die Blätter sind glänzend und kräftig. Die meisten Blüten erscheinen etwas später im Jahr, doch einige öffnen sich sporadisch den ganzen Sommer hindurch. Sie ist nicht besonders stachelig, und der Sommerschnitt ist dank ihres herrlichen Duftes ein Vergnügen; sie gedeiht sogar an einer Nordwand. Ein weiterer Vorzug besteht darin, daß sie sehr leicht durch Ableger vermehrt werden kann, die Sie an Rosenliebhaber in Ihrem Freundeskreis verschenken können.

Für diejenigen, die rosa Blüten nicht sehr schätzen (zuviel Rosa in einem Garten verleiht ihm »Schlafzimmeratmosphäre«), ist die Rosensorte 'Mermaid' die richtige. Es handelt sich um eine robuste, fast immergrüne Pflanze. Die Blätter sind ziemlich groß und von leuchtendem Dunkelgrün. 'Mermaid' trägt gelbe Einzelblüten mit etwas dunkleren Staubblättern; jede der duftenden Blüten hat einen Durchmesser von 7–10 cm und öffnet sich auch an einer Nordwand den ganzen Sommer hindurch. In einem Rosenkatalog fand ich die folgende Beschreibung der 'Mermaid': »Unersetzlich und einzigartig«. Dem kann ich nur beipflichten. Aber ich muß Neulinge vor ihren zahlreichen Stacheln warnen, die das Zurückschneiden zu einem zeitaufwendigen und schmerzhaften Unterfangen machen. Ein weiterer Nachteil liegt in ihrer Empfindlichkeit: Wenn sie an einer Nordwand gedeiht, kann sie ein ungewöhnlich strenger Winter in ihrer Entwicklung zurückwerfen oder gar töten. Wenn Sie es mit ihr versuchen wollen, dann geben Sie ihr ein oder zwei Jahre Zeit, bevor Sie ein Urteil fällen; sie ist ein Spätzünder.

Wenn Sie eine große, unansehnliche Mauer bepflanzen wollen, sollten Sie eine der robusten, weißblühenden Ramblerrosen wählen, die durch ihren Blütenreichtum bestechen. Am bekanntesten ist die 'Kiftsgate', aber dabei handelt es sich um ein Riesenexemplar. Eine Alternative wären zum Beispiel 'Bobbie James', 'Wedding Day' oder 'Seagull'; all diese Rosen haben kleine Einzelblüten, die große Büschel bilden, und sie brauchen nicht ganz soviel Platz.

'Mme Alfred Carrière' hat ebenfalls weiße Blüten (mit einem Hauch Rosa); sie sind rund gefüllt, und blühen fast ständig. Diese Rose eignet sich auch für eine Nordwand, vorausgesetzt, sie hat genug Platz – ich habe schon Exemplare gesehen, die bis zum zweiten Stock hinaufgewachsen sind. Für eine niedrigere Mauer oder einen Zaun eignet sich eher die stachellose 'Zéphirine Drouhin'. Sie duftet von allen genannten am stärksten. So mancher empfindet das Kirschrot ihrer Blüten jedoch als zu aufdringlich (in heißen Klimazonen blüht sie nur einmal). Darüber hinaus bietet sich noch eine blaßrosa Sorte na-

'New Dawn' trägt über einen langen Zeitraum hellrosa gefärbte Blüten, die bezaubernd duften.

Das kräftige Rosa der 'Zéphirine Drouhin' verliert auch im Zusammenklang mit dem wunderbaren Blau einer großblütigen *Clematis* nicht an Reiz.

mens 'Kathleen Harrop' an, die ebensogut riecht und keine Stacheln hat.

Man könnte fortfahren: 'Etoile de Hollande' ist die schönste rote Rose, 'Gloire de Dijon' verbindet die Farben Dunkelgelb, Apricot und Hellgelb in ihren flachen, vierteiligen, duftenden Blüten harmonisch miteinander und ist vor Steinmauern mit warmen Farbtönen ein optischer Genuß. 'Pompon de Paris' hat winzige, zarte Blätter und kleine, leuchtend rosafarbene, gefüllte Blüten; diese Rose sollte an einer Stelle angepflanzt werden, an der Sie ihren niedrigen Wuchs angemessen bewundern können.

Es muß aber nicht unbedingt immer eine Kletterrose sein, die man an einer Mauer anpflanzt. Ich habe schon Strauchrosen gesehen, die sich an einer niedrigen Mauer hochgezogen sehr wohl fühlten und äußerst dekorativ aussahen. 'Buff Beauty' zum Beispiel kann mit einem Stützgerüst bis zu 180 cm hoch wachsen. Diese Moschushybride blüht zweimal im Jahr, ist kräftig und eignet sich ausgesprochen gut als Mauerbepflanzung.

• STRÄUCHER •

Eine Mauer oder ein Zaun ist der ideale Lebensraum für nahezu alle Arten von Sträuchern, aber da es meist an Platz fehlt, nutzen wir die schützende Nähe einer Mauer in der Regel für sehr empfindliche Pflanzen. Dabei vermögen Sträucher den charakteristischen Gesamteindruck einer Gartenmauer entscheidend zu prägen.

Ich habe bereits mehrfach darauf hingewiesen, daß im Schutze einer Mauer auch in kühleren Regionen Pflanzen gedeihen, die eigentlich nur in wärmeren Klimazonen zu Hause sind. Diese Feststellung gilt in gleichem Maße natürlich auch für Sträucher, und zwar sowohl für im Sommer blühende als auch für wintergrüne.

Sträucher zeichnen sich in der Regel durch ein dichtes Wachstum aus und kommen vor einem geschlossenen Hintergrund einfach besser zur Geltung. Ohne ihn wirken sie oft kümmerlich. Ich denke da zum Beispiel an die *Buddleja alternifolia* mit ihren langen, schlanken, hängenden Zweigen, die im Frühsommer von kleinen, purpurfarbenen Blüten geziert werden, oder an die *Colutea arborescens* mit ihren zarten, gefiederten Blättern, die im Sommer gelbe, wickenartige Blüten trägt.

Manche Sträucher lassen sich sowohl als undurchdringliche Hecke verwenden oder auch als Solitärpflanze an einer Wand. Der Feuerdorn *Pyracantha* mit seinen hübschen dunklen Blättern eignet sich zum Beispiel sehr gut als Mauerbewuchs. Pyracanthaarten werden oft als Spalierbäume geschnitten und setzen in einem Garten hübsche Akzente. Beim Stutzen dieses Zierstrauches opfert man zwangsläufig die meisten Blüten und Früchte, derentwegen man normalerweise *Pyracantha* pflanzt. Auch Eiben kann man neben eine Mauer als architektonischen Blickfang setzen; beim kräftigen Zurückschneiden verliert man hier allerdings außer ein paar Beeren nichts.

Manche Sträucher sind von Natur aus vollkommen stabil und brauchen nicht zusammengebunden zu werden. Andere, speziell solche, die in eine besondere Form gebracht werden sollen, müssen an einer Mauer oder einem Zaun befestigt werden. Wie bei Kletterpflanzen eignet sich auch hier ein festes Stützgerüst aus Draht, da es eine gewisse Flexibilität mit optischer Unauffälligkeit verbindet. Im allgemeinen sind die Triebe von Sträuchern weniger biegsam als die der Kletterpflanzen. Man sollte sie also festbinden, solange sie noch jung und flexibel sind.

Ein weiterer Grund, der für das Pflanzen von Sträuchern vor Mauern spricht, ist der, daß sie zugleich eine Stütze für Kletterpflanzen darstellen. Ich werde auf diesen Punkt später noch genauer eingehen (siehe Seite 80), möchte aber an dieser Stelle bereits darauf hinweisen, daß die meisten wildwachsenden

Der Feuerdorn *Pyracantha* kann leicht ausgerichtet und geformt werden. Zu starkes Zurückschneiden verringert jedoch die cremefarbene Blütenpracht im Sommer und, was noch wichtiger ist, die Beerenbildung im Herbst.

Ein geschütztes Fleckchen vor einer hohen Mauer gefällt dem *Abutilon vitifolium,* einem schönen und üppig blühenden Strauch, der jedoch keine kalten Winter verträgt.

Kletterpflanzen sich an Sträuchern emporranken und daß man durch die Kombination verschiedener Pflanzen die besten und erfreulichsten Ergebnisse in einem Garten erzielt.

SCHNELL WACHSENDE STRÄUCHER

Wenn Sie vor einer vollkommen kahlen Mauer stehen und nicht wissen, wo und wie Sie anfangen sollen, dann ist es oft hilfreich, sich zur Orientierung in den Nachbargärten umzusehen. Sie sind nicht gezwungen, die gleichen Pflanzen wie Ihre Nachbarn zu verwenden, aber Sie erhalten auf diesem Weg Informationen über Boden- und Klimabedingungen. Wenn zum Beispiel im Nachbargarten Rhododendren blühen, dann können Sie auch andere Pflanzen einsetzen, die sauren Boden schätzen, zum Beispiel Kamelien.

Als nächstes ist die Lage und die Größe der Mauer für die Art der Begrünung ausschlaggebend. Die meisten Gartenbesitzer suchen verständlicherweise Pflanzen, die möglichst schnell heranwachsen. Auf die Möglichkeit, in diesem Fall auf einjährige Kletterpflanzen zurückzugreifen, bin ich bereits eingegangen.

Viele mehrjährige Kletterpflanzen sind zugleich auch Schnellstarter; für Sträucher gilt dies in der Regel nicht. Einige wachsen jedoch innerhalb von drei oder vier Jahren bereits zu stattlicher Größe heran, und wenn Sie über eine gut schützende Mauer verfügen und den Boden gut bewässern, lohnt es sich, einen der im folgenden beschriebenen Sträucher anzupflanzen.

Die meisten Sträucher der Malvenfamilie haben offene, seidige Blüten und sind im Erscheinungsbild den Stockrosen sehr ähnlich. *Abutilon vitifolium* hat, wie der Name schon sagt, weinartige, grau aussehende Blätter, die auf

Grund ihrer hübschen, filzartigen Oberfläche sehr weich wirken. Ab Mitte des Sommers öffnen sich die Blüten zu einem flachen Teller und blühen ab Mitte des Sommers stetig. 'Tennant's White' ist eine Sorte, die sich gut eignet. *A.* x *suntense* 'Jermyns' hat dunklere Blüten, und die Blätter sind nicht so grau gefärbt. Dieser Strauch wächst so schnell, daß man die Triebe sorgfältig an der Wand festbinden muß, damit die Pflanze nicht zu kopflastig wird. In einem strengen Winter geht sie leider oft ein; aus diesem Grund sollte man vorsichtshalber Ableger schneiden.

Abutilon megapotamicum, vor allem die Sorte 'Variegatum', ist nicht so schlicht wie die oben beschriebenen Arten: Die grün und gelb gefleckten Blätter werden von Blüten geziert, die wie frei schwebende Laternen aussehen. Der rote, papierartige Kelch in Kombination mit den gelben Blütenblättern und den violetten Staubbeuteln, die darunter hervortreten, machen den Reiz dieser exotisch leuchtenden Pflanze aus. Man sieht diese Sorte meist nur in Gewächshäusern, aber sie fühlt sich an einer warmen Wand auch im Freien wohl.

Die Säckelblume *Ceanothus* ist wegen der Farbe ihrer Blüten ein wundervoller Strauch. Die verschiedenen Arten erstrahlen in unterschiedlich leuchten-

Zu den Arten und Kreuzungen des *Ceanothus* gehören einige der hübschesten blaublühenden Sträucher. Es gibt immergrüne und laubabwerfende Sorten.

den Blautönen, was bei Sträuchern selten ist. Sie sind von einem regelrechten Blütenmeer übersät. Besonders mag ich den *Ceanothus impressus;* das mag daran liegen, daß er der erste dieser Familie war, der mir auffiel. Ich werde den Augenblick nie vergessen, als ich einen Garten in Kent betrat und ein wunderschönes Exemplar, das in voller Blüte stand, erblickte. Wie eine blaue Wolke stand er im Schutz einer Mauer. Die Blätter des *C. impressus* sind klein und von Adern durchzogen; die Pflanze ist immergrün.

Es gibt auch laubabwerfende Ceanothusarten, die robuster sind. Ich ziehe die immergrünen Formen jedoch vor. Unter diesen ist 'Autumnal Blue', der seine tiefblauen Blüten im Spätsommer und Herbst öffnet, am widerstandsfähigsten.

Piptanthus laburnifolius ist nicht häufig zu sehen. Ich habe ihn an einer sonnenbeschienenen Südwand gezogen und gute Erfolge erzielt. Seine Blätter sind dreiteilig und von dunklem, leuchtendem Grün (ebenso wie die Stämme). Im Frühsommer zeigen sich gelbe, wikkenähnliche Blüten. Die biegsamen Triebe kann man zurückbinden, wenn sie beginnen vornüberzuwachsen.

LANGSAM WACHSENDE STRÄUCHER

Lassen Sie sich durch die Vorstellung, daß Sie vielleicht bald umziehen müssen, nicht davon abhalten, auch Sträucher zu pflanzen, die nur relativ langsam wachsen: Erstens macht es Spaß, das Wachstum eines kleinen Strauches zu beobachten, und zweitens bereiten Sie Ihrem Nachfolger eine große Freude.

An einer großen Mauer sieht nichts schöner aus als eine riesige *Magnolia grandiflora,* die eigentlich mehr ein Baum als ein Strauch ist. Es ist eine immergrüne Pflanze mit glänzenden Blättern, und ihre ausladenden cremeweißen Blüten haben einen Durchmesser von bis zu 30 cm. Sie ducken sich förmlich unter das Blattwerk und verströmen vom Spätsommer bis Herbst einen aromatischen, schweren Duft. Wenn Sie sicher sein wollen, daß die Pflanze schon in jungen Jahren Blüten trägt, sollten Sie eine Sorte wählen, die dafür bekannt ist. 'Exmouth' hat rostfarbene, filzige Blattunterseiten; 'Goliath' hat grüne Blätter, die kürzer und breiter sind als für diese Pflanze allgemein üblich. In den Vereinigten Staaten ist 'Little Gem' mit seinen kleinen Blättern und Blüten beliebt. Die widerstandsfähigste Sorte ist die weniger kompakte 'Edith Bogue', deren Triebe leider nicht sehr flexibel sind.

Wenn sich die zu begrünende Wand nicht über zwei Stockwerke oder mehr erstreckt, sollten Sie eine kleinere Magnolienart einsetzen, vorzugsweise eine, deren Blüten sich nach unten neigen, damit Sie in das Herz der Blume blicken können.

M. sieboldii und *M. wilsonii* sind sich ähnelnde, weit ausladende Sträucher mit becherförmigen Hängeblüten, die von scharlachroten Staubblättern geziert werden. Die *M. wilsonii* beginnt kurz vor der Mitte des Sommers zu blühen; die Blüten der *M. sieboldii* blühen den ganzen Sommer hindurch. Magnolien sind keine Pflanzen, die man unbedacht zurückschneiden kann. Ihr natürliches Wachstum sollte nach Möglichkeit nicht beeinflußt werden; aus diesem Grund empfiehlt es sich, sie nur an Stellen zu pflanzen, wo sie sich auch ausbreiten können.

Sowohl die *Magnolia grandiflora,* die wegen der Größe ihrer Blätter auch windgeschützt stehen sollte, als auch die *M. sieboldii* lieben einen vollsonnigen Standort. Die *M. wilsonii* ist eigentlich eine Waldpflanze und zieht deshalb Halbschatten vor. All diese Magnolienarten brauchen einen Boden, in dem Wasser gut abfließt, vertragen aber keine Dürre.

Für kleinere Gärten empfiehlt sich die *Choenomeles japonica.* Viele Gärtner der älteren Generation kennen sie auch unter dem Namen *Cydonia*. Sie gehört zu den robustesten und pflegeleichtesten Pflanzen, die man sich vorstellen kann, blüht im Frühjahr über einen langen Zeitraum hinweg und belohnt darüber hinaus den Gärtner im Herbst zusätzlich mit hübschen und eßbaren Früchten.

Die Blütenfarbe, die man am häufigsten sieht, ist lachsrosa. Aber es gibt auch andere Varianten: Die *Choenomeles speciosa* 'Moerloosei' zum Beispiel trägt rosa und weiße Blüten, die an Apfelblüten erinnern; ihr sehr ähnlich ist die 'Toyo-Nishiki'. Die 'Simonii' gleicht mit ihren roten Blüten und auffallenden gelben Staubblättern der 'Hollandia'. Quitten sind auch ohne den Schutz einer Mauer winterfest. Sie eignen sich besonders für niedrige Flächen zwischen Fenstern. Ganz gleich, an welchem Standort sie angepflanzt werden, sie bestechen durch hübschen, leicht zu kontrollierenden Wuchs.

Die japanische Zierquitte *Choenomeles japonica* ist ein sehr robuster Strauch, der im Frühjahr blüht und dessen Farben von Weiß über Rosa bis zu Karmesinrot reichen.

Kamelien sind immergrüne Sträucher, die im Winter und Frühjahr (in den Vereinigten Staaten auch im Herbst) blühen und sich bestens für einen geschützten Stadtgarten eignen. Sie brauchen neutralen oder sauren Boden, in dem das Wasser gut abfließen kann, der aber dennoch genügend Feuchtigkeit hält. Bei zu kalkhaltigem Boden sollte man sie besser in großen Pflanzenkübeln ziehen; versorgen Sie die Kamelien mit Regenwasser und nicht mit kalkhaltigem Leitungswasser.

Da es eine überwältigende Vielfalt unterschiedlicher Blütenformen und -farben gibt, empfiehlt es sich, ein Gartencenter aufzusuchen, um vor Ort einige Exemplare zu begutachten, bevor man eine Entscheidung trifft. *Camellia williamsii* eignet sich für normale Pflanzbedingungen am besten, sie blüht lange und ist sehr anmutig: Die Sorten der *C. japonica* blühen im Frühjahr und haben breitere, weniger elegante Blätter. In den Vereinigten Staaten findet man die kleinblättrige *C. sasanqua* sehr häufig. Sie blüht vom Herbst bis in den frühen Winter; in kälteren Regionen fühlt sie sich leider nicht sehr wohl, denn sie braucht beständige, warme Sommer. Aber vor einer schützenden Südmauer lohnt sich zumindest ein Versuch.

KULTUR ODER NATUR

Viele Gärtner legen sehr viel Wert auf die Naturbelassenheit ihres Gartens. Andere sind sehr darauf bedacht, in ihrem Garten alles unter Kontrolle zu haben, die Rasenränder sind wie mit dem Rasiermesser gezogen, und die gesamte Gartenanlage ist einer strengen Architektur unterworfen. Es gibt natürlich einen Mittelweg. Ein konsequentes Design und Liebe zum Detail (nichts läßt einen Garten gepflegter wirken als ein ordentlich gemähter Rasen, dessen Ränder sorgfältig gestutzt sind) können einen Rahmen darstellen, in dem sich Pflanzen entsprechend ihrer individuellen Formen und Eigenschaften zu voller Schönheit entfalten können.

Vielleicht sind Sie der Ansicht, daß Sträucher grundsätzlich ungehindert wachsen sollten und daß es unsinnig ist, wertvolle Pflanzstellen an Gewächse zu verschwenden, die weder Schutz noch Stütze brauchen. Ich möchte Ihnen jedoch gerne zeigen, daß einige wenige Elemente einer strengeren Gartenarchitektur, zum Beispiel in Gestalt von sauber geschnittenen Mauersträuchern, Ihrem Garten ein gewisses Etwas verleihen können.

Am einfachsten sind zugeschnittene, immergrüne Bäumchen, in regelmäßi-

Kamelien sind wunderbar blühende, immergrüne Sträucher. Sie sehen alleinstehend sehr wirkungsvoll aus; man kann sie aber auch mit anderen Pflanzen wie Efeu und Stechpalmen hervorragend kombinieren.

gen Abständen gepflanzt, die auch Akzente für andere Pflanzen setzen. Diese können unabhängig von Farbe und Form zwanglos verteilt werden, denn die rhythmische Wiederholung der Bäumchen gibt der Anlage Struktur und bietet dem Auge Ruhepunkte. Die Eibe ist hierfür ein klassisches Beispiel, da sie sich ganz einfach in die gewünschte Form zuschneiden läßt – vielleicht als Säule oder Pfeiler – und weil sie darüber hinaus robust und pflegeleicht ist. An einer geschützten Mauer kann man Lorbeer *Laurus nobilis* verwenden; seine aromatischen, hübsch geformten Blätter sehen so gut aus wie sie schmecken.

In Regionen mit mildem Klima eignet sich auch der *Pittosporum tenuifolium,* mit dem man eine freundliche Atmosphäre erzielt, da seine hellen Blätter das Sonnenlicht gut reflektieren.

Ein Spalierbaum setzt sich gut vor einer Mauer oder einem Zaun ab, und er muß nicht unbedingt Früchte tragen. Die *Pyracantha* wird oft auf diese Weise verwendet und setzt dunkle, architektonische Akzente. Sie müssen bei ihr aber die Bereitschaft mitbringen, regelmäßig gegen ihre Dornen anzukämpfen, wenn Sie die Form bewahren wollen. Binden Sie die neuen Triebe fest, solange sie noch einigermaßen biegsam sind. Lassen Sie die Pflanze nicht von der Mauer weg wachsen.

Einige Pflanzen eignen sich sowohl für sehr kultivierte als auch für naturbelassene Gärten. Einer *Choenomeles* kann man entweder Raum zur freien Entfaltung lassen (wie beschrieben) oder sie ganz eng an ein Stützgerüst binden. Da sie sehr robust ist, läßt sie sich auch an einem Zaun hochziehen – ich kenne einen Fall, wo sie einen häßlichen Maschendrahtzaun ziert und bis zu einer Höhe von 2 Metern emporgewachsen ist. Wie die *Pyracantha* muß man auch sie fest zurückbinden, solange die Triebe noch saftig sind. Im Sommer können neue Triebe zurückgeschnitten werden, damit die Blüten, die sich am älteren Holz bilden, im folgenden Frühjahr gut treiben.

Wenn Sie mit Eiben strukturierende Akzente setzen, hat das im Winter den großen Vorzug, daß dem Garten durch die rhythmische Wiederholung der immergrünen Gewächse auch weiterhin Charakter verliehen wird, obwohl die kurzlebigeren Pflanzen verschwunden und die Farben insgesamt eher gedämpft sind.

Aus diesem Grund ist es gut, auch in einem weniger streng gegliederten Garten ein paar immergrüne Pflanzen einzusetzen. Die mexikanische Orangenblume *Choisya ternata* braucht den Schutz einer Mauer im Grunde nicht. Da sie aber im Schatten wie auch in der Sonne gleich gut gedeiht, kann man mit ihren glänzenden Blättern vor einer Nordmauer einen immergrünen Akzent setzen. Die Büschel weißer, duftender Blüten verwandeln den Strauch im Spätfrühling in einen hellen Farbtupfen.

STRÄUCHER FÜR WINTER UND FRÜHJAHR

Ein Garten muß während der Wintermonate nicht unbedingt kahl und trostlos aussehen. Immergrüne Pflanzen verleihen dem Garten das ganze Jahr hindurch Farbe. Besonders effektvoll sind Sträucher, die in milden Klimazonen sogar im Winter blühen.

Der Winterjasmin *Jasminum nudiflorum* wird sehr häufig angepflanzt, und auch ich würde nur ungern auf ihn verzichten. Die Dauer und Üppigkeit seiner Blüte ist unvergleichlich. Lediglich tropische Pflanzen wie die auffällige *Bougainvillea* können da noch mithalten. Der Winterjasmin mit seinen kleinen, sternförmigen, gelben Blüten gefällt eigentlich jedem. In England kann die Blüte schon im September beginnen und sich – nur von strengem Frost unterbrochen – bis in den März hinein fortsetzen. In kälteren Regionen blüht er während der etwas wärmeren Perioden im Winter und Frühjahr. Er ist eigentlich ein Strauch, der sich gern ausbreitet, sieht aber auch von einer Stützmauer herabfallend sehr dekorativ aus. Er kann auch vertikal ausgerichtet werden, wenn man seine Triebe einzeln – nicht gebündelt – befestigt. Eine nach Norden gerichtete Wand reicht dieser Jasminart vollkommen.

Wenn Ihnen sehr am Duft gelegen ist, dann ist die Winterblüte *Chimonanthus praecox* ein verlockendes Angebot. Ihre eigenartigen, transparenten gelben Blüten mit roten Zentren bilden sich direkt an den Zweigen und duften sehr süß. Leider wächst die Pflanze nur sehr langsam, und es kann Jahre dauern, bis sie zu blühen beginnt. In der Zwischenzeit vereinnahmt sie vielleicht wertvollen Platz an Ihrer besten Wand (sie braucht viel Sonne) und sieht im Sommer ziemlich langweilig aus. Frost, auf den Winterjasmin durch die Ausbildung neuer Blüten reagiert, zerstört die Blütenpracht der Winterblüte vollkommen. Sie sollten genügend Platz und Geduld haben, wenn Sie sich für diesen faszinierenden, aber widerspenstigen Strauch entscheiden.

Die Forsythie eignet sich gut zum Schneiden von Zweigen zur Dekoration im Haus, aber der plump wirkende Strauch an sich ist wenig einnehmend. Sie gehört zu den Pflanzen, die man im hintersten Winkel eines großen Gartens anpflanzt, wo man zwar während der Blütezeit ihren Anblick genießen kann, wo sie aber während des restlichen Jahres nicht weiter auffällt. Forsythienblüten sind recht hübsch, und es gibt eine Art, die besonders gut zur Geltung kommt, weil sie ihre Blütenpracht ausbreitet und nicht in einem unübersichtlichen Gewirr präsentiert. Die *Forsythia suspensa* 'Nymans' ist ein bogenförmiger Strauch, der vor einer Mauer gut aussieht. An seinem Astwerk bilden sich große, gelbe Blüten an schlanken, zarten Stengeln. Nach der Blüte können die Äste, die Blüten getragen haben, ziemlich weit zurückgeschnitten werden.

Ein wesentlich kleinerer Frühlingsstrauch ist die *Coronilla glauca,* die zur Familie der *Leguminosae* gehört. Sie braucht einen geschützten Platz, an dem ihre immergrünen blaugrauen Blätter gedeihen können. An besonders geeigneten Stellen zeigt sie ihre gelben, erbsengroßen Blüten von den ersten Frühlingsmonaten an manchmal bis Weihnachten. Ich kenne ein Exemplar, dem ein besonders hübscher Platz zu-

Die immergrüne *Carpenteria californica* ist ein empfindliches Gewächs, das den Schutz einer Südmauer zu schätzen weiß. Im Sommer zeigt sie große, weiße Blüten. Hier, zwischen Spalier und Ziegelsteinmauer, fühlt sie sich offenbar besonders wohl.

gewiesen wurde, und zwar neben einer Eingangstür an der Seite eines knorrigen Rosmarinbusches: Die blauen Blüten des Rosmarins bilden zu den grünen Blättern und gelben Blüten der *Coronilla* einen wunderschönen Kontrast. Beide Sträucher scheinen ihre Südwand sehr zu genießen und erblühen meist zur gleichen Zeit.

SOMMERSTRÄUCHER

Sträucher, die im Sommer blühen, gibt es in großer Auswahl. Die Schwierigkeit besteht lediglich darin, für den zur Verfügung stehenden Platz einen Strauch in angemessener Größe zu finden. Für eine Südwand eignet sich die Myrte *Myrtus communis* – eine wohlgeformte immergrüne Pflanze mit kleinen, spitzen Blättern und einer Unmenge duftender, weißer Blüten im Spätsommer. Die Blätter duften und schmecken aromatisch. Die Myrte sollte neben einer Tür oder einem Fenster oder in der Nähe einer Sitzbank gepflanzt werden, damit man den Duft, der sich bei Sonnenschein intensiviert, genießen kann. Wenn man nur wenig Platz hat, dann kann man sich für eine kleinere Sorte wie die *M. tarentina* entscheiden, deren Blätter etwas schmaler sind. Sie blüht ebenso prächtig und trägt nach einem warmen Sommer weiße Beeren (die normalen Myrtenbeeren sind violett bis schwarz).

Carpenteria californica ist ein gut zu pflanzender Strauch, wenngleich seine Blütezeit (im Juli) nicht so lang andauert wie bei manchem anderen. Mir gefallen seine länglichen, hellgrünen Blätter und die lockere, aber gleichmäßige Wuchsform, die er vor einer Mauer entwickelt; seine Blüten sind besonders schön: Sie sind weiß, öffnen sich weit und ähneln denen des falschen Jasmins (mit dem die *Carpenteria* verwandt ist). Ihr ungewöhnliches Aussehen ist durch die Vielzahl der in der Mitte angeordneten orangegelben Staubblätter bedingt. Wie die Myrte braucht auch diese Pflanze einen Boden mit guter Wasserführung.

Viele Sträucher sonnen sich gerne. Der *Cytisus battandieri* gehört dazu, sieht aber mit seinen seidigen, silbrigen Blättern und den hellgelben Blüten angenehm kühl aus: Wenn man ihn zusammen mit anderen Sträuchern und Kletterpflanzen, die ähnlich erfrischende Blau-, Silber- und Gelbschattierungen haben, anpflanzt, ergibt sich (zum Beispiel an den Mauern, die um einen Swimmingpool herum verlaufen) ein überwältigendes Bild. Die Blüten dieser Ginsterart entwickeln sich recht untypisch, fast lupinenartig, an kurzen Sten-

Die am häufigsten anzutreffende Sorte der *Coronilla glauca* hat leuchtendgelbe, wickenähnliche Blüten. Sie beginnt bereits im Winter zu blühen, obwohl die Hauptblüte in den Frühling fällt. Bis in den Herbst hinein zeigen sich vereinzelt weitere Blüten.

Der marokkanische *Cytisus battandieri* (der hier an der Mauer wächst) ist eine ungewöhnliche Ginsterart, die im Frühsommer goldgelbe Blütentrauben trägt, die intensiv nach Ananas duften.

Auch wenn sich die *Hydrangea villosa* nicht für eine strenge Formierung eignet, an einer schattigen Mauerseite wirkt sie ausgesprochen attraktiv. Die blassen lavendelfarbenen Blüten erscheinen im Spätsommer.

geln und strömen überraschenderweise den Duft frischer Ananas aus.

An kühlen, schattigen Mauern braucht man robustere Sträucher. Hortensien müssen nicht immer dichtbuschig und ein bißchen plump aussehen: Einige Vertreter dieser Gattung haben viel Charakter und gedeihen auch an Nord- oder Ostmauern. Die *Hydrangea villosa* hat Blätter mit einer pelzig wirkenden Oberfläche. Ihre spitzenhaubigen Blütenköpfe haben eine zarte Lavendelfarbe und sehen selbst verblüht noch hübsch aus. Solange die Wurzeln nicht zu trocken sind, gedeiht diese Pflanze sogar im Schatten von Bäumen. Versuchen Sie nicht, sie niedrig auszurichten: Diese laubabwerfende Hortensie muß sich über einen oder zwei Meter ausbreiten können.

Die *Hydrangea quercifolia* hat eine ähnliche Form. Ihre Blätter (wie der Name schon sagt) erinnern etwas an die der Eiche – allerdings eher an die amerikanische Roteiche als an die englische Eiche, d. h., die Blätter sind eher gezackt als rund gelappt. Abgesehen von ihrer interessanten Form nehmen die Blätter eine wunderschöne Herbstfärbung an. Die Blüten sind cremeweiß und bilden sich in großen Ständen. Dieser Strauch ist eine Bereicherung für jede schattige Gartenmauer.

Darüber hinaus gibt es noch verschiedene Zwergmispeln, die sich an schattigen Plätzen wohlfühlen: Der *Cotoneaster horizontalis* hat ziemlich steife Zweige, aber gut ausgerichtet wird er zu einem eindrucksvollen Wasserfall aus Blättern und Früchten. Der *C. franchetii* wächst gerne offen, und seine Triebe sind biegsam und leicht auszurichten. Eine Wand oder ein Zaun kann problemlos mit seinen weichen, salbeiartigen Blättern begrünt werden. In einem milden Winter fallen die Blätter nicht ab. Bienen lieben die kleinen, weißen Blumen im Sommer, im Herbst trägt die Pflanze rote Beeren. Auch der *C. dammeri* und die Kletterformen des *C. salicifolius* eignen sich bestens zur Wandbegrünung. Sowohl der *C. dammeri* als auch der *C. salicifolius* sind immergrün und im Winter besonders hübsch.

HERBSTSTRÄUCHER

Der Übergang von Herbst zu Winter erfolgt recht langsam, aber die Blüten bestimmter Pflanzen zeigen an, wann sich das Jahr dem Ende zuneigt. Der südafrikanische *Phygelius capensis* ist ein solcher Indikator. Obwohl die Pflanzenteile dieses Strauchs über Bodenniveau normalerweise im Winter absterben, behält er in einem Garten in südlichen Regionen vor einer wärmespendenden Wand oft seine Blätter, was ihm gegenüber den übrigen im Freien eingesetzten Pflanzen in der nächsten Saison einen uneinholbaren Vorsprung verschafft. Seine Blätter sind von unauffälligem Dunkelgrün, über die sich hängende Röhrenblüten in warmem Korallenrot legen. Die Wurzeln wachsen schnell, und die Pflanze breitet sich sehr weit aus. Der mehr als 180 cm in die Höhe wachsende Strauch blüht vom Spätsommer an, bis ein strenger Frost ihn abtötet. Da die Pflanze ein reiches Wurzelwachstum aufweist, lassen sich problemlos Wurzelteile schneiden und als Ableger verwenden. Dies sollten Sie aber lieber im Frühjahr als im Herbst machen, wenn neue Schößlinge austreiben. Dann kann die Pflanze an ihrem neuen Platz sofort zu wachsen beginnen.

Ich habe den *Ceanothus* schon angesprochen, aber ich möchte noch darauf hinweisen, daß einige Sorten auch im Herbst blühen. 'Autumnal Blue' bietet sich an, aber auch 'A. T. Johnson'. Letzterer blüht im Frühjahr und noch einmal, aber nicht so intensiv, im Herbst. 'Burkwoodii' und 'Gloire de Versailles' blühen von Sommer bis Herbst.

Weil blaue Blüten verhältnismäßig selten sind, werden die wenigen »blaublütigen«, und zu diesen gehört zweifellos das winzige *Ceratostigma willmottianum*, besonders geschätzt. Die kleinen Bleiwurzblüten sind blauer als jeder *Ceanothus*, der immer einen Stich ins Violette aufweist, und haben ein weißes Zentrum. Sie stehen in Büscheln am Ende der drahtigen Triebe. Diese Pflanze kann sogar mit einem kleinen Rotstich aufwarten: Entlang der Blütenblätter verläuft ein rosafarbiger Streifen, auch die Spitzen des Kelches sind rosa. Wegen ihrer langen und späten Blütezeit würde ich empfehlen, sie im Schutz einer sonnenbeschienenen Mauer anzupflanzen. Bevor die Blätter abfallen, verfärben sie sich rot. Da *Ceratostigma* höchstens 60 cm hoch wird, dürfte es nicht schwierig sein, einen geeigneten Platz zu finden.

Der Herbst ist die Zeit der Beeren, und einige der hübschesten finden sich an den verschiedenen Arten des Schneeballstrauches *Viburnum opulus* oder des Moosbeerstrauchs. Gertrude Jekyll empfiehlt, den Schneeballbusch *Viburnum opulus* 'Sterile' zusammen mit einer *Clematis montana* vor einer Nordwand anzupflanzen, da diese im Frühsommer eine beeindruckende,

Die stufenförmige Anordnung seiner Zweige ist typisch für das *Viburnum plicatum tomentosum* 'Mariesii' und wirkt vor einer Mauer sehr hübsch. Man sollte seine Wuchsform nicht durch Beschneidung zerstören.

kühle Farbkomposition für eine schattige Gartenecke ergeben. Ich verstehe jedoch nicht, warum sie diese Sorte wählte, die definitiv keine Früchte tragen kann.

Die gewöhnliche Schneeballpflanze oder, wenn der Platz knapp ist, die kleinere Sorte 'Compactum' bildet auch weiße Sommerblüten (sogar noch hübschere, die eher den spitzenhaubigen Hortensien ähneln als den schweren Pompons des Schneeballbusches). Zusätzlich beschenkt sie uns im Herbst auch noch mit wundervollen, leuchtenden roten Beeren. Die Sorte 'Xanthocarpum' trägt gelbe Beeren. Die ahornähnlichen Blätter des Schneeballbusches zeigen auch eine schöne Herbstfärbung. Der großfruchtige amerikanische Moosbeerstrauch *Vaccinium trilobum* sieht ähnlich aus, wird aber im Frühjahr weniger von Blattläusen befallen.

Die Beeren der *Pyracantha* sind nicht so attraktiv, aber sie machen den Mangel an Qualität durch Quantität wett. Wie bereits erwähnt, dürfen Sie den Busch nur wenig zurückschneiden, wenn Sie wollen, daß er Früchte trägt. Richten Sie sich darauf ein, daß der Strauch recht voluminös wird. Die Farben reichen von Gelb bis Orangerot, und die Wuchseigenschaften der verschiedenen Arten sind sehr unterschiedlich.

Lassen Sie sich also von einem Fachmann beraten, wenn Sie glauben, ein geeignetes Plätzchen gefunden zu haben. Auch in ihrer Empfindlichkeit gegenüber Kälte unterscheiden sich die verschiedenen Arten ganz beträchtlich. Stellen Sie also vorher sicher, ob die von Ihnen gewählte Pflanze sich für die klimatischen Verhältnisse in Ihrer Region eignet.

Die *Pyracantha* wird vor allem wegen ihrer leuchtenden orangeroten Beeren angepflanzt – einige Arten tragen auch gelbe Früchte. Im Sommer sind die dichten Blütenstände ein bezaubernder Anblick.

•PFLANZEN-KOMBINATIONEN•

Die Kunst der Gartengestaltung besteht meiner Meinung nach zu einem großen Teil in der geschmackvollen Anordnung der verschiedenen Pflanzen. Sie müssen nicht nur sorgfältig gepflegt, sondern auch so angeordnet werden, daß jede einzelne mit ihren Nachbarn entweder harmoniert oder zu diesen einen interessanten Kontrast bildet. Und was für die Gartengestaltung im allgemeinen gilt, trifft auch auf die Bepflanzung von Mauern und Zäunen zu. Eine Gartenmauer ist zudem ein sehr exponierter Gestaltungsbereich, für dessen Bepflanzung man eine besonders sorgfältige Auswahl treffen sollte. Der experimentierfreudige Gärtner hat die Möglichkeit, auf engstem Raum verschiedene Pflanzen miteinander zu kombinieren, aber es ist nicht einfach, dabei eine optisch harmonische Wirkung zu erzielen.

Bei einem Besuch in einem der vielen kunstvoll angelegten botanischen Gärten kann man am besten beobachten, welche Pflanzen miteinander kombinierbar sind. Hier sieht man häufig von üppiger Vegetation überwucherte Mauern, Kaskaden von Blüten stürzen über dichtes Blattwerk, und der Eindruck, der dabei entsteht, ist so natürlich, daß man die ordnende Hand eines Gärtners nicht zu entdecken vermag. Aber die geschmackvolle Anordnung von Pflanzen ist keine Frage des Zufalls, und Sie sollten verschiedene Regeln berücksichtigen, wenn Sie eine vergleichbare Wirkung erzielen wollen.

Ich habe bereits darauf hingewiesen, daß es wichtig ist, den Boden am Fuß einer Mauer so zu bearbeiten, daß die Pflanzen nicht unter Trockenheit zu leiden haben. Wenn man mehrere Klettergewächse zusammen anpflanzen will, sollte dem Boden möglichst viel feuchtigkeitspeicherndes, organisches Material zugeführt werden. Pflanzenkombinationen sind schwerer und bieten dem Wind mehr Angriffsfläche; aus diesem Grund muß das verwendete Stützgerüst besonders gut an der Mauer befestigt werden.

Berücksichtigen Sie auch die Vitalität und Durchsetzungskraft der einzelnen Pflanzen: Einige Klettergewächse sind so robust, daß sie alle anderen Pflanzen, die unter ihnen angesiedelt sind, einfach verdrängen. Weinrebe, Jungfernrebe und *Clematis montana* fallen in diese Kategorie. Sie sollten nur allein angepflanzt werden und besonders dann, wenn Sie eine große Fläche begrünen wollen.

Die Kombinationsmöglichkeiten hängen zu einem großen Teil auch davon ab, wie weit und wie gut sich die einzelnen Pflanzen zurückschneiden lassen. Die verschiedenen Arten der *Clematis* zum Beispiel bilden ihre Blüten an neuentwickelten Trieben in der zweiten Sommerhälfte. Man kann sie also jedes Frühjahr gefahrlos bis auf etwa 30 cm

Eine Kombination von Katzenminze *Nepeta* und Rosen als konventionelles, aber hübsches Ambiente für einen an der Mauer gezogenen Obstbaum.

zurückschneiden. Aus diesem Grund eignen sie sich zur Kombination mit einem Strauch, weil sie weder zu schwer werden noch zu verworren wachsen. Das heißt jedoch nicht, daß Kletterpflanzen, die einen derartig drastischen Rückschnitt nicht vertragen, unbrauchbar wären. Sie benötigen nur Fingerspitzengefühl und Geduld, um ihnen die passende Form zu verleihen und damit das Wohlbefinden der Nachbarpflanzen sicherzustellen.

Als nächstes stellt sich die Frage, wie »fügsam« die Pflanzen sind – eine Überlegung, die besonders Dornen- und Stachelträger betrifft. Einige Rosen bereiten dem Gärtner überhaupt keine Probleme und können ohne größere Verletzungsgefahr zurückgeschnitten und ausgerichtet werden. Andere wieder sind »bis an die Zähne bewaffnet« – auch die vielgeliebte 'Albertine' muß sich diesen Vorwurf leider gefallen lassen. Das Zurückschneiden wird zu einem schwierigen Unterfangen, denn die Dornen verhaken sich und halten die Ranken zusammen. Wenn dann noch andere Sträucher oder Kletterpflanzen im Spiel sind, wird das Beschneiden zu einem regelrechten Kampf.

Wenn Sie befürchten, mit einer sehr dichten Vegetation nicht zurechtzukommen, dann beginnen Sie doch zunächst mit einer einfachen Kombination, zum Beispiel einem Strauch, der kaum beschnitten werden muß, und einer Kletterpflanze, die im Frühjahr bis fast

Mehrere großblumige Clematishybriden wie 'Nelly Moser' entfalten ihre Blüten am Ende des Frühjahrs, wenn die Glyzine und einige der immergrünen Ceanothusarten bereits den Höhepunkt der Blüte überschritten haben.

Zu den Clematisarten, die sich besonders gut zur Kombination mit Rosen eignen, gehören die Sorten der *C. viticella* wie die karminrote 'Ville de Lyon' und die purpurfarbene 'Royal Velours'.

auf Bodenniveau zurückgestutzt wird. Ein im Frühjahr blühender *Ceanothus* und eine *Clematis,* die im Spätsommer Blüten trägt, wären eine gute Zusammenstellung. Dem Strauch sollte ein zeitlicher Vorsprung gegeben werden, damit er eine feste Gestalt entwickeln kann, bevor er einer Kletterpflanze als Gerüst dient. Ein *Ceanothus* erreicht innerhalb von drei Jahren eine ausreichende Größe. Bei ihm und auch bei anderen schnell wachsenden Sträuchern ist es wichtig, neue Triebe so bald wie möglich zurückzubinden und alle Äste zu entfernen, die zu energisch von der Wand wegstreben. Ansonsten besteht die Gefahr, daß die Pflanze sich allzusehr nach vorne neigt.

Nachdem man einen *Ceanothus impressus* zwei oder drei Jahre lang gepflegt und sorgfältig zurückgestutzt hat, ist es an der Zeit, die Kletterpflanze anzusiedeln. Auch wenn die *Clematis* über und durch den Strauch wachsen soll, darf man sie nicht zu nahe am Fuß des *Ceanothus* pflanzen, weil sie dann gegen sein etabliertes Wurzelwerk nicht ankommt. Graben Sie in etwa 45 cm Entfernung ein großzügiges Loch, und füllen Sie etwas organischen Dünger ein, bevor Sie die *Clematis* einpflanzen. Wenn Sie die schnell wachsenden Triebe in Richtung Strauch lenken, werden sie mit ihren Blattranken bald Halt finden. Machen Sie sich die Mühe, die *Clematis* regelmäßig zu entwirren und sie über den Strauch zu verteilen, denn wenn Sie die Pflanze sich selbst überlassen, bildet sie schnell Knäuel.

Welche Clematisart Sie wählen, ist natürlich Geschmacksache. Vor den kleinen Blättern des *Ceanothus impressus* gefallen mir die eleganten, kleinen Blüten der *Clematis viticella,* vor allem der Sorte 'Alba Luxurians' mit dem Grünstich in ihren weißen Blüten sehr gut. Wenn Sie eine etwas dezentere Wirkung erzielen möchten, können Sie die 'Rubra' mit ihren dunklen, karmesinroten Blüten gegen den dunkelgrünen Hintergrund des *Ceanothus* setzen. Die Sorten der *Clematis texensis* haben hübsche kleine Blüten, die nicht so flach sind, sondern die Form von Glöckchen haben; diese Sorten können im Frühjahr stark zurückgeschnitten werden. 'Etoile Rose' ist eine kirschrosa *Clematis* mit leuchtend silbrigen Rändern, während die 'Gravetye Beauty' rubinrot ist und braune Staubblätter hat.

Es gibt zahllose Beispiele für Kombinationen aus Sträuchern und leicht kontrollierbaren Kletterpflanzen. Solche Zusammenstellungen eignen sich besonders für kleine Gärten, in denen kompliziertere Pflegemaßnahmen schwer durchführbar sind. Wenn Sie den Spielraum der Kombinationsmöglichkeiten erweitern wollen, dann sollten Sie bei der Auswahl der Pflanzen ihr ganzes Erscheinungsbild und nicht nur die Farbe ihrer Blüte berücksichtigen. Vor einigen Jahren sah ich eine Kombination, die zwar leider vergänglich, aber erstaunlich hübsch war: Eine japanische Quitte, deren Triebe ungeordnet in alle Richtungen wuchsen, offenbarte ihre roten, gerade geöffneten Blüten neben tiefroten Blüten der oben beschriebenen *Clematis* 'Gravetye Beauty'. Die Quittentriebe waren im Sommer nicht zurückgeschnitten worden, um eine interessante Wirkung zu erzielen – ein Beispiel dafür, daß ein Gärtner, der sich seiner Sache sicher ist, auch einmal Regeln umgehen kann.

Wer viel Platz und Energie hat, kann sich auch der Aufgabe stellen, zwei oder mehr Kletterpflanzen mit oder ohne Strauch als Stützgerüst zu kombinieren. Wenn die Pflanzen die gleichen Ansprüche an Kleinklima und Bodenbeschaffenheit stellen, dann sind der Phantasie keine Grenzen gesetzt. Denken Sie jedoch daran, auch noch Platz für andere Pflanzen im unteren Mauerbereich zu lassen und diese in die gesamte Gestaltung miteinzubeziehen.

Eine wichtige Komponente ist die Farbe, und zwar nicht nur der Blüten, sondern auch der Blätter, Früchte und eventuell der Triebe. Auch Wuchs, Blattform und die Größe der Pflanze sind Faktoren, die bei der Zusammenstellung der verschiedenen Gewächse berücksichtigt werden müssen. Sie haben die Möglichkeit, Pflanzen zu vereinen, die die gleiche Blütezeit haben und in dieser Zeit eine überwältigende Farbenpracht entwickeln. Sie können einen bestimmten Mauerabschnitt aber auch über einen längeren Zeitraum hinweg interessant gestalten, indem Sie Pflanzen einsetzen, die zu verschiedenen Zeiten blühen oder durch besondere Beeren oder außergewöhnlich feine Blätter faszinieren. Im folgenden ein paar Beispiele, aus denen Sie auch eine geeignete Kombination für Ihren Garten wählen können. Vielleicht werden Sie sich anschließend sicher genug fühlen, auch eigene Ideen zu entwickeln.

Im Winter kann ein Garten ohne immergrüne Pflanzen einen wahrhaft trostlosen Eindruck machen. Es lohnt sich also die Mühe, ihn auch für diese Jahreszeit, die ja mindestens ein Viertel des Jahres ausmacht, attraktiv zu gestalten. Eine Nord- oder Ostmauer eignet sich dafür am besten – die wärmeren Plätzchen werden für Sommerpflanzen benötigt –, hier werden einige immergrüne Gewächse gut gedeihen. Die *Pyracantha* zum Beispiel mit ihren langlebigen Beeren bildet hübsche Farbtupfer und kann mit einer der vielen Efeuarten kombiniert werden. Ein besonders hübsches Paar ist die *Pyracantha rogersiana* 'Flava' mit ihren gelben Beeren und der gefleckte Efeu *Hedera colchica* 'Dentata Variegata', der große gelbe und hellgrüne Blätter hat. Noch mehr Gelb und Grün kann durch die Pflanzung eines Winterjasmins hinzugefügt werden, so daß die drei Pflanzen von Herbst bis Frühjahr einen farbenfrohen Akzent setzen. Darüber hinaus sind die genannten Gewächse ziemlich pflegeleicht.

Je nachdem wie Sie das Arrangement gestalten wollen, können Sie die *Pyracantha* an einer Wand ausrichten oder natürlich wachsen lassen. Der Efeu wird sich irgendwann festklammern, doch während der ersten zwei oder drei Jahre sollten Sie ihn vorsichtshalber noch festbinden. Für den Winterjasmin ist besonders eine Kletterhilfe aus Draht geeignet, und es empfiehlt sich, die verbrauchten Triebe, die Blüten getragen haben, im Frühjahr einzukürzen.

Von der Kombination verschiedener Blattformen geht ein besonderer Reiz aus. Obwohl sich die *Clematis montana*

Im Vordergrund *Alchemilla,* auch Frauenmantel genannt, und Taglilien *Hemerocallis.* Im Hintergrund große, duftige Pflanzen und eine an der Wand gezogene Rose – eine gelungene, kompakt wirkende Kombination.

auf Grund ihrer übermäßigen Vitalität nicht besonders gut als Nachbarin für andere Pflanzen eignet, kann sie mit Winterjasmin zusammen einen herrlichen Anblick darstellen. Die feinen gefiederten Blätter des Jasmins wirken wie ein zartes Echo auf die spitzen, zusammengesetzten Blätter der *Clematis;* die winzigen Jasminblüten verteilen sich über das ganze Blattwerk. Anfang des Jahres, wenn sich die dichte Blütenpracht entwickelt, ist die *Clematis* der dominierende Partner, und man muß sicherstellen, daß sie nicht die Oberhand gewinnt. *Clematis* und Jasmin ranken sich schnell an Drähten oder Gittern empor; keine der beiden Pflanzen muß zurückgeschnitten werden, es sei denn, sie überschreiten die ihnen zugewiesenen Grenzen.

Es lassen sich interessante Effekte erzielen, wenn man Pflanzen mit unterschiedlich großen Blättern kombiniert, zum Beispiel den Feigenbaum mit seinen großen, ledrigen Blättern mit Sommerjasmin. Wenn man genügend Platz hat, garantieren im Herbst die *Vitis coignetiae* und die *Clematis orientalis* ein Feuerwerk der Farben. Die großen Blätter der Rebe, die einen Durchmesser von bis zu 30 cm erreichen, verfärben sich dann zu einem leuchtenden Rot und bilden einen wunderschönen Hintergrund für die gelben Hängeblüten der *Clematis,* die wie kleine Laternen aus Zitronenschale wirken. Früher im Jahr besticht der Kontrast zwischen den großen, schlichten Rebenblättern und den kleinen zart geteilten Clematisblät-

Rechts: Glyzinen sind so robuste Kletterpflanzen, daß sie selbst von der gefüllten, gelben Banksie nicht erdrückt werden.

Unten links: Rosen und Geißblattarten lassen sich einfach und erfolgreich kombinieren.

Unten rechts: Die Kartoffelpflanze *Solanum jasminoides* 'Album' und die großblütige *Clematis* bilden einen hübschen Hintergrund.

tern; zu Beginn des Winters entwickelt die *Clematis* eine Unmenge seidiger Samenköpfe. Auch diese Pflanzen braucht man nicht zurückzuschneiden, wenngleich die Rebe zusammengebunden werden muß, damit ihr beträchtliches Gewicht genügend Halt hat.

Wer besonderen Wert auf langanhaltenden Blütenreichtum legt, kann das früh- und das spätblühende Geißblatt *Lonicera periclymenum* 'Belgica' und 'Serotina' eng zusammenpflanzen. Auf diese Weise können Sie sich vom Ende des Frühjahrs bis in den Herbst hinein an ihren wunderschönen Blüten erfreuen. Blüten und Beeren der beiden Sorten passen farblich hervorragend zueinander. Ich habe festgestellt, daß diese Pflanzen nur selten geschnitten werden müssen, man kann die Triebe nach der Blüte aber auch bis auf wenige Knospen einkürzen.

Eine andere Möglichkeit besteht darin, Pflanzen zu kombinieren, deren Blüten die gleiche oder eine sehr ähnliche Farbe haben und gleichzeitig oder auch zeitverschoben erblühen. Vor einer Natursteinmauer habe ich einmal eine zauberhafte Glyzine gesehen, die durch eine *Clematis* 'Perle d'Azur' ergänzt worden war und damit wie zu neuem Leben erweckt war. Die *Clematis* hatte man entlang der knorrigen, horizontalen Äste der Glyzine in deren Blattwerk hochgezogen, und ihre violettblauen Blüten bildeten zusammen mit den Nachzüglern der Glyzine von Mitte des Sommers bis Oktober eine wahre Augenweide. Weil die 'Perle d'Azur' eine spätblühende *Clematis* ist, kann man sie im Frühjahr zurückschneiden und die Triebe jedes Jahr neu ausrichten. Ein derartig üppiges Wachstum und eine solche Blütenpracht, wie ich sie dort bereits im Anfangsstadium gesehen habe, erreicht man nur, wenn man jeden Herbst mit Stallmist düngt und während des Sommers zusätzlich flüssigen Dünger zusetzt, da sich die Pflanze gegen eine ältere, größere durchsetzen muß.

Die 'Perle d'Azur' zählt auf Grund ihrer klaren, lavendelblauen Blüten und ihrer langen Blütezeit zu meinen Lieblingspflanzen. Sie sieht besonders hübsch aus, wenn man sie mit einer Rose, zum Beispiel der rosafarbenen 'New Dawn' kombiniert. Wenn die Hauptblütezeit der Rose sich dem Ende zuneigt, beginnt die der *Clematis* und die vereinzelten Rosenblüten stehen zur blauen Farbe der *Clematis* in einem hübschen Kontrast. Rosen und Clematisarten sind im allgemeinen gute Gefährten, weil sie die gleichen Bodenverhältnisse und Düngemittel lieben. Die Farbpalette der *Clematis* ist zwar etwas beschränkter als die der riesigen Rosenfamilie, aber die Kombinationsmöglichkeiten sind zahllos.

Der Pflegeaufwand ist relativ gering, denn zu allen bisher genannten Beispielen gehört eine *Clematis,* die weit zurückgeschnitten werden kann. Rosen können Sie im Frühjahr, wenn Ihnen die *Clematis* nicht im Weg ist, einer genauen Prüfung unterziehen und alle toten, kranken oder sich überkreuzenden Zweige entfernen. Die frühblühende *Clematis* und die gefüllten Sorten, die nur am alten Holz blühen, sollten über Sträuchern angesiedelt werden, die weniger Aufmerksamkeit in Anspruch nehmen.

Obwohl die ausdauernden Staudenwicken maximal 2 Meter hoch werden, eignen sie sich dennoch als Gefährten für zarte Rosenarten. Sie sind äußerst pflegeleicht, denn die überirdischen Teile sterben im Winter ab, und die darunterliegende Rose kann mühelos zurückgeschnitten werden. Außerdem sind sie sehr hübsch anzusehen: Mit ihren typischen, langstieligen Blüten ähneln sie ihren engen Verwandten, den Gartenwicken. Leider duften sie nicht, aber ihre lange Blütezeit entschädigt für diesen Nachteil. *Lathyrus latifolius* hat eine intensive dunkelrosa Farbe, die sich nur schwer mit anderen Farbtönen kombinieren läßt; bei ihrer weißen Sorte, der 'White Pearl', stellt sich dieses Problem nicht; außerdem gibt es auch hellrosa blühende Sorten.

Ich habe auch schon gesehen, daß man die Staudenwicke an einem freistehenden Gitter hochgezogen und mit der im Frühjahr blühenden *Clematis macropetala* kombiniert hat. Die farnartigen, hellgrünen Blätter der *Clematis* wirkten frisch, nachdem die dunkelblauen Blüten abgestorben waren; die Wicke sorgte dann später im Jahr für die fehlende Farbe.

Eine schattige Mauer muß nicht unbedingt nur Winterpflanzen vorbehalten sein. Die cremefarbenen Blüten der *Hydrangea paniculata* bieten in der zweiten Sommerhälfte drei Wochen lang einen herrlichen Anblick. Dieses blasse Farbthema kann bei anderen Pflanzen wieder aufgenommen werden, die sich auch an sonnengeschützten Orten wohlfühlen. Die Kletterrose 'Mme Alfred Carrière' trägt fast den ganzen Sommer lang runde, rosa-weiße, gefüllte Blüten und fühlt sich im Schatten sehr wohl. Diese Rose kann bis zu zwei Stockwerke hinaufwachsen, aber sie läßt sich – falls nötig – auch auf kleineren Raum beschränken. Ein weiterer blasser Kletterer, der sich für eine Nordwand eignet, ist die *Clematis* 'Marie Boissellot' (auch als 'Madame le Coultre' bekannt), deren breite weiße Kelchblätter überlappen und die viele üppige, eindrucksvolle Blüten bildet. Diese Sorte ist sehr robust und kann im Frühjahr zurückgeschnitten oder auch sich selbst überlassen werden. In Gesellschaft mit anderen Kletterpflanzen ist es in der Regel allerdings besser, sie zurückzuschneiden.

Dieses Kapitel über mögliche Pflanzenkombinationen möchte ich jedoch nicht schließen, ohne einen Gartenbereich zu beschreiben, den ich vor einiger Zeit bewundern konnte und der einzig und allein gelbblühenden Pflanzen gewidmet war. Den Hintergrund bildete eine etwa 3 Meter hohe, alte Ziegelsteinmauer mit einem bogenförmigen Tor. Auf der einen Seite des Tores stand ein golden leuchtender Robinienbaum, eine *Robinia pseudoacacia* 'Frisia', die so ausgerichtet war, daß sie optisch die Form des Torbogens wiederholte. Vor der sonnenbeschienenen Wand rankten sich zwei Kletterpflanzen himmelwärts: ein gelber Hopfen *Humulus lupulus* 'Aureus' und ein Efeu namens 'Buttercup'. In der darunterliegenden Rabatte waren gelbes Mutterkraut zusammen mit fröhlich wirkenden, einjährigen *Limnanthes douglasii* in kleinen Gruppen angelegt.

Diese verwitterte Mauer und die Statuen sind umgeben von vorwiegend gelbblühenden Pflanzen, bestehend aus Geißblatt *Lonicera* x *tellmanniana* und den panaschierten Blättern des niedrig wachsenden *Euonymus* (Vordergrund, Mitte). Die *Parthenocissus henryana,* die sich an der Wand emporrankt, wird im Herbst, wenn sich ihre Blätter feuerrot verfärben, zu einer Augenweide.

• OBSTBÄUME •

Obstbäume, die vor Mauern oder Zäunen angepflanzt und mit kunstvollem Formierungsschnitt an ihre Umgebung angepaßt werden, paaren Schönheit mit Zweckmäßigkeit. Warme Wände bieten ein besonders günstiges Kleinklima für Pfirsiche, Aprikosen, Nektarinen und Feigen – dies gilt vor allem für kühlere Regionen, in denen es ihnen normalerweise an genügender Wärme mangelt. Aber auch schattigere Plätzchen sind durchaus nutzbar, denn hier gedeihen Sauerkirschen oder Beerenfrüchte wie Stachelbeeren und rote Johannisbeeren. Es gibt kaum einen erfreulicheren Anblick als eine Gruppe sorgsam gezogener Obstbäume, die sich an eine Mauer oder einen Zaun schmiegen. Doch auch hier gibt es Probleme, über die man sich im klaren sein sollte, um Fehler zu vermeiden.

Besonders wichtig ist die richtige Schnittechnik (Ratschläge finden Sie auf Seite 152). Die Grundregeln des Spalieranbaus sind zwar recht einfach, doch wenn es um den Schnitt geht, werden viele Gärtner unsicher, und man kann sich auch tatsächlich keine Fehler leisten. Man braucht ein gutes Fachbuch mit deutlichen Abbildungen und Anleitungen, Geduld und Zeit, um diese Aufgabe erfolgreich zu bewältigen. Besuchen Sie Gärten, wo es gelungene Beispiele für gut gezogene Obstbäume gibt, damit Sie sehen, welche Möglichkeiten es gibt. Obstbäume, die an einer

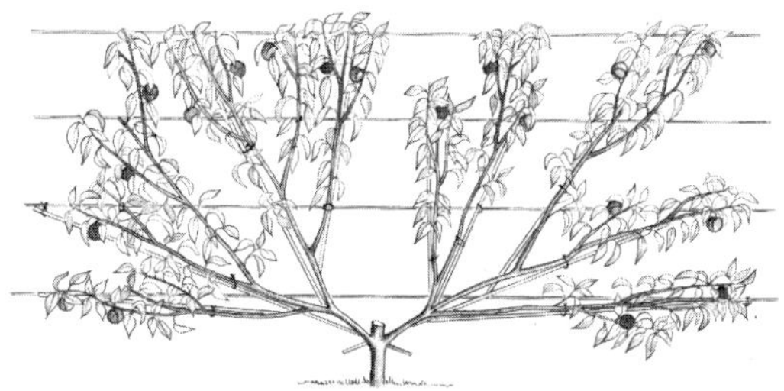

Fächerbaum

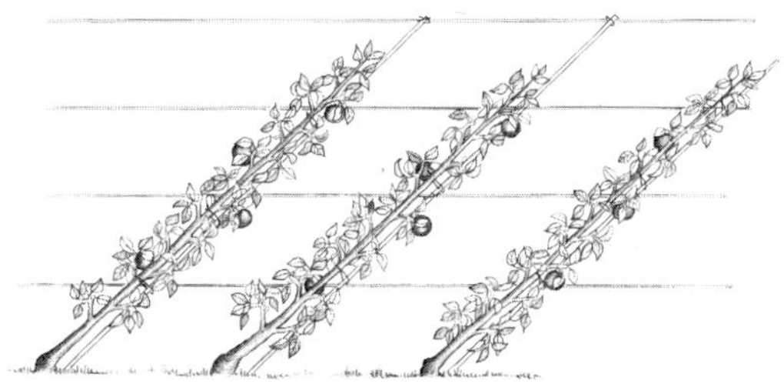

Schnurbaum

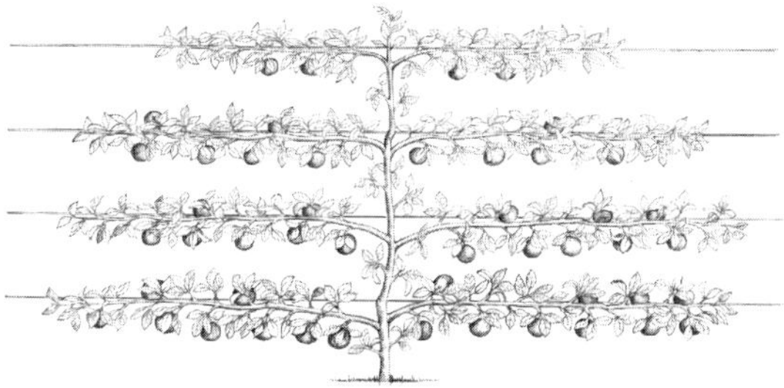

Spalierbaum

Gegenüber: Selbst ein kleiner Garten bietet Platz für früchtetragende Spalierbäume wie diese fächerförmig gezogene Sauerkirsche, die mit ihren weißen Blüten sehr dekorativ aussieht und viele Früchte trägt.

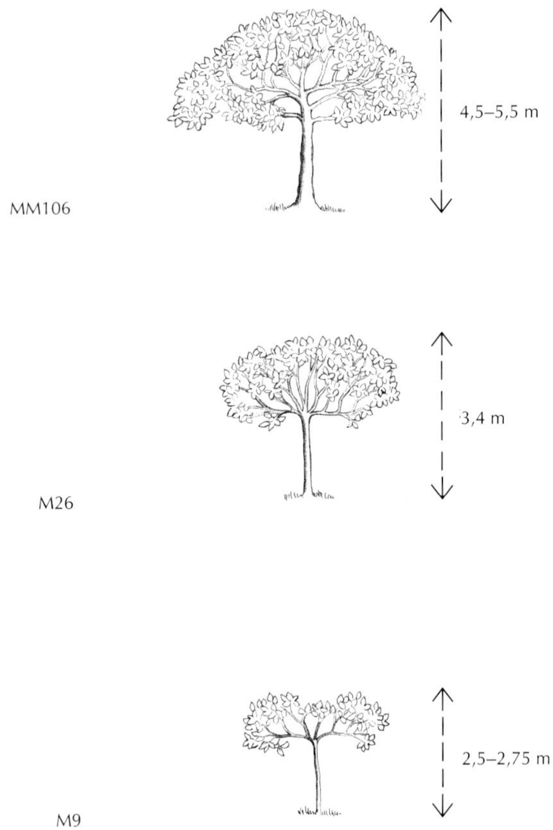

UNTERLAGEN FÜR APFELBÄUME
Die Unterlagen für Apfelbäume sind M9, M26 und MM106. Schnurbäume mit einer MM106-Unterlage sollten in Abständen von 60–90 cm gepflanzt werden. M26 ist geeignet für kleinere Apfelbäume; Schnurbäume sollten in Abständen von 45–60 cm gepflanzt werden. M9 ist die typische Unterlage für besonders kleinbleibende Apfelbäumchen. Angesichts der möglichen Trockenheit am Fuße einer Mauer erscheint M26 geeigneter, da sich seine Wurzeln auf der Suche nach Feuchtigkeit und Nährstoffen weiter ausbreiten.

Mauer angepflanzt werden, brauchen wenig Platz am Boden, aber einige benötigen eine ausreichend große Mauer, an der sie sich entfalten können. Dies gilt vor allem für Kirschen und besonders für die süßen Sorten (die man mit einem Netz vor Vögeln schützen sollte). Aber auch Birnen und einige Apfelarten können sehr groß werden. In einem kleinen Garten mag es aus stilistischen und aus Platzgründen schwierig sein, Obstbäume anzupflanzen: Das geordnete Aussehen eines streng geschnittenen Spalierbaumes läßt sich kaum mit der Erscheinungsform einer *Buddleja* oder einer *Clematis* vereinbaren. Wenn mehr Platz zur Verfügung steht, hat man sehr viel eher die Möglichkeit, einen geeigneten Standort zu finden; so kann man Obstbäume zum Beispiel mit verschiedenen Gemüsen auch zu einer Art »Küchengarten« anlegen.

Gute Baumschulen verkaufen bereits zugeschnittene Jungbäume, die für den Gartenanfänger besonders zu empfehlen sind, da man sich an eine bereits vorgegebene Form halten kann. Sie sind jedoch teurer als ein ungeschnittener Baum oder ein ungeschnittener, einjähriger Baum. Außerdem werden sie nicht für alle Baumarten angeboten. Der höhere Preis ist dadurch zu rechtfertigen, daß ein beschnittener Baum bereits drei Jahre alt ist. Wenn Sie eine seltenere Art ziehen wollen, dann müssen Sie in der Regel den Baum selbst schneiden.

Wenn man in Mauernähe Pflanzen ziehen will, ist eine sorgsame Düngung notwendig. Dies gilt mit einigen Einschränkungen natürlich auch für Obst-

Im Kordonsystem gepflanzte Apfel- und Birnbäume werden meist diagonal gezogen, um die Fruchtbildung zu fördern. Die Stämme können aber auch vertikal ausgerichtet werden.

Weinreben gehören zu den hübschesten Kletterpflanzen, brauchen im Freien aber einen sonnigen und geschützten Platz und sorgfältigen Schnitt, damit sie nennenswerte Erträge liefern.

bäume. Als Stützgerüst eignet sich ein System aus Führungsdrähten, das mit mindestens 2,5 cm Entfernung an der Mauer angebracht werden sollte, um eine ausreichende Luftzirkulation zu garantieren und die Gefahr von Krankheiten zu verringern.

Äpfel und Birnen werden meist in horizontaler Spalierform an einer Mauer gezogen. Dieses vertraute Bild, bei dem die Zweige in horizontalen Linien ausgerichtet werden, zeichnet sich durch eine wohltuende Symmetrie aus und sieht eindrucksvoller aus als die ebenso gebräuchliche Form des Schnurbaums. Ein Schnurbaum hat nur einen Stamm, der in der Regel in einem Winkel von 45 Grad ausgerichtet wird, zum einen, um den Saftfluß zu verringern und zum anderen, um die Ausbildung von Früchten zu fördern. Der große Vorteil der Schnurform liegt in der Platzersparnis; selbst in einem kleinen Garten kann man verschiedene Obstarten unterbringen, doch man sollte bedenken, daß so ein kleiner Baum freilich nur in beschränktem Maße Früchte trägt.

Man kann zwar auch Apfel- und Birnbäume in Fächerform ausrichten, aber im allgemeinen eignet sich diese Spalierform besser für Steinobst wie zum Beispiel Pflaumen, Aprikosen und Kirschen, also für Früchte, die sich an den neuen Seitentrieben entwickeln. Eine Ausnahme sind sogenannte »Familienbäume«: Drei ähnlich vitale Apfel- oder Birnvarianten werden auf eine Unterlage gepfropft; der entstehende Baum wird fächerförmig ausgerichtet. Dazu jedoch später mehr.

Viele Obstbäume, die heutzutage erhältlich sind, werden auf einen gesunden Wurzelstock (Typen-Unterlagen) aufgepfropft. Dadurch wird in der Regel die Wuchshöhe verringert, und man kann den Baum besser kontrollieren. Bevor man sich für eine Sorte entscheidet, sollte man den für den Wurzelstock zur Verfügung stehenden Platz berücksichtigen, sonst besteht die Gefahr, daß der Baum entweder weitläufiger oder kleiner wird als eigentlich gewünscht.

Birnen wissen eine warme Mauer mehr zu schätzen als die meisten Äpfel, denn sie brauchen Sonne und Schutz vor Wind: Die Blüten entwickeln sich zwei Wochen vor den Apfelblüten, zu einer Zeit, in der noch Frost droht und bestäubende Insekten selten sind; später im Jahr nehmen die relativ dünnhäutigen Früchte oft durch zu starken Regen oder Wind Schaden. Sie werden auf die Unterlage 'Quitte A' oder 'Provence' aufgepfropft, wodurch sie kleiner bleiben als Wildbirnen. Weil sie einen flachen Wurzelverlauf haben, brauchen aufgepfropfte Birnen einen guten Boden, der reich an organischen Stoffen ist.

Um reiche Ernte zu tragen, sind die meisten Obstbäume auf eine Bestäubung mit sortenfremden Pollen angewiesen. Das heißt, daß es (von wenigen Ausnahmen abgesehen) unsinnig ist, nur eine Sorte einer bestimmten Obstart zu pflanzen. Das Problem wird durch die Tatsache noch erschwert, daß zum Beispiel Apfelsorten nicht alle zur gleichen Zeit blühen. In den Katalogen guter Baumschulen sind die Blütezeiten der einzelnen Sorten genau angegeben,

Pfirsiche sind für kühles, feuchtes Klima nicht geeignet, aber mit einem Fächerbaum vor einer warmen Wand lassen sich dennoch erstaunlich gute Resultate erzielen.

so daß man leicht feststellen kann, welche gleichzeitig blühen. Einige Apfelsorten sind keine besonders zuverlässigen Bestäuber und in den Prospekten auch als solche ausgewiesen. Bei den oben genannten »Familienbäumen« findet die Bestäubung zwischen den verschiedenen Blüten des gleichen Baumes statt.

Pfirsiche, Nektarinen und Aprikosen stammen ursprünglich aus China und gedeihen am besten in einem Kontinentalklima, in dem das Frühjahr sonnig, der Sommer heiß, der Herbst trocken und der Winter relativ kurz und kalt ist. Großbritannien mit seinem unbeständigen Wetter eignet sich aus diesem Grund nicht so sehr für die Zucht dieser Bäume: Zu Beginn des Frühjahrs sind die Wetterbedingungen oft zu schlecht, als daß eine ausreichende Bestäubung stattfinden könnte. Doch eine schützende Südwand bietet zumindest genug Wärme, damit die ausgebildeten Früchte reifen können. Eine Südwand ist meist auch trocken genug, so daß das Obst fest und hart bleibt. Pfirsiche zum Beispiel vertragen zuviel Wasser nicht. In Regionen mit häufigen Niederschlägen kann es sogar sinnvoll sein, die Wurzeln zu überpflastern, um zu verhindern, daß der Baum zu üppig wird.

Pfirsiche, Nektarinen und Aprikosen sind selbstfruchtbar, man könnte sie also alleine ziehen. Wenn das Wetter während der Blütezeit kühl und feucht ist, empfiehlt es sich, die Blüten per Hand zu bestäuben. Dazu verwendet man einfach eine weiche Bürste, um die Pollen von einer Blüte auf die andere zu übertragen.

Die Feige ist eine Obstart, die auch unter ungünstigen Klimabedingungen gedeiht. Wenn sich ihre Wurzeln ausbreiten können, dann entwickelt sie Unmengen von Blättern, trägt aber nur wenig Früchte. Legen Sie etwa einen halben Meter tief unter der Erdoberfläche eine Steinschicht an, oder überpflastern Sie wie bei Pfirsichbäumen den Wurzelbereich. Feigen reifen in Regionen mit unbeständigem Wetter nur während eines heißen Sommers heran. Ihre großen, ledrigen Blätter sehen sehr reizvoll aus, so daß ihnen gerne ein Plätzchen an der Südmauer eingeräumt wird. Eine Feige kann als streng geschnittener Fächerbaum gezogen werden; naturbelassen entwickelt sie sich zu einem ausladenden Busch, der, wenn er einmal außer Kontrolle geraten ist, nur unter Schwierigkeiten wieder zurückzuschneiden ist. Häufig leidet dann seine Gesamtform unter der Schere.

Wie gesagt, Obstbäume können nicht nur an Süd- und Westmauern angepflanzt werden. Die Morelle zum Beispiel eignet sich bestens für eine Nordwand und gedeiht im Schatten ganz prächtig. Ein kleiner Garten bietet allerdings für diesen Baum möglicherweise nicht genug Raum, denn er entwickelt sich auch trotz eines kleinen Wurzelstocks zu einer stattlichen Pflanze mit einer Krone von bis zu 3,5 Meter Durchmesser.

Wenn Sie Platz sparen müssen, sollten Sie rote Johannisbeeren als Schnursträucher oder Stachelbeeren als Fechersträucher ziehen. Beide wirken vor einer kleineren Mauer sehr dekorativ. Die roten Johannisbeeren können durch ein

Obstbäume, die vor einer Mauer in Spalierform gezogen werden, sind ein attraktiver Hintergrund für eine bunt gemischte Rabatte.

Netz leicht vor Vögeln geschützt werden. Die Stachelbeerpflanzen mit ihren spitzen Stacheln müssen vorsichtig geschnitten und ausgerichtet werden. Weil die Luftzirkulation an der Mauer durch eine Bepflanzung verringert wird, sollte man Obstsorten wählen, die nicht anfällig für Mehltau sind.

Obstbäume, die früh blühen, sollten nicht an einer Ostwand gezogen werden, da das Zusammenwirken von nächtlichem Frost und morgendlichem Sonnenschein den Pflanzen gefährlich werden kann. (Überfrorene Blütenblätter erwärmen sich zu schnell und fallen zusammen.) Spätblühende Apfelsorten und Birnen hingegen eignen sich für eine Ostwand ebenso wie die robusten Pflaumen 'Marjorie's Seedling' und 'Viktoria'. Andere Pflaumen- und Reineclaudearten gedeihen eher an einer Westseite. Sie werden meist als Fächerbäume gezogen (auf einer 'St. Julien A'-Unterlage); der vor kurzem entwickelte Wurzelstock 'Pixy' reduziert die Wuchskraft noch stärker, so daß die Pflanzen sogar als Fadenbäume gezogen werden können.

Die Kiwi *Actinidia chinensis* ist mit der dekorativen *A. kolomikta* verwandt. Auch sie ist sehr reizvoll mit ihren breiten, herzförmigen Blättern und den rötlichen, haarigen Trieben; die Blüten sind zunächst cremefarben, verdunkeln sich dann zu einem Gelbton; die Früchte entwickeln sich im Spätsommer. Wenn man genügend Platz für eine männliche und eine weibliche Pflanze hat (es sind lebhafte Kletterer, und beide Geschlechter sind für die Befruchtung notwendig) und diese durch eine sonnige Wand vor Frühlingsfrost geschützt sind, ist ihr Anbau zweifellos einen Versuch wert.

Zwei Weinreben flankieren diesen Eingangsbereich und zeigen, wie dekorativ sie wirken können, besonders dann, wenn man bei der Auswahl auf Dichte und Schönheit des Blattwerks achtet.

• PFLANZEN FÜR STÜTZMAUERN •

Stützmauern bieten eine breite Palette unterschiedlicher Pflanzbedingungen, für die es ein entsprechend reiches Angebot an Pflanzen gibt. Entscheidend für die richtige Wahl ist auch hier zunächst die Frage, in welche Himmelsrichtung die Mauer ausgerichtet ist. Darüber hinaus gilt es zu beachten, daß die Pflanzbedingungen an ein und derselben Mauer sehr unterschiedlich sein können. In den meisten Fällen weisen Stützmauern ein Feuchtigkeitsgefälle von den trockeneren Bereichen an der Oberseite zu den feuchteren am Fuß der Mauer auf. Gut entwässerte Bereiche an der sonnenbeschienenen Oberseite sind ideal für viele alpine Gewächse, die schattigen, kühlen Mauerbereiche eignen sich für Farne.

Neben der Lage der Mauer und dem pH-Wert des Bodens muß auch die Mauerhöhe berücksichtigt werden, denn sie bestimmt die Größe der Anpflanzung. Manche Stützmauern bieten genügend Platz für Hängepflanzen und eine Schicht von Kissen- oder Dornengewächsen in einer Rabatte am Fuß der Mauer. In anderen Fällen ist es nur möglich, den oberen Bereich der Mauer sowie einige Stellen der Fassade zu begrünen.

Wenn Sie Pflanzen an der Mauerfassade ansiedeln wollen, dann berücksichtigen Sie dies bei der Errichtung der Mauer. Bei einer mörtellosen Natursteinmauer können Sie beim Bau bereits die Wurzeln der Gewächse integrieren und ihnen einen bequemen Platz zuweisen. In der Regel sieht man sich jedoch mit einer schon fertigen mörtellosen Mauer konfrontiert, womöglich noch mit Unkraut überwachsen, das erst einmal entfernt werden muß. Der Einsatz von Herbiziden ist in diesem Fall manchmal nicht zu umgehen. Lassen Sie sich über den richtigen Umgang mit solchen Unkrautvertilgern von Fachleuten beraten.

Wenn die Mauer sauber ist, können Sie einige Steine, die keine tragende Funktion haben, entfernen und in die Öffnungen die gewünschten Pflanzen einsetzen. Das ist ein recht kompliziertes Unterfangen, da die Pflanzen genügend Halt haben und ausreichend bewässert werden müssen. Doch oft fließt der Großteil des Wassers wieder ab. Eine bewährte Methode ist es, Pflanzen aus Samen oder von Ablegern in Töpfen mit torfhaltiger Erde zu ziehen und diese dann mit Topf und Erde in die Maueröffnung einzusetzen. Dadurch werden die Wurzeln nicht beschädigt, und der Topf hält die Erde (mit Feuchtigkeit) fest zusammen.

Wurzeln selbst können auch zu einem Problem werden. Durch ihr Wachstum schädigen sie oft das Mauerwerk. Besondere Schwierigkeiten bereitet die Spornblume *Centranthus ruber,* die zahllose Samen entwickelt und sich mit hohen roten, rosa und weißen Blütenständen über leicht glänzenden Blättern schmückt. Besonders die weiße Sorte ist sehr hübsch anzusehen, und ich habe sie gerne in meinem Garten, aber die Wurzeln darf man nicht aus den Augen lassen. Wenn die Mauer Risse zeigt, ist höchste Vorsicht geboten und ein Vorgehen mit Herbiziden selten zu umgehen; ihre Wurzeln sind so fest verankert, daß alle Versuche, sie manuell zu entfernen, die Mauer nur noch stärker schädigen würden.

Die Frühlingskombination aus malvenfarbigem Blaukissen und leuchtendgelbem Steinkraut ist ein vertrauter Anblick, da diese Pflanzen sich in vielen Gärten kaskadenförmig über Stützmauern ergießen. Leider ist diese Zusammenstellung schon so häufig zu sehen, daß es schon langweilig wird; zudem zeichnet sie sich für den Rest des Jahres durch ziemliche Eintönigkeit aus. Die meisten Alpenpflanzen blühen im Frühjahr und Frühsommer als eine Anpassung an ihren natürlichen Lebensraum, wo die Zeit des Wachstums kurz ist. Aus diesem Grund fällt es leicht, eine sonnenbeschienene Wand in der ersten Sommerhälfte zu begrünen. Schwieriger ist es schon, ihr bis in den Herbst hinein ein farbenfrohes Antlitz zu verleihen.

Freunden von Alpenblumen fällt es nicht schwer, alle verfügbaren Nischen mit schönen Exemplaren zu füllen, insbesondere dann, wenn ihnen meist mehr an den einzelnen Pflanzen als am Gesamtbild liegt. Viele Gärtner legen jedoch Wert darauf, die Stützmauer

Spornblume *Centranthus ruber* und Hornkraut *Cerastium tomentosum,* die an dieser Mauer gedeihen, sind liebenswerte Pflanzen, die jedoch ein wachsames Auge erfordern, da sie das Mauerwerk beschädigen können und weniger robuste Pflanzen gerne verdrängen.

möglichst lange reizvoll zu gestalten. Aus diesem Grund sollte man zuverlässige Pflanzen mit gestaffelten Blütezeiten auswählen, die auch hübsch anzusehen sind, wenn sie nicht blühen.

In manchen Fällen empfiehlt es sich, nur eine oder zwei Pflanzen zu verwenden, zum Beispiel *Alchemilla mollis* am feuchten Fuß der Mauer, die man mit überhängenden Lavendelbüschen auf der Maueroberseite kombiniert – oder man läßt die Mauer ganz von weißen Spornblumen überwachsen.

Eine einheitliche Bepflanzung bietet dem Auge optische Ruhe. Doch die Verlockung, noch andere Pflanzen einzusetzen, ist sehr groß, und die wenigsten können ihr widerstehen.

Der Katalog eines guten Pflanzencenters kann sehr hilfreich sein, wenn es um die Planung der Bepflanzung geht. Sie sollten aber berücksichtigen, daß manche Pflanze, die als ausladend beschrieben wird, in Wirklichkeit ein nicht ausrottbares Unkraut ist. Das hübsche Hornkraut *Cerastium tomentosum* zum Beispiel mit seinen sanften, grauen Blättern und der Unmenge leuchtendweißer Blüten ist eine sehr reizvolle Pflanze, die sich aber mit Hilfe ihrer zähen weißen Wurzeln rasend schnell ausbreitet und alle anderen Pflanzen erstickt. Mit *C. tomentosum* var. *columnae* erzielt man die gleiche Wirkung, allerdings wesentlich gesitteter. Manche Glockenblumen wachsen ähnlich raumfüllend, aber

Die rosa, roten und weißen Sorten einer Spornblume *Centranthus ruber* schmücken den oberen Bereich dieser Stützmauer, über deren Fassade sich die Blüten von Alpenastern *Aster alpinus* ausbreiten.

Eine dichte Bepflanzung, darunter auch eine blaue Margerite *Felicia amelloides,* lockert die Strenge dieser kantigen Mauer etwas auf.

ihre Wurzeln sind leichter zu entfernen. Sie sollten auf die weniger aggressiven Sorten *Campanula carpatica* (oder var. *turbinata*) oder *C. chochleariifolia* zurückgreifen.

Die niedrigen Phloxarten sind gute Mauerpflanzen, die entweder über den Rand herabhängen oder sich über die Mauerfassade ausbreiten. Die *Phlox subulata* 'G. F. Wilson' hat im Sommer hellblaue Blüten und sollte nach der Blütezeit etwas zurückgeschnitten werden. Die liebliche *Phlox* 'Chattahoochee' ist ein bißchen anspruchsvoller: Sie benötigt kühle Erde, die nicht austrocknet; somit eignet sie sich besonders für die Anpflanzung am Fuß der Stützmauer, wenn die Erde genügend organische Stoffe enthält. Diese locker wachsende Pflanze hat dunkle, schmale Blätter und breite, silberblaue Blüten.

Im Gegensatz zu diesen kühlen Weiß- und Blautönen erfreuen die Sonnenröschen *Helianthemum* durch die warmen Gelb-, Orange-, Rosa- und Rottöne ihrer zarten, papierartigen Blüten. Diese Zwergsträucher können sich über einen Quadratmeter hinweg ausbreiten; Sie sollten sich also durch ihren kleinen Wuchs in Gartencentern nicht irreführen lassen. Manche Sorten kann man zusammen einsetzen, sie bilden ein hübsches, buntes Bild vom Anfang bis zur Mitte des Sommers.

Falls Sie noch weitere Anregungen suchen, werden Sie diese im Pflanzenverzeichnis finden (siehe Seite 114). Ich möchte aber noch auf einige Pflanzen eingehen, mit denen man sich die Blühsaison verlängern kann. Eine davon, das *Geranium wallichianum* 'Buxton's Variety' ist den ganzen Sommer hindurch sehr reizvoll; es handelt sich hierbei um eine wunderschöne, leicht rankende Pflanze, die sich über ihren geteilten Blättern mit blauen Blüten mit weißen Augen schmückt. Wenn Sie die Samen sofort nach der Reife aussäen, gewinnen Sie viele Pflänzchen, die Sie zwischen andere Pflanzen einsetzen können, ihre Triebe werden sich mit denen ihrer Nachbarn verflechten. Als Kombinationspflanze eignet sich die *Oenothera missouriensis,* eine niederliegende Nachtkerze mit leuchtendgelben Blüten und glänzenden Blättern, die einen Boden mit guter Wasserführung benötigt und einer Anpflanzung noch im Spätsommer Farbtupfen verleiht. Die meisten Knötericharten wuchern üppig, mit Ausnahme des *Polygonum affine* 'Superbum', das nur eine Höhe von 23 cm erreicht und sich nicht so wild ausbreitet. Es entwickelt von der Mitte des Sommers bis zum Herbst kurzstielige hellrosa Blüten. Die ausladenden Blätter, die auch im Winter nicht abgeworfen werden, verfärben sich im Herbst rötlichbraun. Das *P. capitatum,* das runde Blüten und hübsch gefärbte Blätter hat, verhält sich oft wie eine einjährige Pflanze.

Wenn Sie genug Platz zur Verfügung haben, können Sie kleine Sträucher einsetzen, die für die krautartigen Gewächse einen gewissen Rahmen bilden. Rosmarin hat eine schöne Form, wenn er sich auf der Oberseite einer Mauer entfalten darf. Die robusteste Sorte ist der *Rosmarinus officinalis.*

Der *Cytisus* x *kewensis,* ein niedriger Ginster, ist im Frühsommer mit cremefarbenen Blüten übersät. Nach der Blütezeit sieht er aber eher langweilig aus und eignet sich somit als Gastpflanze für eine der obenerwähnten rankenden Geranien, die ihre blauen Blüten dann über das unauffällige Blattwerk des Ginsters ausbreiten können.

SCHATTIGE STÜTZMAUERN

Eine schattige Stützmauer ist ideal für Pflanzen, die kein direktes Sonnenlicht mögen, wenngleich sich im oberen Bereich der Mauer möglicherweise Probleme mit der Bewässerung ergeben. Die regionalen Bedingungen, d. h. Bodenbeschaffenheit und Niederschlagsmengen, sind ausschlaggebend. In der Regel ist es am sichersten, die Pflanzen, die feuchte Erde benötigen, im unteren Bereich der Mauer anzusiedeln. Die trockeneren schattigen Stellen eignen sich für kleine Efeuarten und bestimmte Fetthennen wie das *Sedum sieboldii.*

Viele interessante Pflanzen im Bereich einer schattigen Stützmauer, vor allem die Farne, werden hauptsächlich wegen ihrer Blätter angesiedelt. Der Frauenhaarfarn wirkt so zart, daß man erstaunt ist festzustellen, daß es winterharte Sorten gibt. *Adiantum pedatum* und *A. venustum* gedeihen in geschützten, feuchten Bereichen. Einen krassen Gegensatz dazu bilden die breiten, ungeteilten Blätter des Streifenfarns *Asplenium scolopendrium,* der eine frische grüne Farbe hat. Ein naher Verwandter, das *A. trichomanes,* ist kleiner und hat geteilte Blätter. Es gedeiht auch unter trockeneren Bedingungen und fühlt sich im oberen Teil der Mauer recht wohl. Das *Blechnum penna-marina* ist ein Zwergfarn mit bandförmigem Wedelfieder; er verträgt keine heißen Sommer.

Natürlich können auch Blumen gepflanzt werden. Im Frühjahr blüht das Lungenkraut mindestens zwei Monate lang, und es gibt keinen Grund, warum es nicht in eine Mauerbepflanzung integriert werden sollte. Die *Pulmonaria saccharata* 'Highdown' hat schöne, üppige blaue Blüten, die einen interessanten Gegensatz bilden zu denen der *P. officinalis* 'Sissinghurst White'. Es gibt auch rosa- und rotblühende Arten, von denen einige reizvoll gefleckte Blätter haben, die im Sommer recht groß werden und grob strukturiert sind. Sie sollten diese Lungenkrautarten also lieber im unteren Mauerbereich ansiedeln.

Die *Saxifraga* x *urbium* sieht man meistens als Einfassung, aber sie fühlt sich auch an einer Mauer wohl. Die Rosetten glänzender Blätter sind besonders hübsch anzusehen, und im Frühsommer erfreuen die zarten hellrosa Blüten das Auge.

Der *Erinus alpinus* ist eine kompakte Pflanze mit ausladendem Wuchs, der Mitte des Sommers von violetten oder weißen Blüten übersät ist. Er wird normalerweise für einen Sonnenplatz empfohlen, aber ich habe nahe dem Meer in Nordirland (eine feuchtere Gegend kann man sich kaum vorstellen) gesehen, wie diese Pflanze sich über die ganze Fassade der Mauer hinweg ausgebreitet hat. Die Mauer war immerhin mehr als 3,5 Meter hoch, und ich erwähne dieses Beispiel nur, um zu zeigen, daß Gärtnerregeln nicht zu eng gesehen werden dürfen. Durch Experi-

Eine niedrige Stützmauer oberhalb eines kleinen Teiches. Die Bepflanzung, bestehend aus einer Funkie, einer *Astrantia* und einer *Alchemilla mollis*, eignet sich sehr gut für diesen kühlen Gartenbereich.

mentieren kann man oft erfreuliche Überraschungen erleben.

Zu den bekannteren Schattenpflanzen gehören die Veilchen. Wenn Sie die verblühten Teile ab und zu entfernen und zwei- oder dreimal im Jahr flüssigen Dünger ausbringen, blühen sie oft vom Frühjahr bis in den Herbst. Die blau- oder weißblühende *Viola cornuta* ist an Schönheit zwar kaum zu überbieten, aber es gibt darüber hinaus noch eine überwältigende Vielfalt attraktiver Hybriden. Mit 'Hunterscombe Purple' und 'Ardross Gem' habe ich besonders gute Erfahrungen gemacht.

Zur anpassungsfähigen Familie der krautartigen Geranien gehören Arten und Sorten, die sich für Sonne oder Schatten eignen. An einer trockenen Schattenmauer würde ich das *Geranium macrorrhizum* in der weißen oder der magentafarbenen Form 'Bevan's Variety' empfehlen. Es bildet Büschel aromatisch duftender Blätter, die sich im Herbst rot verfärben. Seine Blüten sind nicht besonders auffällig, aber im Hochsommer hübsch anzusehen; einen Teil ihrer Blätter behält diese Geranie auch im Winter. *Geranium endressii* 'Wargrave Pink' schmückt sich den ganzen Sommer lang mit rosa Blüten. Im Bereich einer schattigen Mauer sind seine leicht glänzenden Blätter ein erfrischender Anblick.

Lavendel, Rosen und andere üppig blühende Pflanzen zieren den oberen Mauerbereich an einer kleinen Treppe. Die darunterstehenden Kübelpflanzen fügen sich harmonisch in das Gesamtbild ein.

• HECKEN •

Ebenso wie Mauern oder Zäune sind auch Hecken strukturierende Elemente einer Gartenanlage. Sie dienen als Abgrenzung gegenüber der Außenwelt, als Hintergrund für andere Pflanzen oder als garteninterne »Raumteiler«. Wo immer man Hecken einsetzt, sie sind ein hervorragender Windschutz, verleihen dem Garten das ganze Jahr hindurch einen besonderen Reiz und können in verschiedene Formen geschnitten werden. Eine Hecke kann zwar denselben Zweck wie eine Mauer erfüllen, doch sie hat völlig andere Eigenschaften: Sie braucht regelmäßige Pflege, muß zurückgeschnitten und gedüngt werden, und ihre Wurzeln können sich weit in den Garten hinein erstrecken und dem Boden der Umgebung Feuchtigkeit und Nährstoffe entziehen. Eine hohe Hecke ist unten recht breit und nimmt daher wesentlich mehr Platz in Anspruch als eine Mauer oder ein Zaun.

Als Hintergrund für den übrigen Garten eignet sich am besten eine streng geschnittene, immergrüne Hecke, die der Gartenanlage auch im Winter klare Konturen gibt. Die Wirkung und die Intensität des Grüns hängt nicht nur von der Farbe der Blätter selbst ab, sondern auch von ihrer Größe und dem Ausmaß, in dem sie das Licht reflektieren.

Natürlich gibt es auch hier wieder Ausnahmen. Sogar kleine Gärten bieten oft genügend Platz für niedrige, blühende Hecken. Ein andersfarbiges Blattwerk setzt häufig sogar einen interessanten Akzent. Eine Zufahrt kann zum Beispiel auch mit einer Hecke aus Strauchrosen oder beerentragenden Zwergmispeln belebt werden. Es gibt also viele Möglichkeiten und Varianten.

SCHNITTHECKEN

Schnitthecken werden häufig bevorzugt, weil sie weniger Platz in Anspruch nehmen und nicht die ganze Aufmerksamkeit auf sich ziehen. Sie ermöglichen es, den Garten zu genießen, ohne durch die optische Einfassung abgelenkt zu werden. Hecken können in einfache Formen geschnitten und bogenförmig über Einfahrten ausgerichtet werden.

Eine geschnittene Hecke sollte gerade sein, von oben bis unten Blätter tragen und zur Umgebung passen. Vollkommene Regelmäßigkeit ist vor allem in einem streng angelegten Garten geboten; eine Hecke um ein kleines Landhäuschen kann sich dagegen ruhig freizügiger entwickeln. Bei vielen Hecken ist von Anfang an klar, daß sie dieses Ziel nie erreichen werden, ganz einfach deshalb, weil sie aus den falschen Pflanzenarten bestehen. Ich denke da besonders an die Ligusterhecke *Ligustrum* und einige schnell wachsende Nadelbäume, die oft als Sichtschutz verkauft werden. Der Liguster wächst während des Jahres so schnell heran, daß er etwa alle vierzehn Tage zurückgeschnitten werden muß, um gepflegt auszusehen. Viele

Es gibt verschiedene Arten des Lebensbaums *Thuja*, die sich für die Anlage einer dichten Schnitthecke eignen. In dieser Gartenanlage heben bogenförmig angelegte Rosen die Dominanz der hohen Hecken ein wenig auf.

Nadelbäume sind Waldbäume, deren Wachstum nur durch beständigen Schnitt gezügelt werden kann: Sie werden keine zufriedenstellende Hecke darstellen.

Die beste Heckenpflanze scheint mir die Eibe *Taxus baccata* zu sein. Sie wächst wesentlich langsamer, muß nur einmal im Jahr gestutzt werden, und die meisten Pflanzen in ihrer Nachbarschaft gewinnen durch die schmalen, dunkelgrünen Blätter der Eibe. Mit der richtigen Pflege kann sie mehrere Jahrhunderte lang gesund und munter bleiben. Natürlich hat so ein Musterkind auch seine Schwächen, und da sind vor allem die Kosten zu nennen. Eine Eibe ist eine teure Anschaffung. Aber man kann die Ausgaben niedrig halten, indem man kleinere anstatt größere Pflanzen aussucht. Zwei- oder dreijährige Pflanzen gewöhnen sich relativ schnell an ihr neues Zuhause und beginnen schon zu wachsen, wenn sich größere Exemplare noch gar nicht richtig etabliert haben. Die Eibe wächst langsam, aber weil gerade diese Eigenschaft sie so pflegeleicht macht, kann man nicht erwarten, daß sie gleich nach der Anpflanzung in die Höhe schießt. Wenn sie in gut gedüngtem Erdreich steht, kann sie jedes Jahr etwa 30 cm höher werden. Der größte Nachteil der Eibe liegt darin, daß Blätter und Früchte extrem giftig sind, und sie sollte nur gepflanzt werden, wenn der Gärtner die Sicherheit von Mensch und Tier garantieren kann. Selbst vertrocknete Abfälle sind noch gefährlich und müssen gewissenhaft entsorgt werden. Früchte entwickeln sich nur an Hecken, die schon mehre-

Der Buchsbaum *Buxus sempervirens* wird gewöhnlich für niedrige Hecken in streng angelegten Gärten verwendet, die er mit seinem dunkelgrünen Blattwerk das ganze Jahr hindurch strukturierend gestaltet.

Die spitzen Kegel der Eibe *Taxus baccata* sind bestimmende Elemente dieses großen Gartens, ebenso wie der strenge Schnitt der Stechpalme *Ilex*.

re Jahre nicht mehr zurückgeschnitten wurden.

Eine andere geeignete immergrüne Pflanze ist die Stechpalme. Wie bei der Eibe empfiehlt sich auch hier das Einsetzen einer Jungpflanze. Die Stechpalme *Ilex aquifolium* ist ein guter Hintergrund für leuchtende Blumen, auch wenn sich ihre glänzenden Blätter vollkommen von denen der Eibe unterscheiden, deren Oberfläche eher matt wirkt. Stechpalmenhecken können auch sehr lebhaft wirken, denn es gibt viele Arten mit gelb oder cremefarben geflecktem Blattwerk.

Normalerweise reicht es aus, Stechpalmen einmal im Jahr zu schneiden, aber es ist ein schwieriges Unterfangen, die stacheligen Abfälle ohne kleinere Verletzungen einzusammeln. Darüber hinaus verteilen sich die abgeworfenen Blätter im ganzen Garten und machen es praktisch unmöglich, ohne Handschuhe Unkraut zu jäten. Sie können diese Unannehmlichkeiten umgehen, indem Sie Sorten wie *I. aquifolium* 'J. C. van Tol' oder *I.* x *altaclarensis* 'Camelliifolia' wählen, deren Blätter fast stachellos sind.

Der Buchsbaum *Buxus sempervirens* ist sehr beliebt und wird für große und kleine immergrüne Hecken verwendet. Als Gartenbegrenzung eignet sich die robuste Sorte 'Handsworthensis', die bis zu 3 Meter hoch werden kann.

Eine Laubhecke kann auch aus Rotbuchen *Fagus sylvatica* bestehen, die auch während des Winters nicht richtig kahl werden. Mir ist jedoch die rote Färbung zu aggressiv, und ich bin jedesmal froh, wenn im Frühjahr die blaßgrünen, neuen Blätter aus den Knospen hervorsprießen. Eine Blutbuche vermag an der richtigen Stelle gepflanzt einen wundervollen Eindruck zu machen. Das Rot ihrer Blätter kann jedoch sehr unterschiedlich ausfallen, und Sie sollten in der Baumschule darauf achten, daß das Exemplar Ihrer Wahl möglichst kräftig gefärbt ist. Gute Blutbuchen mit gleichmäßiger Blattfärbung sind veredelt und deshalb wesentlich teurer als die, die von Samen gezogen wurden. Während des Wachstums im Sommer zeigen sich frische, transparente rote Blätter. Blutrote und grüne Sorten können gemeinsam angepflanzt einen sehr malerischen Effekt erzielen. Die Weißbuche *Carpinus betulus* ist der Blutbuche im Prinzip zwar ähnlich, doch ihre gerippten Blätter glänzen nicht so wie die der Blutbuche, und ihre Farbe tendiert zu einem etwas langweiligen Braun.

Ein kleiner Garten kann auch mit einer Scheinhecke abgegrenzt werden, indem man einen Zaun einfach mit einer rankenden Kletterpflanze, zum Beispiel Efeu, überwachsen läßt. Um den Eindruck einer Hecke zu verstärken, sollte die Kletterpflanze entsprechend geschnitten werden. Diese Kombination nimmt wesentlich weniger Platz in Anspruch. Der Zaun sollte stabil sein, aber er muß nicht massiv sein. Da es Efeu in vielen Variationen gibt, können Sie eine solche Scheinhecke so unauffällig oder so farbenfroh gestalten, wie Sie möchten; die Tatsache, daß Efeu auch im Schatten gedeiht, bedeutet, daß auch ein dunkler Gartenbereich mit freundlichen Farben belebt werden kann.

FREIWACHSENDE HECKEN

Eine phantasievoll gestaltete, freiwachsende Hecke kann der farbenfrohe Beweis dafür sein, daß komprimiert angelegte Pflanzenkombinationen sehr attraktiv aussehen können. Wenn sich vor einer ungeschnittenen Hecke auch nur schwerlich andere Pflanzen einsetzen lassen, kann sie doch, wo es sich anbietet, sehr gut als Abgrenzung einer Rasenfläche oder auch als Sichtschutz eingesetzt werden. Es gibt eine Vielzahl von Pflanzen, die verwendet werden können; der Kreativität sind also keine Grenzen gesetzt.

Freiwachsende Hecken brauchen genügend Platz, um sich entfalten zu können. Wenn Sie große Strauchrosen in eine Hecke miteinbeziehen, kann sich diese bis zu mehreren Metern ausbreiten.

Viele freiwachsende Hecken müssen jedes Jahr zurückgeschnitten werden, sei es, um ihr Wachstum zu zügeln oder um die Ausbildung von Blüten zu fördern. Dies ist oft schwieriger als das Stutzen einer Schnitthecke. Bedenken Sie bei der Auswahl der Pflanzen für Ihre Hecke deren unterschiedliche Wuchskraft: Die japanischen Sorten der *Rosa rugosa* zum Beispiel sind sehr pflegeleicht, da sie kaum zurückgeschnitten werden müssen. Die strauchförmigen Moschushybriden hingegen brauchen einen kräftigen Rückschnitt und entwikkeln nur dann zahlreiche Blüten, wenn die verwelkten Teile sorgsam entfernt werden.

Die Sorten der *R. rugosa* haben neben der unkomplizierten Pflege noch weitere Vorteile: Sie tragen hübsche, papierartige Blüten und dekorative Hagebutten, haben gesunde Blätter, die für Krankheiten wenig anfällig sind und sich im Herbst sehr schön verfärben. Für kleinere Flächen und Sandböden empfiehlt sich die Verwendung der *Rosa pimpinellifolia* und ihrer Sorten. Sie wachsen zu dichten, niedrigen Hecken heran mit unzähligen, kleinen Blüten im Sommer und fast schwarzen Hagebutten im Herbst.

Eine gute Heckenpflanze für Regionen mit mildem Klima ist die robuste Fuchsie, die üppig blüht und eine natürliche Anmut besitzt. Das strauchartige Fingerkraut hingegen wirkt eher plump, hat aber den Vorteil, daß es fast den ganzen Sommer hindurch blüht. Es ist in vielen Farbtönen von Weiß über Rosa und Gelb bis hin zu Rot erhältlich. Auch Lavendel, vor allem die Zwergform 'Hidcote', wird oft für niedrige Hecken verwendet; er wirkt auf Grund des gleichmäßigen Wuchses und der geraden Blütenstengel fast wie eine Schnitthecke. Auf größeren Flächen kann auch die *Buddleja,* die viele Schmetterlinge anlockt, als Hecke angepflanzt werden. Sie sollte im Frühling und im Spätsommer zurückgeschnitten werden. Vergessen Sie auch den Weißdorn nicht. Er wird meist als streng geschnittene Hecke gezogen, kann aber auch freiwachsend sehr attraktiv aussehen: Im Frühsommer ist er von Blüten übersät und im Herbst zieren ihn Mehlbeeren und Blätter in leuchtender Herbstfärbung.

Einige Beerensträucher, wie die Stachelbeere und die rote, schwarze oder weiße Johannisbeere, haben die ideale Größe für eine niedrige Hecke innerhalb eines Gartens. Ihre Blüten sind zwar unbedeutend, aber die Früchte sind sehr dekorativ (bis Sie sie pflücken), und die Tatsache, daß sie zurückgeschnitten werden müssen, damit sie Beeren tragen, stellt sicher, daß die Hecke immer gepflegt aussieht.

DER STANDORT EINER HECKE

Eine Grenzhecke sollte so angelegt werden, daß sie, auch wenn sie ausgewachsen ist, nicht über die Grundstücksgrenzen hinauswächst. Es sollte darüber hinaus möglich sein, alle Seiten der Hecke von Ihrem Grundstück aus zu beschneiden (und die Abfälle einzusammeln). Zwei angrenzende Gärten können mit einer gemeinsamen Hecke voneinander getrennt werden. Sie sollten diese Möglichkeit mit Ihrem Nachbarn besprechen, bevor Sie eine neue Hecke anpflanzen; vielleicht ist Ihr Nachbar gerne bereit, sich mit Ihnen die Pflege zu teilen und eventuell auch die Kosten und die Arbeit der Anpflanzung zur Hälfte zu übernehmen.

Die Anlage einer Hecke erfordert eine gründliche Bearbeitung des Bodens und große Genauigkeit beim Einsetzen der Pflanzen; wenn die Vorarbeiten nicht sorgsam ausgeführt werden, wächst die Hecke nur langsam, und Lücken, die aus einer unüberlegten Anordnung der Pflanzen resultieren, können das Gesamtbild empfindlich stören.

Bodenverbesserung

Bevor die Hecke gepflanzt werden soll, muß die Erde gründlich vorbereitet werden. Im Idealfall sollte man eine Breite von 90–120 cm kultivieren, da sich die Wurzeln der meisten Heckenpflanzen während der ersten Jahre mindestens so weit ausbreiten werden. Nehmen Sie den Aushub der Erde sorgsam vor, und vernichten Sie perennierendes Unkraut, das aus einer etablierten Hecke später kaum mehr entfernt werden kann. In den meisten Fällen (ausgenommen bei leichtem Erdreich) ist es ratsam, zwei Spatenbreiten tief zu graben, um den Boden aufzulockern und Verhärtungen aufzubrechen, die den Wasserzu- und -abfluß beeinträchtigen. Darüber hinaus sollten Sie eine große Menge organischen Dünger (ungefähr eine Schubkarre pro 2–3 Meter) sowie Knochenmehl einarbeiten.

Der Aushub wird gewöhnlich im Herbst vorgenommen. Führen Sie die

Oben: Eine Kombination von rosa und weißen Rosen für eine freiwachsende Hecke, die zur gestutzten Blutbuchenhecke *Fagus sylvatica* 'Cuprea' einen interessanten Kontrast darstellt.

Bodenverbesserungsmaßnahmen mindestens ein paar Wochen vor Anpflanzung der Hecke durch, damit sich das Erdreich setzen kann. Die Pflanzzeit richtet sich nach der Art der Hecke, aber auch die Witterungsverhältnisse zum Zeitpunkt der Anpflanzung müssen berücksichtigt werden. Wenn der Boden gefroren ist, verbieten sich Bodenverbesserungsarbeiten von alleine. Auch bei heftigem Regen sollte man darauf verzichten; die Erde wird durch die Feuchtigkeit viel zu schwer und kompakt.

Anpflanzung

Laubbäume wie Buche, Weißdorn und Weißbuche ruhen während des Winters. Der blanke Wurzelstock kann jederzeit nach Abwurf der Blätter (oder, im Falle von Buche und Weißbuche, wenn die Blätter sich braun verfärbt haben) eingesetzt werden. Immergrüne Pflanzen wie Eibe, Stechpalme und Buchsbaum sind in dieser Beziehung etwas schwieriger, weil sie keine richtigen Ruhezeiten haben. Sie müssen mit Erdreich an den Wurzeln in Sackleinen gewickelt oder mit Kunststoffbehältern geschützt transportiert werden. Man sollte sie im Herbst oder im Frühjahr pflanzen. Der Herbst bietet sich besonders an, da das Erdreich die Wärme bis November speichern kann, die Wurzeln sofort Halt finden und die Pflanzen mit Wasser und Nährstoffen versorgt werden können. Im Frühling ist die Erde häufig noch zu kalt.

In Regionen mit strengen Wintern kann es allerdings sinnvoll sein, immergrüne Pflanzen im Frühling einzusetzen (wenn Sie sie während des Sommers ausreichend wässern), denn junge immergrüne Blätter reagieren auf Frost besonders empfindlich. Wenn Sie nicht sicher sind, welches die beste Pflanzzeit in Ihrer Region ist, erkundigen Sie sich bei einer örtlichen Baumschule oder einem Gartencenter.

Stellen Sie sicher, daß die Pflanzen während des Einsetzens nicht austrocknen: Lagern Sie sie an einer schattigen Stelle, und halten Sie die Wurzeln feucht. Spannen Sie in der Mitte des Grabens eine straffe Schnur. Setzen Sie die einzelnen Pflanzen entlang der Schnur ein, und zwar so tief, wie sie auch in der Baumschule im Erdreich standen. Sollte der Graben zu tief sein, füllen Sie zuvor etwas Erde ein. Nach dem Einstellen der Pflanzen das restliche Erdreich einfüllen. Der Boden im Wurzelbereich sollte fest angetreten, die Erdoberfläche mit einer Grabegabel aufgelockert werden, anschließend gut wässern.

Die Pflanzabstände hängen von der gewünschten Höhe und Dichte der Hecke ab. Größere Pflanzen beanspruchen entsprechend mehr Platz im Erdreich. Falls Sie eine Hecke von 180 cm Höhe oder mehr anstreben, sollten die Pflanzen mindestens in Abständen von 60 cm eingesetzt werden; bei dichten, immergrünen Pflanzen wie der Eibe kann man den Abstand ohne weiteres auf 90 cm verbreitern. Große Abstände eignen sich weniger für Laubbäume, die Hecke wird im Winter sonst zu viele Lücken aufweisen. Bei kleineren Hekken von bis zu 120 cm Höhe reicht ein Pflanzabstand von 45 cm; kleine Buchs-

PFLANZUNG
Heben Sie einen Graben aus, den Sie an einer zwischen zwei Pfosten gespannten Schnur gerade ausrichten können. Er sollte 15 cm tiefer als die Wurzeln der eingesetzten Pflanzen und breit genug sein, damit die Pflanzen die Möglichkeit haben, ihre Wurzeln bequem auszubreiten.

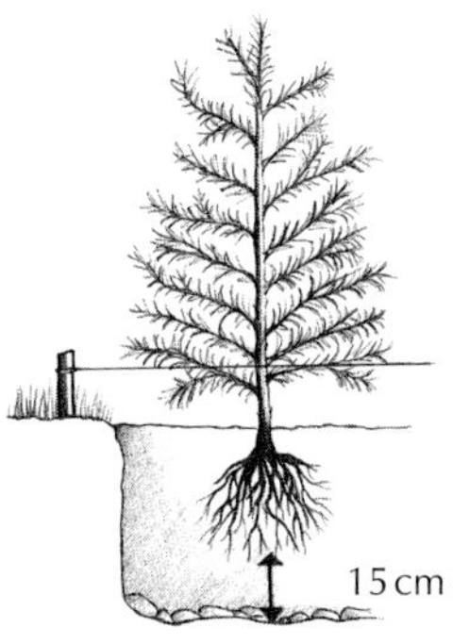

baumhecken müssen eng gesetzt werden: 25 cm sind in diesem Fall angemessen. Freiwachsende Hecken brauchen die größten Abstände, da sich die einzelnen Pflanzen natürlich entfalten sollen.

Gleichmäßige Abstände zwischen den einzelnen Heckenpflanzen erhalten Sie mit Hilfe eines auf die erforderliche Länge zugeschnittenen Stabes, den Sie beim Einsetzen einfach zwischen die Pflanzen halten. (Einzelheiten über Pflanzabstände zwischen verschiedenen Heckenpflanzen erhalten Sie im Pflanzenverzeichnis, Seite 114). Eine einzelne Pflanzenreihe ist normalerweise vollkommen ausreichend; es ist nur selten notwendig, eine Hecke versetzt oder doppelreihig anzulegen.

PFLEGE

Eine neugepflanzte Hecke braucht gute Pflege, wenn sie gedeihen soll. Achten Sie darauf, daß sie nicht unter Wassermangel leidet – vor allem wenn die Anpflanzung im Frühjahr erfolgte –, ansonsten besteht besonders im ersten Jahr die Gefahr, daß sie eingeht. Sie sollten also während einer Trockenperiode die Hecke etwa alle zwei Wochen gründlich gießen. Verwenden Sie dazu am besten einen perforierten Schlauch, mit dem Sie die Hecke über Nacht wässern. Auch eine Blattdüngung ist hilfreich und fördert das Wachstum der Wurzeln. Ein Mulch aus organischem Material (verrottete Blätter oder Grasschnitt) hilft, die Feuchtigkeit zu halten.

Während des ersten Winters reagiert eine neue Hecke besonders auf Wind und Frost empfindlich. Wenn sie starkem Wind ausgesetzt ist, sollte sie geschützt werden (dies gilt besonders für immergrüne Pflanzen). Plastiknetze, die als Windschutz dienen, sind im Handel erhältlich und sollten an den dem Wind zugewandten Flächen der Hecke mit stabilen Pfosten befestigt werden; das Erdreich muß fest genug sein, um den Wurzeln genügend Halt zu geben. Frost kann den Boden aufwerfen und junge Pflanzen schädigen. Sie sollten die Erde also nach einer Kälteperiode regelmäßig überprüfen und festtreten.

Düngung

Der organische Dünger und das Knochenmehl, die bei der Pflanzung eingearbeitet wurden, bieten für das erste Jahr genügend Nährstoffe; im Frühjahr des zweiten Jahres bringe ich gerne eine Kopfdüngung mit verrottetem Stallmist aus, den ich mit einer Mulchschicht aus verrotteten Blättern und gehäckselter Borke bedecke; dadurch wird die Auskeimung der Unkrautsamen, die im Stallmist enthalten sind, verhindert. Sie können statt Stallmist aber auch einen ausgewogenen Volldünger verwenden. Düngung am Ende der Saison ist wenig sinnvoll, da es die Ausbildung saftiger Triebe fördert, die vor Wintereinbruch nicht mehr reifen können und im Winter ein Opfer der Kälte werden. Sobald eine Hecke die gewünschte Höhe erreicht hat, wird die Düngerzufuhr gedrosselt, aber nicht vollkommen eingestellt. Denken Sie daran, daß die Pflanzen ungewöhnlich nahe nebeneinander wachsen und um Platz und Nährstoffe konkurrieren. Außerdem werden sie durch das Beschneiden ständig angeregt, neues Wachstum auszubilden.

Rechts: Integrierte Bögen verleihen einer hohen Hecke zusätzlich architektonischen Charakter. In der Anfangsphase des Formschnittes kann eine Rahmenkonstruktion, die hilft, die Triebe, die den Bogen bilden sollen, in die gewünschte Form zu bringen, sehr nützlich sein. Zwischen den Eibenwänden *(Taxus baccata)* sind niedrige Buchsbaumhecken *(Buxus sempervirens)* zu sehen.

Rückschnitt

Viele Laubbäume sind von Natur aus buschig und entwickeln auch ohne starken Beschnitt Zweige im Bodenbereich. Buche und Weißbuche ebenso wie viele immergrüne Pflanzen, zum Beispiel Stechpalme und Lorbeerkirsche *Prunus lusitanica*, sind hierfür gute Beispiele. Bei ihnen reicht es aus, den Haupttrieb und die Seitenäste nach der Pflanzung etwa um ein Drittel zurückzuschneiden. Schneiden Sie die oberen Äste kürzer als die in Bodennähe: Dies ist der erste Schritt, der zu einer Verjüngung der Hecke führt. Hecken, die aus Nadelbäumen wie Eibe oder *Thuja* bestehen, sollten ähnlich behandelt werden; hier wird der Haupttrieb jedoch nicht angetastet.

So manchen Gärtner kostet es einiges an Überwindung, Pflanzen wie Weißdorn, Schlehdorn *Prunus spinosa* und Kirschpflaume *P. cerasifera* zu schneiden. Doch sie werden sich nie zu einer buschigen Hecke entfalten, wenn sie nicht gleich nach der Pflanzung rigoros zurückgeschnitten werden. Im nächsten Jahr werden Sie belohnt, denn die Pflanze wird von unten bis oben neue Triebe bilden. Während des Sommers fördert ein leichter Schnitt das Wachstum weiterer Seitentriebe. Die Hecke sollte im darauffolgenden Winter nochmals stark zurückgeschnitten werden, wobei die Haupttriebe zur Hälfte gekürzt werden müssen.

Stutzen

Etwa 2 Jahre nach der Pflanzung sollten Heckenfläche und -krone gestutzt werden (außer bei Nadelbäumen, deren

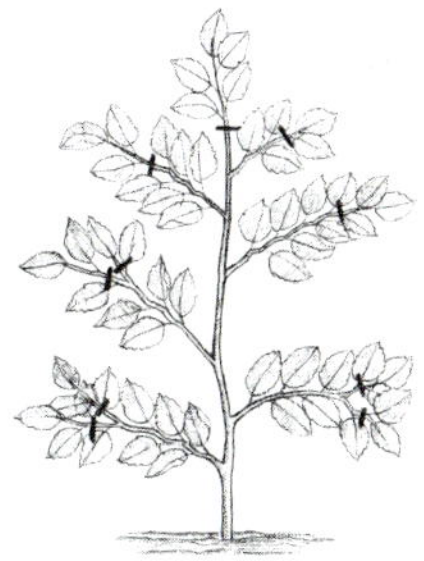

Pflanzen, die von Natur aus buschig sind, sollten nach der Pflanzung nur leicht zurückgeschnitten werden; die oberen Triebe stärker als die unteren. So verjüngt sich die Hecke nach oben hin.

vertikale Triebe erst gekürzt werden sollten, wenn die gewünschte Höhe erreicht ist). Es empfiehlt sich, den Flächenschnitt so durchzuführen, daß die Hecke an der Basis über dem Boden breiter ist als an der Krone. Diese Form, bei der sich die Hecke nach oben hin verjüngt, dient zwei verschiedenen Zwecken: einerseits kann Licht zum unteren Teil der Hecke vordringen, so daß auch die Zweige in Bodennähe gesund bleiben, andererseits verhindert diese Wuchsform (vor allem bei immergrünen Hecken), daß schwere Schneemassen oder starke Winde die Hecke »auseinanderfalten« und die Form zerstören.

Um eine gleichmäßige Verjüngung zu erzielen, sollten Sie sich eine sogenannte Lehre, ein Gerüst aus Holzlatten in der Form des Buchstabens A, herstellen, an dem Schnüre oder Drähte gespannt werden, die bei der Durchführung der Schnittarbeit als Orientierung dienen. Auch die Heckenkrone kann mit einer gespannten Schnur als Orientierungshilfe gerade geschnitten werden.

Wenn die Hecke die gewünschte Größe erreicht hat, hängt die Häufigkeit des Schnitts von der Art der Pflanze und Ihren eigenen Vorstellungen ab. Eiben sehen schon mit einem einzigen Schnitt im Spätsommer recht gepflegt aus. Wenn Sie jedoch besonders klare Linien wünschen, sollten Sie zweimal schneiden.

Buchsbaumhecken müssen gewöhnlich jeden Monat gestutzt werden, wenn sie besonders akkurat aussehen sollen.

Oben: Eine Schnitthecke muß sorgfältig gestutzt werden. Eiben *Taxus baccata* müssen nur einmal im Jahr, und zwar im Hochsommer, zurückgeschnitten werden. Grundsätzlich sollten Hecken so geschnitten werden, daß die Basis breiter ist als die Heckenkrone.

SCHNEIDEN UND STUTZEN
Manche Heckenpflanzen wie Weißdorn und Schlehdorn müssen nach dem Pflanzen rigoros zurückgeschnitten werden: Sie sollten bis auf 15 cm eingekürzt werden *(links)*. Diese Behandlung fördert die Ausbildung schnell wachsender Seitentriebe. Ein leichter Schnitt der ganzen Pflanze *(Mitte)* während des Sommers läßt weitere Seitentriebe entstehen. Im folgenden Winter nochmals stark zurückschneiden. Für den ersten Flächenschnitt sollte man sich eine sogenannte Lehre herstellen, die bei der Durchführung der Schnittarbeit als Orientierung dient.

Buche und Weißbuche benötigen nur einen Schnitt, meist im Spätsommer. Der Schnitt sollte vor dem Herbst vorgenommen werden, damit neue Triebe vor Wintereinbruch noch verholzen können. Die Schnittabfälle können kompostiert werden.

Die Pflanzen freiwachsender Hecken werden wie Einzelexemplare behandelt. Bei der Anpflanzung sollten alle beschädigten, kranken oder toten Triebe und solche, die sich überkreuzen, entfernt werden. Bestimmte Heckenpflanzen wie *Berberis, Escallonia* und *Potentilla* braucht man nur selten zurückzuschneiden. Einzelheiten erfahren Sie im Kapitel »Pflanzenschnitt«, Seite 146.

Eiben *Taxus baccata* sind sehr langlebig und verlieren im Laufe der Zeit oft ihre ursprüngliche Form. Sie reagieren jedoch auf drastische Erneuerungsmaßnahmen sehr positiv, vorausgesetzt, daß sie nach dem Schnitt gut gewässert und gedüngt werden.

RENOVIERUNG
Es ist niemandem zu verdenken, wenn er angesichts einer alten, völlig verwachsenen und verwilderten Hecke mit dem Gedanken spielt, sie komplett auszugraben und eine neue zu pflanzen. Bevor Sie eine solche Hecke aber als hoffnungslosen Fall abschreiben, sollten Sie es zuerst mit einer drastischen Renovierungsmaßnahme versuchen. Schneiden Sie eine Seite der verwilderten Hecke bis auf die Haupttriebe zurück, und zwar Ende des Frühjahrs bei immergrünen Pflanzen und während der Ruhezeit bei Laubbäumen. Es sieht zunächst schrecklich aus, aber wenn die Pflanzen gut gedüngt und bewässert werden, erholen sie sich schnell wieder. Die geschorene Seite entwickelt im folgenden Sommer neue Triebe: Mit ein bißchen Glück ist die Hecke nach zwei oder drei Jahren wieder vollständig begrünt. Wenn diese Behandlung tatsächlich anschlägt, sollten Sie im folgenden Jahr die andere Seite in Angriff nehmen.

• PFLANZENVERZEICHNIS •

In einem Buch dieses Umfanges kann das Pflanzenverzeichnis keinen enzyklopädischen Charakter haben. Ich habe mich jedoch bemüht, eine möglichst breite Palette von Pflanzen zusammenzustellen, so daß Sie neben relativ bekannten Pflanzen auch seltenere Arten entdecken werden. Als Blütezeit wird nur die jeweilige Jahreszeit angegeben, da sie je nach regionalem Klima und den spezifischen Bedingungen des Kleinklimas an einer Mauer variiert.

ZONENEINTEILUNG

Die Winterhärte von Pflanzen, also die Mindesttemperatur, die eine Pflanze im Winter verträgt, wird mit Hilfe einer zugrundeliegenden Zoneneinteilung angegeben – im Text durch den Buchstaben Z und die entsprechende Zahl bezeichnet. Indes kann das nur eine ungefähre Angabe sein, denn die Winterhärte einer Pflanze hängt von zahlreichen Faktoren ab, wie der Tiefe ihrer Wurzeln, ihrem Wassergehalt bei Frostbeginn, der Dauer der kalten Witterung, der Stärke des Windes und der Länge und Hitze des voraufgegangenen Sommers.

Ungefähre Spanne der durchschnittlichen jährlichen Mindesttemperaturen in Zone

1	unter –45°C	6	–23°C bis –18°C
2	–45°C bis –40°C	7	–18°C bis –12°C
3	–40°C bis –34°C	8	–12°C bis – 7°C
4	–34°C bis –29°C	9	– 7°C bis – 1°C
5	–29°C bis –23°C	10	– 1°C bis 4°C

KLETTERPFLANZEN

Die angegebenen Höhen sind nur Näherungswerte, die auf Grund von guten Pflanzbedingungen erzielt werden können: Viele Pflanzen erreichen die angegebene Höhe unter Umständen nicht oder überschreiten sie sogar. Die Zahlen sollen dazu dienen, Ihnen einen ungefähren Richtwert an die Hand zu geben, an dem Sie sich orientieren können. Die meisten hier aufgeführten Pflanzenarten sind ausdauernde Gehölze, die das Bild des Gartens auf lange Sicht prägen; einige sind krautartige, ausdauernde Gewächse, die jedes Jahr bis auf Bodenniveau absterben. Einige sind einjährig, werden aus Samen gezogen und sterben nach einem Sommer ab. Wenn eine Pflanze in eine der beiden letzten Kategorien fällt, ist dies gesondert vermerkt. Die Klettermethode jeder Pflanze ist jeweils angegeben. Wenn keine Besonderheiten bei der Pflege erwähnt sind, gedeiht die Pflanze auf normalem, gut vorbereiteten Gartenboden.

Aconitum volubile
(Eisenhut)

Bis zu 2 m; krautartige, ausdauernde Rankpflanze; Spätsommer; Z 5–8

Ungewöhnliche mehrjährige Kletterpflanze; eignet sich zur Ausrichtung auf Sträuchern, die im Spätsommer einen schönen Hintergrund für ihre hütchenartigen violetten Blüten bilden. Gedeiht in Sonne oder Halbschatten und in einem Boden, der Feuchtigkeit speichert.

Actinidia kolomikta
(Strahlengriffel)

4,5 m; starkwüchsige Rankpflanze; Frühjahr; Z 4–8

Die herzförmigen Blätter dieser großen Kletterpflanze sind von auffallender Schönheit: Jung sind sie leicht purpurfarben, später werden sie grün; einige von ihnen sind zur einen Hälfte rosa und zur anderen Hälfte weiß oder grün. Im Juni trägt sie unscheinbare weiße Blüten. Die Farben entwickeln sich am besten an vollsonnigen Standorten. Ihre Verwandte, die *A. chinensis* (Kiwi), wird im Abschnitt über Früchte beschrieben.

Akebia quinata

9 m; Schlingpflanze; Frühjahr; halbimmergrün; Z 4–9

Dies ist eine zart wirkende Pflanze mit fünffach gefiederten Blättern und anmutigem Rankverhalten. Die Blüten sind klein, aber von ungewöhnlicher kastanienbrauner Farbe, sie duften süß. Nach einem schönen Sommer bilden sich dunkle, fleischige Samenschoten aus. Auch wenn es sich bei der Pflanze um ein Halbimmergrün handelt, eignet sie sich nur für warmes Klima, wo sie üppig gedeiht. Pflanzen Sie die Akebia in der Sonne an, wenn sie Samen entwickeln soll. Anderenfalls wächst sie auch im Halbschatten gut.

Aristolochia macrophylla syn. *A. durior*
(Pfeifenwinde)

9 m; starkwüchsig; Schlingpflanze; Sommer; Z 4–8

Vitale Schlingpflanze mit großen, mattgrünen, herzförmigen Blättern, die einen dichten Bewuchs bilden. Gelbgrüne Blüten meist im Juni. Braucht viel Platz.

Campsis radicans
(Trompetenblume)

9 m; Wurzelkletterer; Spätsommer; Z 4–9

Exotisch anmutende Kletterpflanze, die eine warme Wand und anfangs auch eine Kletterhilfe braucht; im Lauf der Zeit hält sie sich aber selbst fest. Büschel von großen, röhrenförmigen, orangeroten, samtigen Blüten, die am neuen Holz entstehen; im Frühjahr rigoros zurückschneiden. Die Sorte 'Yellow Trumpet' hat ähnlich leuchtende Farben. Die *C.* x *tagliabuana* 'Madame Galen' ist eine weniger vitale Hybride (bis zu 7,5 m hoch) mit großen Blüten.

Celastrus orbiculatus
(Baumwürger)

7,5 m; Schlingpflanze; schöne Herbstfärbung und Früchte; Sommer; Z 5–8

Vitale Kletterpflanze, die sich als Bewuchs für Hauswände eignet; im Herbst schöne Gelbfärbung und rote Samen, die aus gespaltenen, organgefarbenen Samenkapseln herausragen. Wählen Sie eine zweigeschlechtliche Pflanze, die zur Fruchtbildung keine Fremdbestäubung braucht.

C. scandens

7,5 m; Sommer; Z 3–8

Nicht so üppig wie der *C. orbiculatus,* aber mit größeren Früchten, die sich länger halten.

Clematis

Die Familie der *Clematis,* die hauptsächlich aus Kletterpflanzen besteht (wenngleich es auch krautartige Gewächse gibt), umfaßt viele Arten und großblütige Hybriden. Die Kletterer verwenden Blattranken; die vitalsten unter ihnen können eine Mauer oder einen Zaun bewachsen; in Kombination mit einem Strauch oder einer anderen, etwas kräftigeren Kletterpflanze wirken sie besonders schön. Es gibt Sorten für sonnige und schattige Standorte. Der Wurzelbereich sollte kühl und vor direktem Sonnenlicht geschützt sein.

C. alpina

Bis zu 2 m; Frühjahr; Z 5–9

Hübsche Kletterpflanze für das Frühjahr, wenn die hängenden violettblauen Blüten sich am alten Holz über geteilten Blättern öffnen. 'Frances Rivis' ist eine überdurchschnittlich vitale Sorte mit größeren Blüten. Die 'White Moth' hat gefüllte, hellgraue bis weiße Blüten, die an die der *C. macropetala* erinnern (unter deren Namen sie oft aufgeführt wird).

C. armandii

3,5 m; Frühjahr; immergrün; Z 7–9

Diese vitale Pflanze braucht für ein gesundes Blattwachstum und die Entwicklung unzähliger cremefarbener Blüten den Schutz einer warmen Wand. Die Sorte 'Apple Blossom' hat bronzefarbene junge Blätter; 'Snowdrift' hat reinweiße, etwas größere Blüten.

C. campaniflora

3 m; Spätsommer; Z 6–9

Die Einzelblüten dieses starkwüchsigen Kletterers sind klein, aber sie erscheinen in großer Zahl und gleichmäßig verteilt. Die Pflanze ist für einen langen Zeitraum mit zarten, hellblauen Glockenblumen übersät. Wächst in der Sonne oder im Schatten und kann im Frühjahr rigoros zurückgeschnitten werden.

C. cirrhosa balearica

2,5 m; Winter; immergrün; Z 8–9

Eignet sich nur für einen geschützten Standort; eine hübsche Kletterpflanze, die mit ihren hellgelben, duftenden Blüten im Winter Farbe in den Garten bringt. Ihre farnartigen Blätter wachsen etwas spärlich; sie sollte deshalb mit einem Strauch kombiniert werden.

C. flammula

3 m; Spätsommer; Z 6–9

Sie hat hellgrüne Blätter und kleine, zarte cremefarbige Blüten, die sich vom Spätsommer bis zum Herbst entfalten. Eignet sich für Spaliere. Die Pflanze kann im Frühjahr rigoros zurückgeschnitten werden. Ein interessanter Effekt ergibt sich, wenn man sie über eine Eibenhecke zieht. Braucht etwas Sonne.

C. x *jackmanii*

3 m; Sommer bis Herbst; Z 3–8

Erinnert mit ihren großen, samtigen, leuchtend purpurfarbenen Blüten stark an die großblütigen Hybriden. Die Sorte 'Superba' hat besonders große Blüten. Man sieht sie häufig über Hauseingängen, wo sie in Büscheln angeordnet ist. Sie hat eine lange Blühsaison und ist sehr robust.

C. x *jouiniana* 'Praecox'

3 m; nichtrankend; Spätsommer; Z 4–9

Die Sorte 'Praecox' blüht spät, ihre Blütezeit wird oft erst vom Wintereinbruch beendet. Diese Pflanze klettert nicht aus eigenem Antrieb, sondern braucht ein Gerüst; die kräftigen Triebe können ohne Schwierigkeiten an einer Wand befestigt werden. Die geteilten Blätter sind dunkelgrün, und die kleinen, weißen Blüten mit purpurfarbener Schattierung erscheinen in großer Anzahl. Braucht Sonne.

C. macropetala

2,5 m; Frühjahr; Z 5–9

Erinnert mit ihrem Wachstum und der frühen Blüte an die *C. alpina,* aber ihre violett- oder purpurfarbenen Blüten sind gefüllt. 'Markham's Pink' hat rötliche bis rosa Blüten, die Sorte 'Maidwell Hall' kann sowohl hellblaue als auch dunkelblaue Kelchblätter haben. Alle Sorten bilden später im Jahr hübsche, seidige Samenköpfe.

C. montana

9 m; Frühsommer; Z 4–9

Die vitalste Sorte dieser frei wachsenden Kletterpflanze ist die weißblütige 'Grandiflora'. Alle Sorten sind in der Lage, die Fassade eines durchschnittlich großen Hauses innerhalb von etwa fünf Jahren zu überwachsen. Sie sollten diese Art nur anpflanzen, wenn genügend Platz zur Verfügung steht. Alle Sorten sind während der Blütezeit im Mai und Juni äußerst hübsch. Jungpflanzen gedeihen gut. Eine Kombination von zwei verschiedenen Sorten ist besonders hübsch. Die *C. montana* hat weiße Blüten; die der 'Elizabeth' sind hellrosa, während die 'Tetrarose' bronzefarbene Blätter und große violette bis rosa Blüten trägt. Die 'Wilsonii' hat kleinere, weiße, duftende Blüten, die erst Ende Juni erscheinen.

C. orientalis

7,5 m; Spätsommer; Z 5–9

Hat ungewöhnliche gelbe Blüten mit fleischigen Kelchblättern, die im Aussehen an die Schale von Zitrusfrüchten erinnern. Die Blätter sind farnartig, die Blüten tragen silbrige Samenbüschel. Braucht etwas Sonne.

C. rehderiana

3 m; Spätsommer; Z 6–9

Die kleinen, röhrenförmigen Blüten mit den gebogenen gelben Kelchblättern sind unauffällig; Sie sollten die Pflanze an einem Standort einsetzen, wo ihre hübschen Details gut sichtbar sind; duftet süß, ähnlich wie Schlüsselblumen. Braucht etwas Sonne.

C. tangutica

3,5 m; Spätsommer bis Herbst; Z 5–9

Ähnelt der *C. orientalis,* ist aber nicht so vital. Oberhalb einer großen, mörtellosen Naturstein-Stützmauer angepflanzt, bietet sie mit ihrem filigranen Blattwerk und den gelben Blüten einen hübschen Anblick; silbrige Samenköpfe. 'Bill Mackenzie' ist eine besonders schöne Sorte. Braucht etwas Sonne.

C. texensis

3 m; Spätsommer bis Herbst; Z 5–9

Die Hybriden dieser Art haben kleine, nickende Blüten an langen Stielen. 'Etoile Rose' hat kirschrote Blüten mit rosa Rand; 'Gravetye Beauty' ist rubinrot mit braunen Staubblättern. Alle Sorten können über frühblühende Sträucher gezogen werden; sie sollten jeden Frühling stark zurückgeschnitten werden. Braucht etwas Sonne.

C. viticella

4,5 m; Spätsommer; Z 4–9

Wie die *C. texensis* ist die *C. viticella* ideal für Kombinationen mit Sträuchern, zum Beispiel mit einem Schneeball oder einem Rosenbusch. 'Alba Luxurians' mit ihren weißen, mit grünen Spitzen versehenen Blütenblättern sieht besonders reizvoll aus; 'Rubra' wirkt wesentlich robuster und hat karmesinrot gefärbte Blüten. 'Purpurea Plena Elegans' hat gefüllte, rosettenartige violett- bis purpurfarbene Blüten. Braucht etwas Sonne.

Großblütige Clematisarten

Der Handel führt etwa 100 verschiedene großblütige Clematisarten, und die Züchter produzieren ständig neue Farben und Formen. Die im folgenden aufgeführten Sorten wurden von mir auf Grund meiner persönlichen Vorlieben ausgesucht.

Weißblühende Sorten
'Duchess of Edinburgh'

2–2,5 m; Frühsommer bis Frühherbst

Eine kleine *Clematis* mit gefüllten weißen Blüten und gelben Staubblättern, die früh im Jahr am alten Holz ausgebildet werden; im September noch einfache Blüten an den neugebildeten Trieben. Braucht nicht geschnitten zu werden.

'Henryi'

3,5 m; Sommer bis Frühherbst

Große cremefarbene Blüten mit dunklen Staubblättern. Schnitt nach eigenem Ermessen.

'Huldine'

6 m; Spätsommer bis Herbst

Die robusteste weiße *Clematis;* ihre Blüten sind relativ klein, haben aber eine sehr hübsche Form (öffnen sich nicht zu einem flachen Teller); grünliche Staubblätter und malvenfarbige Streifen auf der Rückseite der Kelchblätter. Im Herbst rigoros zurückschneiden.

'Marie Boisselot'

6 m; Frühsommer bis Frühherbst

Fast so vital wie die 'Huldine' mit einer langen Blütezeit von Juni bis September, aber ihre Blüten sind größer und die Kelchblätter überlappen, wodurch die Pflanze weniger zerbrechlich wirkt. Schnitt nach eigenem Ermessen.

'Wada's Primrose'

Bis zu 2,5 m; Frühsommer und Frühherbst

Cremefarbene Blüten (eher gelb als weiß) mit etwas dunkleren Streifen und gelben Staubblättern. Ideal für eine Nordwand; braucht nicht viel Platz. Für einen heißen Mauerbereich ungeeignet. Kein Schnitt.

Rosa- und rotblühende Sorten
'Comtesse de Bouchaud'

2–2,5 m; Sommer bis Herbst

Bringt Unmengen von rosa Blüten hervor und gedeiht in allen Lagen. Rigoroser Schnitt im Frühjahr.

'Ernest Markham'

Bis zu 3,5 m; Spätsommer

Tiefrote Blüten mit gelben Staubblättern. Gedeiht am besten an einem sonnigen Standort. Im Frühjahr rigoroser Schnitt (sie bildet auch am alten Holz Blüten, wenn sie nicht zurückgeschnitten wird).

'Hagley Hybrid'

Bis zu 3,5 m; Sommer bis Frühherbst

Ähnliche Färbung und Größe wie die 'Comtesse de Bouchaud', hat aber spitze Kelchblätter; ihre Staubbeutel sind braun. Braucht etwas Sonne; Schnitt nach eigenem Ermessen.

'Joan Picton'

Bis zu 2,5 m; Frühsommer und Herbst

Kleine Art, die in allen Lagen gedeiht. Lilafarbene Blüten mit weißen Streifen und braunen Staubbeuteln – eine ungewöhnliche Kombination. Kein Schnitt notwendig.

Purpur- und blaublühende Sorten
'Perle d'Azur'

Bis zu 4,5 m; Sommer bis Herbst

Sehr beliebt wegen ihres schönen Blaus (nicht himmelblau, wie mancher Pflanzenverkäufer behauptet); grüne Staubblätter. Sollte im Herbst rigoros zurückgeschnitten werden, damit sie nicht außer Kontrolle gerät.

'The President'

Bis zu 2,5 m; Sommer bis Frühherbst

Große, schalenförmige purpurrote Blüten, die gerade wachsen, so daß die gräulichen Unterseiten zu sehen sind. Blüht zuerst am alten Holz und bildet im Frühherbst auch an neuen Trieben Blüten aus. Kein Schnitt.

'William Kennett'

Bis zu 3,5 m; Sommer bis Frühherbst

Tiefes Lavendelblau mit dunklen Staubbeuteln. Weniger vital als die 'Perle d'Azur' und auch nicht so üppig blühend, aber dennoch sehr hübsch. Schnitt nach eigenem Ermessen.

Cobaea scandens
(Glockenrebe)

6 m; einjährig; Rankpflanze; Sommer bis Herbst; Z 8–10

Eine geeignete Pflanze, wenn man einen sonnigen Standort schnell begrünen will. Die purpurfarbene, glockenförmige Blumenkrone steht auf einem grünen Kelch wie eine Tasse auf einer Untertasse. Die Sorte 'Alba' hat cremefarbene Blüten. Anfang des Frühjahrs im Haus aussäen, langsam abhärten, dann an gespannten Fäden hochziehen, bis sie sich von selbst festhält.

Eccremocarpus scaber
(Schönranke)

3 m; einjährig; Rankpflanze; Spätsommer; Z 8–10

Überwinterung im Freiland ist an geschütztem Standort möglich. Da sie sich aber auch gut selbst aussät, kann man an der Schönranke jahrelang Freude haben. Die schlanke Pflanze mit blassem, fiedrigem Laub wirkt besonders schön, wenn sie am dunklen Blattwerk einer anderen Pflanze nach oben klettern kann.

Euonymus fortunei
(Spindelstrauch)

Bis zu 12 m; starkwüchsig; Wurzelkletterer; immergrün; Z 4–9

Wird oft als Bodenbewuchs verwendet, aber wenn er die Möglichkeit hat, sich an einer Mauer oder an einem Zaun hochzuranken, klettert er in schwindelnde Höhen empor. Wächst relativ langsam, eignet sich somit auch für kleinere Flächen. Die Früchte im Herbst erinnern an den *Celastrus scandens,* sind aber kleiner. Viele Sorten haben auffällig gefleckte Blätter. 'Emerald Charm' hat tiefgrüne Blätter mit eigenartig cremefarbenen Adern, während die leuchtendgrünen Blätter des 'Coloratus' im Winter purpurfarbene Schattierungen annehmen. Gedeiht in Sonne oder Schatten.

Hedera
(Efeu)

Wurzelkletterer; immergrün

Die Efeufamilie hat drei dekorative Hauptarten, bei denen viele Sorten durch gescheckte Färbung oder andere Merkmale auffallen. Sie sind immergrün und klammern sich mit Haftwurzeln am Untergrund fest. Ihre Schönheit und Vielgestaltigkeit wird oft nicht genügend geschätzt, weil sie so anspruchslos sind und auf praktisch allen Böden und in jeder Lage gedeihen. Es sind vitale Kletterer, wenn es auch oft mehrere Jahre dauert, bis sie sich wirklich selbst am Untergrund festhalten können. Die Haftwurzeln können eine instabile Mauer beschädigen, auf einem stabilen Untergrund können sie aber problemlos gezogen werden. In gewisser Weise schützt Efeu das Mauerwerk, indem es Regenwasser abhält.

H. canariensis

4,5 m; immergrün; Z 8–10

Große, glänzende Blätter an weinroten Trieben, üppiger Wuchs. Gedeiht gut in der Sonne; Sie sollten ihr eine warme Wand bieten, die sie auch in einem strengen Winter schützt. 'Gloire de Marengo' ist eine gefleckte Sorte – graugrüne Blätter mit einem unregelmäßig cremefarbenen Rand.

H. colchica

4,5 m; immergrün; Z 6–10

Große grüne Blätter; die *H. colchica* und ihre Sorten sind vitaler als *H. canariensis.* 'Dentata Variegata' hat große Blätter mit unregelmäßig hellgelben Rändern – eine auffällige Pflanze. 'Sulphur Heart' hat in der Mitte jedes Blattes einen gelben Fleck. Kombinieren Sie eine der beiden Efeuarten mit dem gelbgefleckten Jasmin (siehe unten); die unterschiedlich großen Blätter ergeben einen interessanten Effekt.

H. helix
(Gemeiner Efeu)

5–25 m; immergrün; Z 5–10

Es gibt mehr als 100 benannte Sorten dieser sehr vielseitigen Pflanze; von den Miniaturformen wie 'Emerald Globe', die sich für eine kleine Stützmauer eignen, bis zu den sehr vitalen Arten wie 'Cathedral Wall', die die Fassade eines Hauses überwachsen können. Die Blattformen variieren von fast runden, wie bei 'Green Heart', über spitze, wie bei 'Pedata', bis hin zu Formen mit gewellten Rändern. Die Blattränder sind oft cremefarben oder gelb gefleckt; in manchen Fällen, wie beim auffallenden 'Goldheart', befinden sich gelbe Flecken aber auch im Herzen des Blattes. Die Gesamtwirkung hängt von der Intensität der Fleckenfärbung und von der Zusammensetzung der Farben ab – manche Muster sind sehr lebhaft, andere weniger. Die Winterfestigkeit variiert leicht; zu den kräftigsten Sorten gehören 'Buttercup' (mit goldgelben Blättern), 'Galaxy', 'Harrison', 'Lustrous Carpet' und 'Tomboy'.

Humulus lupulus
(Hopfen)

6 m; krautartige, mehrjährige Schlingpflanze; Z 3–8

Vitale Pflanze, deren weibliche Form wegen der Fruchtstände zur Würze und Haltbarmachung von Bier angebaut wird. Die großen, dreilappigen Blätter sind grob gezahnt und sehr hübsch. Die Hopfenblüten sind im Spätsommer hellgrün und können getrocknet werden. Im Garten wird meist der goldblättrige 'Aureus' angepflanzt, der sehr vital ist und eine wunderschöne Farbe hat. Gedeiht gut an sonnigem Standort; wenn möglich, sollte der Wurzelbereich im Schatten liegen.

Hydrangea petiolaris
(Kletterhortensie)

15 m; Wurzelkletterer; Anfang bis Mitte Sommer; Z 4–9

Eignet sich nach Eingewöhnung bestens als Mauerbewachsung: Wie die Efeuarten braucht auch sie einige Jahre, bis sie richtig zu klettern und sich auszubreiten beginnt – es hilft, wenn man sie während der ersten Jahre gut wässert. Die Triebe müssen 30–45 cm von der Mauer entfernt gehalten werden; die Pflanze eignet sich also nicht, wenn der Platz beschränkt ist. Gut für eine Nordwand, gedeiht aber auch in der Sonne. Die herzförmigen Blätter haben eine frische, grüne Farbe; im Juni zieren cremefarbene Blüten zwei Wochen lang die ganze Pflanze. Das braune Astwerk sieht im Winter sehr reizvoll aus. Weil die Blütezeit kurz ist, sollte die Kletterhortensie mit einer anderen Kletterpflanze kombiniert werden; die weiße Noisetterose 'Mme Alfred Carrière' eignet sich hierfür ebenso wie die weiße *Clematis* 'Henryi'.

Ipomoea tricolor
(Prunkwinde)

2,5 m; einjährig; Schlingpflanze; Z 8–10

Die himmelblauen Blüten sehen einfach bezaubernd aus. Diese Pflanze ist aber nicht pflegeleicht. Sie braucht einen warmen Platz und einen guten Sommer, um sich von ihrer besten Seite zu zeigen. Aber selbst dann halten die einzelnen Blüten nur ein paar Stunden, am Nachmittag hat die Pflanze dem Betrachter nichts Attraktives mehr zu bieten.

Jasminum officinale

4,5 m; Schlingpflanze; Sommer bis Frühherbst; Z 7–10

Duftet schwer und süß, von der Mitte des Sommers bis in den Herbst hinein, solange die Büschel von weißen, röhrenförmigen Blüten das dunkle Blattwerk zieren. Die Blätter selbst sind eigentlich schon Grund genug, die Pflanze einzusetzen – sie sind wie die Triebe dunkelgrün und haben eine zarte, spitze Form. Der Jasmin braucht eine warme Wand, aber keinen besonders hochwertigen Boden, um eine stattliche Anzahl von Blüten zu entwickeln. Die Blätter des 'Aureum' sind leuchtendgelb gefleckt. Sein Platz muß sorgsam ausgewählt werden.

Lathyrus

3 m; krautartige, ausdauernde Rankpflanze; Sommer

Ausdauernde Wicken sind alte Gartenpflanzen, die am besten aussehen, wenn sie über anderen Kletterpflanzen oder Sträuchern gezogen werden. Der *L. grandiflorus* hat magentafarbene Blüten, während es beim *L. latifolius* hübsche weiße Sorten wie 'White Pearl' gibt. Der *L. rotundifolius* hat kleinere Blüten, die ungewöhnlich ziegelrot gefärbt sind. Keine dieser Sorten duftet, aber alle haben eine lange Blütezeit und gedeihen an einem sonnigen Standort sehr gut.

Lathyrus odoratus
(Wohlriechende Wicke)

2–2,5 m; einjährig; Rankpflanze

Es gibt eine Vielzahl von Sorten, die eine breite Palette von Pastellfarben abdecken. Der Duft ist unterschiedlich stark ausgeprägt. Verwenden Sie sie dazu, einen Zaun zu überwachsen oder ein Spalier zu schmücken, wählen Sie einen sonnigen Standort, und reichern Sie den Boden mit gutem Kompost oder mit Stallmist an.

Lonicera
(Geißblatt)

Das Geißblatt gehört zur Familie der Schlingpflanzen aus Hecken- und Baumlandschaften, wo ihr Wurzelbereich normalerweise im Schatten liegt und ihre Blüten zum Licht streben. Die meisten Arten fühlen sich an einer Nordwand wohl.

L. x *americana*

7,5 m; Schlingpflanze; Sommer; Z 6–9

Eine vitale Art, gut geeignet, wenn Sie genug Platz haben. Duftende große, weiße Blüten, die sich gelblich verfärben, mit einer purpurfarbenen Schattierung an der Außenseite; reicher Blütenflor Ende Juni und im Juli.

L. caprifolium

3,5 m; Schlingpflanze; Sommer; Z 6–9

Eine Pflanze, die in ländlichen Regionen häufig vorkommt, mit gelblichgrünen Blättern; Mitte des Sommers entwickeln sich duftende, cremefarbene Blüten, anschließend orangerote Beeren. Braucht kaum ausgerichtet oder geschnitten zu werden; sobald die Pflanze sich an ihrem Klettergerüst festgeklammert hat, sollte man sie als süß duftendes Büschel vornüberhängen lassen. Alte oder schwache Triebe sollte man entfernen, gleich nachdem die Blüten abfallen. Die Pflanze sollte bis zu der Stelle zurückgeschnitten werden, wo neue Triebe erscheinen.

L. japonica

4,5 m; Schlingpflanze; Sommer bis Herbst; halbimmergrün; Z 4–9

Die Blüten sind klein, aber sie werden von der Mitte des Sommers an ununterbrochen ausgebildet und verströmen einen intensiven, süßen Duft. Die Blüten sind zu Beginn weiß, werden später aber gelb. Die Sorte 'Aureoreticulata' wächst nicht sehr üppig, wird meist wegen ihrer Blätter angepflanzt: Sie entwikkelt ihre Blüten oft recht zögerlich, aber die Blätter haben eine wunderbare Leuchtkraft – ein frisches Grün mit gelbem Muster. 'Halliana' ist eine empfehlenswerte Sorte, wenn Ihnen an schönen Blüten gelegen ist.

L. periclymenum
(Waldgeißblatt)

2,5 m; Schlingpflanze; Sommer; Z 5–9

Es gibt vom Waldgeißblatt verschiedene Sorten: Alle tragen duftende Blüten und dekorative Beeren. 'Belgica' und 'Serotina' zeigen während einer langen Blütezeit cremefarbene bzw. rote Blüten.

L. sempervirens

3,5 m; Schlingpflanze; Spätsommer; halbimmergrün; Z 4–9

Braucht eine warme Wand, kann aber auch im Schatten blühen. Die Pflanze hat orangerote Röhrenblüten, die zu den schönen grünen Blättern einen interessanten Kontrast darstellen. 'Sulphurea' hat leuchtendgelbe Blüten.

L. tragophylla

4,5 m; Schlingpflanze; Sommer; Z 8–10

Vitale Art mit sehr großen, leuchtendgelben, sehr reizvollen Blüten, leider nicht duftend. Der Wurzelbereich braucht Schatten: Sie sollten die Pflanze an einer Nordwand anpflanzen. An einer sonnigeren Stelle nur dann einsetzen, wenn andere Pflanzen im Wurzelbereich Schatten spenden.

Parthenocissus henryana
(Jungfernrebe)

6 m; Rankpflanze; Z 6–9

Sie sollten sie wegen ihrer hübsch gefärbten Blätter, deren Form an die des *P. quinquefolia* erinnert, im Schatten anpflanzen. Die Blätter sind dunkelgrün mit hellen Adern und verfärben sich im Herbst leuchtendrot.

P. quinquefolia
(Wilder Wein)

7,5 m; Rankpflanze; Z 3–9

Große vitale Kletterpflanze, die eine ganze Hausfassade bewachsen kann. Das fünfteilige Laub verfärbt sich von Mattgrün zu feurigem Orange oder Rot. Pflanzen Sie diese Weinart nicht vor einer roten Ziegelmauer.

P. tricuspidata

9 m; Rankpflanze; Blätter; Z 4–9

Ihr Laub ähnelt dem des Efeus und ist, je nach Alter, eiförmig oder dreilappig. Im Herbst erstrahlen die Blätter in leuchtenden Gelb- und Rottönen. Eignet sich nicht für einen kleinen Garten. Diese Pflanze empfiehlt sich, wenn Sie eine große Fläche an einem Haus oder eine Garage begrünen wollen.

Passiflora caerulea
(Passionsblume)

2–4 m; Rankpflanze; Sommer; Z 8–10

Man benötigt eine warme Wand, um die zarte Passionsblume mit ihren komplizierten blauen Blüten und ihren orangefarbenen Früchten zu ziehen. Da sie mit Hilfe von Ranken klettert, muß sie regelmäßig ausgerichtet werden, sonst bilden sich Knäuel. Die gelappten Blätter sind dekorativ, Blüten erscheinen nur spärlich. 'Constance Elliott' hat cremefarbene Blüten.

Pileostegia viburnoides

4,5 m; Wurzelkletterer; Spätsommer; immergrün; Z 8–9

Eine eher unauffällige Pflanze, aber ein guter immergrüner Bewuchs für eine schattige Wand; ledrige Blätter und im Spätsommer cremefarbene, zarte Blüten.

Polygonum baldschuanicum
(Knöterich)

12 m; Schlingpflanze; Spätsommer–Frühherbst; Z 7–9

Eine meiner Lieblingspflanzen, aber mit Vorsicht zu genießen. Sie ist ein äußerst vitaler Kletterer, der zartere Pflanzen schnell erdrückt. An der richtigen Stelle, zum Beispiel als Bewuchs für einen unattraktiven Schuppen, kann sie ganze Arbeit leisten. Von Sommer bis Herbst trägt sie Rispen mit cremefarbenen, rosa schattierten Blüten, deren apartes Aussehen darüber hinwegtäuscht, daß es sich um eine sehr agile Schlingpflanze handelt.

Rhodochiton atrosanguineum

6 m; Rankpflanze; Sommer; Z 8–10

Wird meist als einjährige Pflanze angesetzt; säen Sie Anfang des Frühjahrs aus. Hat schöne dunkelgrüne, gezackte Blätter und ungewöhnliche Blüten: Rote bis purpurfarbene Kelche umrahmen röhrenförmige Blütenteile, die durch dunkles Purpur beeindrucken. Gedeiht auch (wenngleich in kleinerer Form) in einem Topf. Sonniger Standort.

Schizophragma hydrangeoides
(Spalthortensie)

4,5 m; Wurzelkletterer; Sommer; Z 5–8

Eng mit der *Hydrangea petiolaris* verwandt; bildet wie diese Blütenstände, die aus kleinen, unauffälligen fruchtbaren Blüten und größeren sterilen Blüten zusammengesetzt sind. Die Wirkung ist beeindruckend: Jeder Blütenstand hat einen Durchmesser von etwa 30 cm. Blüht länger als die Hortensie, deren Blüten schon nach zwei Wochen verwelken. Wie bei der Kletterhortensie wachsen die Triebe von der Wand weg, insofern eignet sich die Pflanze nicht für eine Mauer, an deren Fuß ein Weg verläuft. Reiche Blüte an sonnigem Standort.

Solanum crispum 'Glasnevin'

4,5 m; Kletterpflanze; Sommer; halbimmergrün; Z 8–10

An einer warmen Wand macht sich diese Pflanze mit ihren purpurfarbenen Kartoffelblüten mit gelben Augen und ihren zarten Blättern sehr gut.

S. jasminoides 'Album'

4,5 m; Rankpflanze; Sommer; Z 9–10

Eine gute Ranke, die weniger Kletterhilfe benötigt als die oben beschriebene Form. Entwickelt viele weiße Blüten mit gelben Augen. Gedeiht nur an einer warmen Wand.

Trachelospermum jasminoides
(Sternjasmin)

4,5 m; Kletterpflanze; Sommer; immergrün; Z 8–10

Gedeiht an einer sonnigen Mauer in warmen Regionen. Die Blätter sind dunkel und glänzend, die weißen Blüten, die an Jasmin erinnern, duften süß. In kühleren Gefilden gedeiht der Sternjasmin nur im Wintergarten. Das *T. asiaticum* ist robuster und hat cremefarbene Blüten.

Tropaeolum majus
(Kapuzinerkresse)

2 m; einjährig; Rankpflanze; Z 6–9

Rankpflanze mit leuchtendgelben, orangen und roten Blüten und pfefferartigen Blättern.

Es gibt viele Sorten, darunter auch eine mit gefleckten Blättern namens 'Alaska'; alle Sorten sind problemlos: Man kann sie als Lückenfüller verwenden oder dazu, einen neu angelegten Garten ein wenig zu beleben. Nach dem ersten Jahr säen sie sich selbst aus, die Sämlinge können nach Belieben verpflanzt werden. Kapuzinerkresse kann man kaskadenartig von einer großen Stützmauer oder einer Böschung herunterwachsen lassen. Wählen Sie für eine Mauer große Sorten, für Beete und Rabatten kleinwüchsige. Braucht sonnigen Standort und einen Boden mit guter Wasserführung.

T. speciosum

2 m; krautartige, ausdauernde Rankpflanze; Sommer; Z 7–10

Schwierige, krautartige Kletterpflanze, die sich für kühle, saure sowie neutrale Böden eignet. Ihre scharlachroten Blüten wirken besonders auffällig, wenn es gelingt, sie über einer immergrünen Pflanze zu ziehen. Keine pflegeleichte Pflanze.

Vitis

(Rebe)

7,5–9 m; Rankpflanze; Z 5–9

Weinreben klettern an sonnigen Wänden sehr schnell. Ihre auffälligen Blätter sind ein attraktiver Blickfang; schöne Herbstfärbung.

V. 'Brant'

7,5 m; Rankpflanze; Fruchtschmuck; Z 6–9

'Brant' hat schöne Blätter und entwickelt überdies noch Trauben von kleinen, süßen, duftenden Früchten, die unwiderstehlich sind. Im Herbst nehmen die Blätter eine zarte Rotfärbung an, die von grünen Adern durchzogen wird.

V. coignetiae

9 m; Rankpflanze; Z 5–9

Diese Rebe hat überdurchschnittlich große Blätter mit einem Durchmesser von etwa 30 cm. Sie ist also sehr auffällig; im Herbst, wenn sich die Blätter karmesin- und scharlachrot verfärben, sieht sie überwältigend aus. In einem kleinen Garten ist es schwierig, sie unterzubringen, aber wenn genügend Platz vorhanden ist, stellt sie eine große Bereicherung dar. Kombinieren Sie sie mit der *Clematis orientalis,* die mit ihren federartigen Samenköpfen einen hübschen Kontrast darstellt.

V. vinifera 'Incana'

7,5 m; Rankpflanze; Fruchtschmuck; Z 6–9

Die Dusty Miller Traube hat auffällige graugrüne Blätter mit blassen Unterseiten. Sie hebt sich gut vor alten Ziegelsteinmauern ab; vor blassem Gestein wirkt sie weniger gut. Die Früchte sind schwarz.

V. vinifera 'Purpurea'

7,5 m; Rankpflanze; Fruchtschmuck; Z 6–9

Die dunklen Blätter – weinrot bei jungen Pflanzen und purpurrot bei alten – brauchen einen blassen Hintergrund oder den Kontrast von silbrigen Blättern, wie denen des *Cytisus battandieri,* der ebenfalls eine sonnige Wand schätzt, um seine volle Schönheit zu entfalten. Die purpurfarbenen Früchte vervollständigen das dunkle Farbthema.

Wisteria floribunda

9 m; Schlingpflanze; Frühsommer; Z 5–9

Bildet hellgrüne Blätter und lange Trauben duftender Wickenblüten aus. Die Sorte 'Alba' hat weiße Blüten, während die 'Macrobotrys' lange Trauben (etwa 90 cm) mit violetten Blüten entwickelt. Glyzinen wachsen schnell und müssen sorgfältig ausgerichtet werden, damit sie ein ausgewogenes Bild vermitteln.

W. sinensis

2 m; Schlingpflanze; Frühjahr bis Frühsommer; Z 5–9

Kann an der Fassade eines großen Gebäudes weit in die Höhe klettern, die Stützdrähte müssen gut befestigt sein. Diese Art bildet kurze Trauben mit duftenden, lila Blüten, bevor sich die Blätter entwickeln – an den knorrigen Trieben eines älteren Exemplars ein besonders hübscher Anblick. 'Alba' hat weiße Blüten, 'Black Dragon' hat gefüllte, besonders dunkle Blüten, während die gefüllten Rosetten der 'Plena' die gleiche violette Farbe haben wie die einfachen Blüten der *W. sinensis.* Die violetten Töne wirken auf hellem Stein besonders gut.

ROSEN

Wie bereits erwähnt, lassen sich die Kletterrosen in drei Hauptgruppen, die Wildarten, die Ramblerrosen und die echten Kletterrosen unterteilen. Sie werden hier unter diesen Gruppennamen aufgeführt. Die meisten Kletterrosen sind Spreizklimmer; sie haben Stacheln, die beim Klettern sehr nützlich sind.

Wildrosen

Die meisten Wildrosen sind sehr vital und eignen sich eher zur Bepflanzung von Bäumen als von Mauern oder Zäunen, aber es gibt auch ein paar, die nicht allzu stark wuchern. Sie blühen zwar nur einmal, aber viele tragen dekorative Früchte und zeigen auffällige Blätter.

Rosa x *anemonoides*

3 x 2,5 m; Sommer

Die großen, einfachen, papierartigen rosa Blüten mit ihren blassen Rändern sehen sehr zart und eigentlich nicht wie Rosen aus. Eignet sich am besten für einen sonnigen Standort, gedeiht aber auch an einem geschützten Schattenplatz.

R. banksiae 'Lutea'

6 × 3 m; Frühjahr bis Frühsommer

Eine Rose für eine sonnenbeschienene Wand, wo sie am Ende des Frühjahrs und Anfang Sommer große hängende Büschel mit kleinen, gefüllten blaßgelben Blüten entfaltet.

R. banksiae 'Lutescens'

6 × 3 m; Sommer

Braucht eine sonnenbeschienene Wand, hat größere, einfache Blüten, die süß und intensiv duften. Die Banksrose sollte man nicht zurückschneiden.

R. 'Cooperi'

6 × 4,5 m

Vitale Rose, die manchmal als 'Cooper's Burmese' aufgeführt ist; braucht einen sonnigen Standort. Dunkle, glänzende Blätter bilden einen kontrastierenden Hintergrund für die großen, einfachen, cremeweißen, duftenden Blüten.

R. x *fortuniana*

3,5 × 2,5 m; Sommer

Wenn der vorgesehene Standort zwar beschränkt, aber geschützt ist, sollten Sie diese fast stachellose Hybride anpflanzen, die leicht zu schneiden und auszurichten ist. Sie hat reizvolle, etwas zerzauste, gefüllte weiße Blüten, die sehr angenehm duften.

R. longicuspis

9 × 4,5 m; Sommer

Eine weniger robuste Art, die eine große, warme Wand benötigt. Fast immergrün, mit schönen, gesägten Blättern, die eine rötliche Farbe haben, wenn sie jung sind. Reiche Blüte mit großen Köpfen, die aus weißen (geruchlosen) Blüten bestehen; kleine orangerote Hagebutten folgen.

R. multiflora

4,5 × 3 m; Sommer

Hat eine kurze Blütezeit – ein Nachteil, der vielen Rosen gemeinsam ist, aber wenn sich die weißen Blüten entfalten, dann so dicht, daß sie die hellgrünen Blätter fast verdecken. Später entwickeln sich kleine, ovale rote Hagebutten. Die 'Carnea' ist eine hübsche gefüllte Sorte.

R. soulieana 'Wickwar'

2,5 × 1,5 m; Sommer

Eine Sorte der *R. soulieana,* was ihre hübschen graugrünen Blätter und den aufrechten Wuchs erklärt. Die Blüten sind einfach, rosa und duften intensiv.

Ramblerrosen

Auch diese blühen nur einmal in der Mitte des Sommers, aber ihre Blüte stellt einen Höhepunkt in der Gartensaison dar. Diese Kletterrosen sind aus der ältesten japanischen Zuchtsorte entstanden, die als 'Crimson Rambler' nach Europa kam.

'Alberic Barbier'

4,5 × 3 m

Sie hat glänzende Blätter und biegsame Triebe. Die halbgefüllten, sich leicht lösenden Blüten sind weiß mit einem Stich ins Gelbliche.

'Albertine'

4,5 × 2,5 m

Sehr beliebt wegen ihres süßen Duftes und der rosa Blüten. Die Blätter sind kupferrot, wenn sie jung sind. Die Triebe haben leider unzählige Stacheln. Anfällig für Mehltaubefall, aber erst nachdem die Blüten verwelkt sind und die Pflanze kräftig genug ist, die Krankheit zu überwinden.

'Alida Lovett'

3,5 × 3 m

Weniger robust als die 'Albertine', aber leichter zu pflegen, da sie wesentlich weniger Stacheln hat. Große, gefüllte rosa Blüten, die am Ansatz gelb sind.

'American Pillar'

4,5 × 3 m

Die rosa Blüten mit weißen Augen sind nicht jedermanns Geschmack; Vita Sackville-West meinte, daß diese und die bonbonrosafarbene 'Dorothy Perkins' »für immer aus unseren Gärten« verschwinden sollten.

'Bobbie James'

9 × 6 m

Eine große Pflanze, die meist an einem Baum gezogen wird, sich aber auch für eine hohe Mauer eignet. Die einfachen weißen Blüten hängen in großer Zahl doldenartig herab; verträgt Halbschatten. Schöne Herbstfärbung.

'Dorothy Perkins'

3 × 2,5 m

Sehr bekannte Rose mit zahllosen kleinen, gefüllten rosa Blüten, die sich später als bei den meisten Ramblerrosen entwickeln. Neigt zu Mehltaubefall, die Blüten verblassen und werden braun, anstatt abzufallen; sieht man oft in ländlichen Gärten.

'Emily Gray'

4,5 × 3 m

Die schön geformten, gefüllten dunkelgelben Blüten werden im Alter zitronengelb und duften intensiv. Eine widerstandsfähige Pflanze mit glänzenden Blättern.

'Félicité et Perpétué'
4,5 × 3 m
Blüht später als die meisten Ramblerrosen. Die cremefarbenen runden, duftenden Blüten, die oft einen Stich ins Rosa aufweisen, bilden einen guten Kontrast zu den dunklen Blättern dieser oft immergrünen Rose.

'François Juranville'
4,5 × 3 m
Eine gute Rose, die farblich (Rosa mit einer zarten, hellbraunen »Patina«) der 'Albertine' ähnelt, aber mehr Blütenblätter hat. Ein herrlicher Anblick, wenn sie in voller Blüte steht; hat wenig Stacheln.

'Goldfinch'
2,5 × 1,5 m
Eignet sich für kleinere Flächen; hat widerstandsfähiges Blattwerk und halbgefüllte, süß duftende Blüten, die dunkle und helle Gelbtöne vereinen.

'Seagull'
7,5 × 4,5 m
Starkwüchsige Rose, die auch an einer Nordwand gedeiht. Hat graugrüne Blätter und große Büschel mit duftenden weißen Blüten.

'Wedding Day'
9 × 4,5 m
Starkwüchsige Rose; leuchtendgrüne, glänzende Blätter und grünes, fast stachelloses Holz. Weiße Einzelblüten mit gelben Staubbeuteln. Verträgt Schatten und gedeiht auch in schlechten Böden.

Kletterrosen
Viele Kletterrosen sind öfterblühend; die erste Blüte ist meist üppiger als die darauffolgenden.

'Alister Stella Gray'
4,5 × 3 m
Schön geformte, gefüllte gelbe Blüten mit dunkleren Zentren, die mit zunehmendem Alter zu einem cremigen Weißton verblassen. Angenehmer Duft und lange Blütezeit, vereinzelt auch später noch Blüten. Kräftiger Wuchs, aber leicht zu erziehen, da sie biegsame Triebe und nur wenige Stacheln hat.

'Blairi No. 2'
3,5 × 2,5 m
Eine üppige, altmodisch wirkende Rose mit herrlichem Duft. Hellrosa, gefüllte, flache Blüten mit dunkleren Zentren, die in großer Zahl mehrmals gebildet werden.

'Etoile de Hollande'
3,5 × 2,5 m
Wenn Sie eine rote Rose anpflanzen wollen, dann ist diese mit ihren samtigen karmesinroten Blüten und dem intensiven, süßen Duft eine ausgezeichnete Wahl. Blüht nur einmal; danach entwickeln sich pflaumenfarbige neue Triebe.

'Gloire de Dijon'
3,5 × 2,5 m
Schöne, alte Rose mit gefüllten, flachen Blüten, die geviertelt sind und einen leichten Stich ins Aprikot aufweisen; gelegentlich auch bernsteinfarbene Schattierung. Blüht hauptsächlich im Sommer, aber vereinzelte Blüten entfalten sich auch später. Gedeiht am besten an einem geschützten Standort. Die Blüten können bei Regen Schaden nehmen, und Sternrußtau wird im Spätsommer häufig zum Problem. Diese Rose ist es jedoch wert, kleinere Unannehmlichkeiten in Kauf zu nehmen.

'Golden Showers'
3 × 2 m
Diese Rose hat nichts von der subtilen Schönheit der 'Gloire de Dijon', besitzt aber dennoch einen gewissen Charme. Die großen, lose am Trieb sitzenden, etwas unordentlich wirkenden Blüten haben eine klare, gelbe Farbe und öffnen sich von Sommer bis Spätherbst über gesundem, dichtem grünem Blattwerk.

'Lawrence Johnston'
7,5 × 6 m
Eine halbgefüllte gelbe Rose, kräftig im Wuchs; eignet sich auch für eine große Nordwand. Blüht nur im Sommer.

'Leverkusen'
3 × 2,5 m
Gelbe, dauerblühende Rose mit recht blassen, gefüllten Blüten, die ich sehr schätze. Gedeiht auch im Schatten.

'Mermaid'
9 × 7,5 m
Groß und kräftig; mit auffallenden dunklen Blättern und schönen, einfachen gelben Blüten, in deren Mitte orangebraune Staubbeutel stehen. Leider nicht frosthart; bieten Sie ihr deshalb einen geschützten Standort, der allerdings nicht zu sonnig sein sollte.

'Mme Alfred Carrière'
4,5 × 3 m
Für eine nördlich gelegene Mauer geeignet. Hat gefüllte Blüten in zartem Rahmweiß, das in der Blütenmitte von einem leichten Rosaton überzogen ist. Kräftiger Wuchs und nur wenige Stacheln; die herrlich duftenden Blüten halten sich von Sommer bis Herbst.

'Mme Grégoire Staechelin'
4,5 × 3 m
An einer großen Wand ist dieser robuste, kräftige Kletterer ein herrlicher Anblick. Große, blaßrosa Blüten, die im Zentrum etwas

dunkler sind und deren Adern sich an den Rändern deutlich abzeichnen. Wenn die verwelkten Blüten nicht entfernt werden, entwikkelt sie im Herbst große orangene Hagebutten. Gedeiht sowohl an sonnigem wie auch schattigem Standort.

'New Dawn'

3 x 2,5 m

Eine besonders aktive, dauerblühende, resistente Rose mit rosa Blüten, deren Blütezeit jedoch etwas später als gewöhnlich einsetzt. Wenig Stacheln; wirft die Blütenblätter ab, bevor sie verwelken und ziert den Garten auf diese Weise mit einem hübschen, hellen Blütenteppich.

'Pompon de Paris'

3,5 x 2 m

Eine eigenartige Rosensorte, die durch ihre dünnen Triebe und die kleinen spitzen Blätter fasziniert. Die gefüllten, leuchtendrosa Blüten sehen wie kleine Bälle aus.

'Zéphirine Drouhin'

3 x 2 m

Die berühmte »Stachellose Rose«. Sie trägt vom Sommer bis in den Herbst duftende, halbgefüllte, flache Blüten in einem leuchtenden Rosa.

STRÄUCHER

Es ist nicht möglich, für die aufgelisteten Pflanzen verbindliche Größenangaben zu erstellen, da die Größe je nach Wachstumsbedingungen variiert. Es wird im folgenden in Zwergform (30–60 cm), klein (90–150 cm), mittel (1,5–3 m) und groß (3–5 m) unterschieden. Diese Angaben sollen Ihnen eine Orientierungshilfe geben und stellen keine absoluten Werte dar. Wenn nicht anders erwähnt, werfen die Pflanzen ihr Laub ab.

Abelia x *grandiflora*

mittel; Spätsommer bis Herbst; halbimmergrün; Z 5–9

Die glänzenden kleinen Blätter weisen eine bronzefarbene Schattierung auf. Die kleinen rosafarbenen und weißen Röhrenblüten duften und entfalten sich in großer Anzahl. Sie verdient einen auffälligen Platz in der Nähe des Hauses. 'Edward Goucher' hat rosa Blüten und ist etwas kleiner.

Abutilon megapotamicum

mittel; Sommer bis Herbst; Z 9–10

Sollte an einer Südwand oder im Wintergarten gepflanzt werden, und zwar vor einem Hintergrund, der die eigenartig hängenden Blüten mit ihren großen roten Kelchen und den gelben Blütenblättern richtig zur Geltung bringt. Die Sorte 'Variegatum' hat gelbe Flekken auf ihren spitzen, grünen Blättern.

A. x *suntense*

mittel/groß; Frühsommer; Z 8–10

Schalenähnliche, malvenfarbige Blüten zieren filzige, graue, weinförmige Blätter. 'Jermyns' hat dunkle, malvenfarbige Blüten; eine andere Sorte heißt 'White Charm'. Wächst schnell, ist aber nicht besonders langlebig. Eignet sich für einen sonnigen Standort mit guter Wasserführung.

A. vitifolium

groß; Frühsommer; Z 8–10

Vergleichbar mit *A.* x *suntense,* aber etwas robuster; die malvenfarbigen Blüten sind flacher. 'Tennant's White' zeigt weiße, 'Veronica Tennant' malvenfarbige Blüten. Braucht sonnigen Standort mit guter Wasserführung.

Acacia dealbata

groß; Anfang des Frühjahrs; Z 8–10

Nur in milden Regionen im Schutz einer Mauer winterfest; entwickelt sich schnell zu einem großen Strauch mit blassen, farnartigen Blättern und herrlich duftenden, flockigen gelben Blüten. Nicht für alkalische Böden geeignet.

Aloysia triphylla,

siehe *Lippia citriodora*

Buddleja alternifolia

groß; Frühsommer; Z 5–10

Wächst wie die anderen Buddleienarten sehr schnell; bildet rasch ein dichtes Geflecht aus gebogenen Zweigen, die von kleinen, duftenden lila Blüten geschmückt werden. An einer Mauer wirken die üppig wachsenden, hängenden Blüten besonders attraktiv.

B. fallowiana

mittel; Spätsommer; Z 9–10

Braucht eine warme Wand. Sehr blasse Triebe und graue Blätter, die zusammen mit den hellen lavendelfarbigen Blüten ein kühles Farbarrangement darstellen.

B. x 'Lochinch'

mittel; Spätsommer; Z 7–9

'Lochinch' stammt von der *B. fallowiana* ab und hat ihre grauen Blätter mit den weißen Unterseiten geerbt, ist aber im Wuchs nicht so zart. Wächst frei vor einer Mauer. Wenn der vorgesehene Platz beschränkt ist, können Sie versuchen, die neuen Triebe nach dem Frühjahr fächerförmig auszurichten. Braucht sonnigen Standort mit guter Wasserführung.

Camellia

mittel/groß; Winter bis Frühjahr; immergrün; Z 7–9

Exotisch wirkender Strauch für saure oder neutrale Böden. Als immergrüne Pflanze bereichert er den Garten das ganze Jahr. Die großen, symmetrischen Blüten können von beeindruckender Schönheit sein. Die Pflanze sollte keinesfalls an einer ostwärts gelegenen Mauer gepflanzt werden, da die Kombination aus Nachtfrost und Morgensonne im Winter die Blüten angreift und die Blätter verbrennt. In nördlichen Regionen kann die Winterhärte erhöht werden, indem man den Strauch an einer warmen Wand, möglichst in einer Ecke, anpflanzt. Es gibt zahlreiche benannte Sorten, deren unterschiedliche Blütenformen eine breite Farbpalette von Weiß über Rosa bis zu Tiefrot abdecken. Sie brauchen einen guten Katalog, um die geeignete Pflanze auszuwählen.

Die Sorten der *C. japonica* sind zahlreich: 'Adolphe Audusson' hat große, tiefrote, halbgefüllte Blüten und gehört zu den kräftigsten; 'Alba Simplex' hat große weiße Blüten mit auffallenden Staubblättern; 'Pink Perfection' hat kleine, gefüllte Blüten.

Die Sorten der *C. williamsii* haben kleinere Blätter, die Blüten sind meist rosa: 'Donation' hat orchideenrosa, große, halbgefüllte Blüten; 'Francis Hanger' ist eine einfache weiße Sorte.

Carpenteria californica

mittel; Sommer; immergrün; Z 8–10

Schön geformte Pflanze für eine sonnenbeschienene Wand. Die hellgrünen Blätter werden im Frühsommer zwei oder drei Wochen lang von weißen, flachen Blüten mit gelben Staubbeuteln bedeckt. Muß nicht zurückgeschnitten werden.

Ceanothus

mittel/groß; Sommer bzw. Herbst; einige immergrüne Sorten; Z 8–10

Die meisten Sorten wachsen schnell und bilden schon früh dicht bestandene Rispen mit kleinen, blauen Blüten. Die laubabwerfenden Sorten sind in der Regel kräftiger als die immergrünen Sorten. Sie mögen eine sonnenbeschienene Wand und Böden mit guter Wasserführung.

C. arboreus 'Trewithen Blue'

Ende Frühjahr; immergrün

Große Blätter und Rispen mit tiefblauen Blüten.

C. 'A.T. Johnson'

Frühjahr und Herbst; immergrün

Eine schöne blaue Sorte, die zweimal blüht.

C. 'Autumnal Blue'

Spätsommer und Herbst; immergrün

Winterharte Sorte mit tiefblauen Blüten.

C. 'Cascade'

Frühjahr; immergrün

Büschel mit hellblauen Blüten.

C. 'Gloire de Versailles'

Sommer und Herbst; laubabwerfend

Große Rispen mit zartblauen Blüten.

C. impressus

Frühjahr; immergrün

Wegen ihrer kleinen, von Adern durchzogenen Blätter und des dichten blauen Blütenstandes eine äußerst beliebte Art. 'Puget Blue' ist eine besonders erlesene Sorte.

C. thyrsiflorus repens

(siehe Seite 133)

Ceratostigma willmottianum

Zwergform; Spätsommer; Z 8–10

Braucht einen Boden mit guter Wasserführung. Die blauen Blüten am Ende des Sommers stellen eine erfreuliche Überraschung dar. Früher im Jahr entfalten sich die weichen hellgrünen Blätter über drahtigen schwarzen Trieben. Bevor sie abfallen, werden die Blätter leuchtendrot. Bei Frost kann der Strauch bis zum Boden hin absterben, treibt aber meist wieder neu aus. Achten Sie darauf, daß Sie den *C. willmottianum* nicht mit dem ähnlich aussehenden *C. griffithii* verwechseln.

Chimonanthus praecox (Winterblüte)

mittel; Winter; Z 7–9

Langsam wachsende Pflanze, die für ein gutes Wachstum eine warme Wand benötigt. Sie trägt wachsartige gelbe Blüten mit purpurroten Zentren und einem schweren aromatischen Duft. Die Winterblüte wächst zu langsam und ist im Sommer nicht reizvoll genug, als daß es sich lohnen würde, sie in einem kleinen Garten anzupflanzen. Bevorzugt kalkhaltige Böden.

Choenomeles speciosa und x *superba* (Zierquitte)

mittel; Frühjahr; Z 6–9

Anspruchslose, winterharte Sträucher, die im Frühjahr sehr lange blühen. Sie fühlen sich an den meisten Stellen (auch im Schatten) wohl. Auf die Blüten folgen später im Jahr hübsche, eßbare Früchte. Sind winterhart genug, um frei zu stehen; aber im Schutz einer Mauer entwickeln sie früher Blüten. Sie können die Pflanze frei wachsen lassen oder auf die von Ihnen gewünschte Größe zurückschneiden. Für jede Mauerlage geeignet. 'Moerloosei' hat sehr hübsche rosa-weiße Blüten, die an Apfelblüten erinnern; 'Nivalis' hat große, reinweiße Blüten, während die halbgefüllten der 'Simonii' tiefrot sind.

Choisya ternata (Orangenblume)

mittel; Frühsommer; immergrün; Z 7–9

Die glänzenden Blätter sind ein schöner Hintergrund für die weißen, süß duftenden Blüten. Entwickelt sich zu einem hübschen runden Busch, der in kalten Regionen den Schutz einer warmen Wand braucht, aber unter günstigen klimatischen Verhältnissen auch im Schatten einer Nordwand gedeiht.

Colutea arborescens (Blasenstrauch)

groß; Sommer; Z 5–7

Ein langsam wachsender, aber kräftiger Strauch, der zarte Blüten über einen langen Zeitraum hinweg trägt. Die gefüllten Samenschoten brechen in der heißen Sonne auf.

Convolvulus cneorum

Zwergform; Frühsommer; immergrün; Z 9–10

Blüht an trockener, geschützter Stelle am Fuß einer sonnenbeschienenen Wand. Seine seidigen Blätter schillern silbrig. Die weißen Blüten entfalten sich aus rosa Knospen. Braucht einen Boden mit sehr gutem Wasserablauf.

Coronilla glauca (Kronwicke)

klein; Winter bis Frühjahr; immergrün; Z 9–10

Die hellgelben, wickenartigen Blüten entfalten sich das ganze Jahr hindurch. Die größte Pracht zeigt sie bei gutem Winterwetter, die dann bis ins Frühjahr hinein anhält. Einige Sorten mit zarten, cremefarbenen panaschierten Blättern. Braucht eine warme Wand und einen Boden mit guter Wasserführung. Ihr Standort eignet sich auch für Rosmarin, mit dem sich die *Coronilla* gut kombinieren läßt.

Cotoneaster

klein bis groß; im Sommer Blüten, im Herbst Beeren; manche Arten sind immergrün; Z 4–8

Die meisten dieser winterharten, beerentragenden Sträucher gedeihen am besten als freistehende Exemplare. Einige Sorten eignen sich aber auch zur Wandbegrünung.

C. bullatus

groß; Z 5–8

Mit seinen großen Blättern wird dieser Strauch gerne wie eine Säule an eine Wand gepflanzt. Die hellroten Früchte bilden sich im Frühherbst, die Blätter nehmen verschiedene zarte Purpur- und Rottöne an.

C. dammeri

klein; immergrün; Z 5–8

Eigentlich ein Bodendecker, kann aber auch zur Mauerbegrünung verwendet werden. Ist im Herbst von roten Beeren übersät.

C. franchetii

mittel; halbimmergrün; Z 5–8

Hat salbeifarbige Blätter und hübsche, orangene Blüten. Die grazile Wuchsform macht die Ausrichtung leicht.

C. horizontalis

Zwergform; breitet sich aus; Z 4–8

Hat eine sehr stabile Wuchsform, so daß der Strauch eine Wand eigentlich ohne Kletterhilfe erklimmen kann. Sollte aber zur Vorsicht dennoch festgebunden werden. Trägt im Spätsommer zahlreiche rote Beeren, und bei frostigem Herbstwetter nehmen die Blätter mehrere Wochen lang eine rötliche Farbe an. Gedeiht am besten an sonnigem Standort.

Cytisus battandieri (Geißklee)

groß; Sommer; Z 8–9

Diese silberblättrige Art der Gattung Geißklee trägt gelbe Blütenstände, die nach Ananas riechen und an die der Lupinen erinnern. Braucht einen Boden mit guter Wasserführung und eine warme Wand. Bildet einen attraktiven Kontrast zu Pflanzen mit dunklen Blättern (siehe *Vitis* im Abschnitt »Kletterpflanzen«).

Forsythia suspensa 'Nymans'

groß; Frühjahr; Z 5–9

Zarter Strauch mit gebogenen Zweigen und schön verteilten Blüten – nicht zu vergleichen mit den typischen Forsythienblüten. Kann an einer hohen Mauer gezogen werden oder eine hohe Stützmauer herabhängen. Bevorzugt halbschattigen Standort.

Fremontodendron californicum

groß; Sommer; immergrün; Z 9–10

Schnellwachsende Pflanze mit dreilappigen Blättern mit filziger Unterseite. Die großen gelben Blüten haben keine Blütenblätter, statt dessen auffällige Kelchblätter, die für einen langen Zeitraum für Farbe sorgen. Braucht eine warme Wand und einen kalkhaltigen Boden mit guter Wasserführung.

Garrya elliptica

groß; Winter; immergrün; Z 8–9

Wählen Sie eine männliche Pflanze, vorzugsweise die Sorte 'James Roof', die nach Weihnachten lange Zeit graugrüne Blütenkätzchen trägt. Gedeiht zwar an einer Nordwand, aber ihre Blätter müssen vor allzu kalten Winden geschützt werden. Eine große und im übrigen Jahr etwas langweilig wirkende Pflanze, die man eigentlich nur in einem großen Garten unterbringen sollte.

Hydrangea quercifolia

mittel; Spätsommer; Z 5–9

Interessanter Strauch mit großen, tief eingeschnittenen Blättern. 'Snow Queen' ist eine besonders schöne Sorte. Ihre großen, konisch geformten Blütenköpfe mit weißen sterilen Blüten nehmen, wenn sie verwelken, einen rosa Farbton an. Die Blätter verfärben sich im Herbst purpurrot. Gedeiht nur an einem warmen, geschützten Standort oder in einem Klima mit heißen Sommern.

Hydrangea villosa

mittel; Spätsommer; Z 7–9

Normalerweise nicht für eine Wandbegrünung geeignet, ist aber ein schöner Strauch für eine schattige Ecke. Die großen Blätter sind weich behaart, seine lila Blüten zeigen sich über mehrere Wochen hinweg und sehen sogar noch hübsch aus, wenn sie schon verwelkt sind. Eine anspruchslose Pflanze, die sich in kühleren Gefilden in der Sonne als auch im Schatten gleichermaßen wohlfühlt.

Jasminum nudiflorum

(Winterjasmin)

mittel/groß; Winter; Z 6–10

Im Winter eine große Bereicherung für den Garten. Trägt während der ganzen Saison unzählige, sternförmige gelbe Blüten. Strenger Frost schadet den Blüten, aber neue Knospen ersetzen die verlorene Blütenpracht schnell wieder. Die Knospen öffnen sich auch sofort, wenn man ein paar Zweige schneidet und als Zimmerdekoration in Wasser stellt. Ein ausladender Strauch, der oft als Mauerbegrünung verwendet wird – fühlt sich auch an einer Nordwand sehr wohl. Das Formieren kann problematisch sein, da die Triebe dazu neigen, knäuelartig zusammenzuwachsen. Ihr Temperament läßt sich durch ein möglichst frühes Ausrichten und Festbinden der Triebe bändigen. Schneiden Sie die Triebe, die Blüten getragen haben, im Frühjahr zurück.

Kerria japonica

mittel; Ende des Frühjahrs; Z 4–9

Ein Strauch mit hübschen grünen Ruten und vielen gelben Blüten. Die gefüllte Form sieht man sehr häufig, aber die einfachen Blüten sind meiner Meinung nach hübscher. 'Petra' ist eine reizvolle Sorte mit weiß gerandeten Blättern, die eine langweilige Gartenecke beleben kann. Gedeiht besonders an einem sonnigen Standort, verträgt aber auch Schatten. Eine robuste und pflegeleichte Pflanze.

Lagerstroemia indica

groß; Spätsommer ; Z 7–9

Die violett bis rosa gefärbten Blüten entfalten sich nur nach einem schönen Sommer; die Pflanze braucht eine schützende Südwand. Die Triebe sind rosa und grau gefleckt.

Laurus nobilis

(Lorbeerbaum)

groß; immergrün; Z 8–10

Eine hübsche Pflanze mit aromatischen Blättern (Gewürzlorbeer), der eine warme schützende Wand braucht. Sie können ihn in jede gewünschte Form schneiden oder frei zu einem großen Busch auswachsen lassen.

Lavatera olbia 'Rosea'

(Buschmalve)

mittel; Sommer bis Herbst; Z 7–9

Schnellwachsend mit graugrünen Blättern und rosafarbenen, stockrosenartigen Blüten. Benötigt nicht unbedingt den Schutz einer Mauer; bereichert eine neue Umfriedung in kurzer Zeit, gedeiht besonders im Sonnenschein und in Nachbarschaft einer Süd- oder Westwand. Die Sorte 'Barnsley' ist relativ neu: Sie hat auffallende Blüten, weiß mit roten Zentren, die langsam zu einem Rosaton verblassen.

Lippia citriodora syn. *Aloysia triphylla*

(Zitronenstrauch)

mittel; Sommer; duftende Blätter; Z 8–10

Unauffällige weiße bis blasse purpurrote Blüten. Man pflanzt den Strauch aber mehr wegen des intensiven Zitronengeruchs und seiner langen, spitz zulaufenden Blätter, die in jedem Gartenbereich belebend wirken. Wenn Sie die Blätter zusammenpressen, können Sie den Zitronenduft besonders gut wahrnehmen. Braucht einen warmen Standort und Boden mit guter Wasserführung.

Magnolia grandiflora

groß; Spätsommer; immergrün; Z 7–10

Erreicht vor einer sonnenbeschienenen Mauer die Ausmaße eines Baumes. Sie hat große, glänzende Blätter und große cremefarbene Blüten mit dicken Blättern, die stark duften. Wählen Sie eine der im folgenden genannten Sorten, da sie früher blühen: 'Exmouth' hat Blätter mit rostfarbenen Unterseiten, 'Goliath' hat kürzere, breitere, vollkommen grüne Blätter. Gedeiht am besten in nährstoffreicher Erde.

M. sieboldii

groß; Sommer; Z 6–8

Nicht so groß wie die *M. grandiflora,* aber nichtsdestoweniger ein sehr ausladender Strauch, der vor einer Mauer viel Platz braucht. Seine hängenden, weißen, duftenden Blüten haben karmesinrote Staubblätter und werden während des ganzen Sommers immer wieder ausgebildet.

M. wilsonii

groß; Frühsommer; Z 7–8

Eine ausladende Pflanze mit hängenden weißen Blüten. Braucht Halbschatten.

Mahonia lomariifolia

mittel; Winter; immergrün; Z 8–10

Die meisten Mitglieder dieser immergrünen Pflanzengattung sind winterhart, doch die *M. lomariifolia* ist etwas empfindlicher und braucht den Schutz einer Mauer. Die langen Blätter und die gelben Blüten in aufrechten, kerzenartigen Ähren bilden im Winter einen interessanten Kontrast. Gedeiht in Sonne ebenso wie im Schatten.

Myrtus communis
(Brautmyrte)

groß; Spätsommer; immergrün; Z 8–10

Kleine, spitze, aromatische Blätter und flauschige weiße Blüten im Spätsommer und Herbst. Die Myrte hat ein dichtes Blattwerk und unzählige Blüten sowie bläulich-schwarze Beeren. Vor allem für milde Küstenregionen geeignet; in kühleren Regionen ist der Schutz einer Mauer erforderlich. Die Sorte 'Tarentina' hat schmalere Blätter, weiße Beeren und ist robuster.

Phygelius capensis
mittel; Spätsommer; Z 8–9

Südafrikanische Pflanze, die normalerweise als Halbstrauch betrachtet wird und im Winter bis zum Boden abstirbt. Vor einer warmen Wand kann sie aber überleben, die Wachstumsphase beginnt im Frühling dann früher. Eine zarte Pflanze, die lange braune, spärlich mit hängenden, korallenfarbigen Röhrenblüten besetzte Triebe entwickelt.

Piptanthus laburnifolius
groß; Frühsommer; immergrün; Z 8–9

Schnellwachsender Strauch für einen sonnigen Standort. Grüne Triebe und dunkle, dreigeteilte Blätter, zu denen die leuchtendgelben, wickenartigen Blüten einen hübschen Kontrast bilden. Die Samenschoten entwickeln sich später und sind nicht besonders dekorativ.

Pittosporum tenuifolium
groß; immergrün; Z 8–10

Hat glänzende hellgrüne, knittrige Blätter, die an schwarzen Trieben wachsen; beliebt für Blumengebinde. Braucht den Schutz einer Mauer. 'Garnettii' hat graugrüne Blätter mit weißen Rändern und einer rosa Schattierung im Winter. Entwickelt auch ohne Schnitt eine hübsche Form.

Pyracantha
(Feuerdorn)

mittel bis groß; Sommer; immergrün; Z 5–9

Der Feuerdorn trägt seinen Namen zu Recht. Die dornigen Sträucher entwickeln im Sommer kleine, weiße Blüten und im Herbst Unmengen roter, orangefarbener oder gelber Beeren. *P. angustifolia* (Z 7–9) hat schmale Blätter mit einer grauen, filzigen Unterseite und trägt lange Zeit orangegelbe Früchte. Die *P. coccinea* 'Lalandei' (Z 5) ist etwas robuster, hat einen aufrechten Wuchs und trägt unzählige, große orangerote Früchte. Die *P. rogersiana* (Z 7–9) 'Flava' wird recht groß und hat schmale Blätter und hellgelbe Früchte. In guten Katalogen ist die gesamte Bandbreite dieser Gattung aufgeführt. Gedeiht in Sonne wie im Schatten.

Teucrium fruticans
klein; Sommer; immergrün; Z 8–9

Ziemlich empfindlich, braucht einen Boden mit guter Wasserführung und die Wärme einer Wand, um gedeihen zu können; eine zarte, silberblättrige Pflanze mit hellblauen Blüten, die den ganzen Sommer über blühen.

Viburnum carlesii
groß; Frühling; Z 4–8

Rosa Knospen öffnen sich zu weißen Blüten, die die Luft mit einem angenehmen Frühlingsduft erfüllen. *V.* x *juddii* ist ebenso leicht zu ziehen und duftet auch herrlich. *V.* x *burkwoodii* duftet nicht so intensiv.

V. opulus
(Gemeiner Schneeball)

groß; Sommer; Z 3–8

Eine kräftige Pflanze, die sich dazu eignet, eine dunkle Wand zu beleben. Auf weiße Blüten folgen im Herbst leuchtende rote Früchte. Wählen Sie die Sorte 'Compactum', wenn der vorgesehene Standort beschränkt ist. 'Xanthocarpum' empfiehlt sich, wenn Sie gelbe Beeren mögen. Die Pflanze stammt zwar aus feuchten Regionen, aber sie gedeiht auch in normalem Boden mit guter Wasserführung.

V. plicatum var. *tomentosum*
mittel; Frühling; Z 4–8

Die dichte Wuchsform eignet sich bestens als Wandbegrünung. 'Shasta' ist weniger kräftig, hat aber größere Blüten.

V. rhytidophyllum
groß; Frühling; halbimmergrün; Z 5–8

Die großen, schmalen Blätter und die flachen Blütentrauben dieses Strauches machen sich besonders gut an einer Wand. Die Hybride *V.* x *pragense* ist immergrün, hat aber kleinere Blätter.

OBST

Äpfel

Apfelbäume können als Spalier-, Fächer- oder Schnurbäume gezogen werden; das hängt ganz vom verfügbaren Platz und von der Art der Unterlage (zum Beispiel MM 106, siehe Seite 92) ab. Selbst auf der gleichen Unterlage sind die verschiedenen Sorten unterschiedlich vital. Ein Abstand von 3,5 bis 4,5 m zwischen den einzelnen Spalieren ist in jedem Fall anzuraten. Schnurbäume können selbstverständlich enger zusammengezogen werden, mit einem Abstand von etwa 60–90 cm zwischen Pflanzen auf MM 106 und 45–60 cm zwischen Pflanzen mit der Zwerg-Unterlage M 9. Spezielle Apfelbaumschulen bieten eine Vielzahl verschiedener Sorten an. Einige der älteren Arten eignen sich besser für den Anbau im Garten als für gewerbliche Zwecke.

Apfelbäume brauchen die Wärme einer Südwand meist nicht, da sie vollkommen winterhart sind; eine Westseite eignet sich am besten, einige der spätblühenden Arten fühlen sich auch an einer Ostwand wohl. Die meisten brauchen eine Bestäubung mit sortenfremden Pollen, um Früchte anzusetzen (manche benötigen sogar 2 verschiedene Pollenspender). Sie sollten also kompatible Sorten mit ungefähr gleicher Blütezeit wählen. Diese wird im folgenden als »früh«, »Saisonmitte« und »spät« angegeben. Sie können auch alternativ eine dekorative Art wie den Holzapfel 'Golden Hornet' wählen, der lange blüht und alle anderen Apfelbäume bestäubt.

Im folgenden finden Sie eine kurze Auswahl von Apfelsorten. Falls Sie nähere Einzelheiten erfahren wollen, sollten Sie den Katalog eines Obstbaumzüchters studieren.

BLENHEIM ORANGEN: Ein Dessertapfel für den Winter mit orangegelben, wohlschmekkenden Früchten, die man gut lagern kann. Saisonmitte; eignet sich aber nicht zur Bestäubung anderer Bäume.

BOUNTIFUL: Neuer Kochapfel, Genußreife zwischen Oktober und Februar. Schmeckt süß. Kleinerer Baum als der berühmte Bramley, weshalb man ihn leichter an einer Wand ziehen kann. Saisonmitte; guter Bestäuber.

COX ORANGEN PIPPIN: Vielleicht der berühmteste und edelste Tafelapfel, wird aber meist nicht verzehrt, wenn er am besten schmeckt, da die Obstbauern oft zu früh ernten. Die Früchte sollten dann gepflückt werden, wenn der Stiel durch leichtes Drehen vom Baum gelöst werden kann. Pflanzen Sie ihn an eine sonnige Wand, und stellen Sie sicher, daß der Baum genügend Nährstoffe bekommt. Wem das alles zu mühsam ist, der sollte besser eine andere Sorte pflanzen. Saisonmitte.

DISCOVERY: Einer der ersten erntereifen Äpfel; schmeckt direkt vom Baum sehr gut, aber wie andere Frühäpfel hält er sich nicht sehr lange. Rote feste und saftige Früchte. Saisonmitte.

EGREMONT RUSSET: Wohlschmeckender, gelbschaliger Apfel, der sich bis Weihnachten hält. Eignet sich als Schnurbaum. Blüht früh; eignet sich also nicht für eine Ostwand.

ELLISONS ORANGEN: Frühherbstsorte, ähnlich wie Cox, aber weicher; gute Gartensorte. Blüht spät.

HOWGATE WONDER: Kochapfel mit großen, rot gestreiften Früchten, die sich lange halten. Kompakte Wuchsform und regelmäßige Ernte. Blüht spät.

JAMES GRIEVE: Lieblicher, fester, saftiger Frühherbstapfel, der sich auch zum Einkochen eignet. Regelmäßige, ergiebige Ernten vor allem in nördlichen Regionen. Saisonmitte.

JUPITER: Dessertapfel für den Winter; vom Cox abstammend. Hat den guten Cox-Geschmack und hält sich bis in das neue Jahr. Kein guter Bestäuber, nimmt aber Pollen anderer Bäume an, die in der Saisonmitte blühen.

LORD LAMBOURNE: Genußreife im Spätherbst. Helle, saftige, süße Äpfel, die regelmäßig in großen Mengen produziert werden.

ORLEANS RENETTE: Hervorragender später Tafelapfel; gelb mit stumpfen roten Backen, sehr fest und saftig. Hält sich gut. Bei nährstoffarmen Böden muß er gegen Apfelschorf geschützt werden. Blüht spät.

SUNSET: Wohlschmeckender Tafelapfel für den Spätherbst, ähnelt dem Cox, hat aber eine hellere Farbe. Widerstandsfähiger gegen Schorf als der Cox. Saisonmitte.

Birnen

Birnen sind nicht so robust wie Äpfel und blühen ziemlich früh; aus diesem Grund gedeihen sie am besten im Schutz einer West- oder sogar einer Südwand. Auf einer Quitte-A-Unterlage ist die Vitalität der Birnen so weit kultiviert, daß sie sich auch für kleinere Gärten eignen. Ziehen Sie sie als Spalier-, Fächer- oder Schnurbäume. Pflanzen Sie die Spalier- oder Fächergewächse in einem Abstand von 3,5 – 4,5 m, Schnurbäume im Abstand von 60–90 cm. Wie Äpfel brauchen auch Birnen einen Fremdbestäuber.

BETH: Neue Sorte mit hellgelben Früchten, die sehr weich und saftig sind. Ab Ende August verzehrbar. Zuverlässiger und guter Bestäuber für Doyenne du Comice (siehe unten).

BEURRE HARDY: Spätherbstbirne mit großen, rötlichen Früchten, die bis zu einem Monat lang gelagert werden können. Die Blätter sind im Herbst rot gefärbt. Gegenseitige Bestäubung mit Doyenne du Comice.

CONFERENCE: Selbstfruchtbar, entwickelt aber viel bessere Früchte, wenn ein anderer Bestäuber vorhanden ist, z.B. Williams Bon Chrétien (siehe unten). Längliche hellgrüne Birnen werden in großen Mengen produziert. Vor Wind schützen.

DOYENNE DU COMICE: Angeblich die beste Birne überhaupt, aber unregelmäßiger Fruchtertrag. Geben Sie ihr eine warme Wand, und achten Sie auf Schorf; die Früchte sind im Spätherbst genußreif. Wird von jeder der oben genannten Sorten bestäubt.

WILLIAMS BON CHRETIEN: Frühherbstbirne mit großen, hellgelben, saftigen Früchten. Wohlschmeckend, aber anfällig gegen Schorf. Gedeiht auch an einer Nordwand. Beurre Hardy und Conference sind gute Bestäuber für sie.

Pflaumen, Damaszenerpflaumen und Renekloden

Trockenes Kontinentalklima ist diesen Früchten zuträglicher als milde, feuchte Witterung. Die meisten gedeihen besonders gut an einer warmen Westwand. Es gibt zwei Hauptunterlagen: St. Julien A, die sich für Fächerbäume, und die neuere Miniaturform Pixy, die sich auch für Schnurbäume eignet. Pflanzen Sie die Fächer in einem Abstand von 3,5 m, Schnurbäume im Abstand von 60–90 cm. Manche Sorten sind Selbstbefruchter, andere brauchen einen Fremdbestäuber.

CAMBRIDGE GAGE: Stammt von der alten Englischen Reneklode ab; die kleinen, saftigen, süßen Früchte sind im August und im September reif. Braucht einen Fremdbestäuber.

DENNISTON'S SUPERB: Äußerst robuste und zuverlässige Reneklode, die Mitte August reif ist. Selbstfruchtbar.

EARLY TRANSPARENT GAGE: Wohlschmekkende Reneklode, die Mitte August reif ist, mit weißen Blüten und hellen, aprikotfarbenen Früchten. Trägt regelmäßig, aber nicht üppig.

MARJORIE'S SEEDLING: Späte Pflaumensorte, deren ovale purpurrote Früchte bis September oder Oktober am Baum hängen; dann sind sie so süß, daß man sie verzehren kann; davor eignen sie sich ausgezeichnet zum Einkochen. Blüht spät, weshalb sie von Frosteinbrüchen im späten Frühjahr nicht geschädigt werden kann. Aus diesem Grund kann sie auch an einer Ostwand gezogen werden.

OPAL: Frühe Dessertpflaume mit purpurfarbenen Blüten und saftigem, gelben Fruchtfleisch. Selbstfruchtbar.

SHROPSHIRE DAMSON: Eine Damaszenerpflaume, die kleine blauschwarze Früchte trägt, die in gekochtem Zustand sehr gut schmecken. Trägt regelmäßig; selbstfruchtbar.

VICTORIA: Eine regelmäßig und üppig tragende Sorte, aber nicht unbedingt die wohlschmeckendste. Hellrote, saftige Frucht. Selbstfruchtbar und die Pflaumensorte, die sich am besten eignet, wenn man nur einen einzelnen Baum pflanzen will.

Aprikosen, Nektarinen und Pfirsiche

Sie alle brauchen den Schutz einer West- oder Südwand, nicht nur damit die Früchte ausreifen, sondern auch als Schutz vor zu starkem Regen. Sie sollten als Fächer gezogen und im Abstand von etwa 6 m gepflanzt werden. Alle sind selbstfruchtbar. Ihre frühe Blüte bedeutet, daß die Pflanze mit einem feinen Netz vor Frost geschützt werden sollte. Da bestäubende Insekten während der Blütezeit noch selten sind, empfiehlt es sich, per Hand mit einem kleinen Pinsel oder mit einem Wattebausch, den man an einem Stöckchen befestigt, zu bestäuben.

Aprikosen: Vitale Bäume (aber auch auf St. Julien-A-Unterlage erhältlich, wodurch sie in ihrem Wuchs gebremst werden). 'Moorpark' ist eine weitverbreitete Sorte, die im August und September reif ist.

Nektarinen: Wie weichhäutige Pfirsiche, aber etwas robuster. 'Lord Napier' ist eine frühe Sorte mit wohlschmeckenden gelben Früchten, die sich an den der Sonne zugewandten Stellen karmesinrot verfärben. Die Früchte der 'Pineapple' reifen später, und zwar Anfang September, die saftigen, grünlich-gelben Früchte mit den karmesinroten Wangen schmecken ein wenig nach Ananas.

Pfirsiche: 'Peregrine' entwickelt Anfang August ihre hellhäutigen Früchte mit blassem Fruchtfleisch. 'Rochester' ist eine Sorte mit dunklerem Fruchtfleisch und hat den Vorteil einer späteren Blüte, wenn Frostschäden kaum noch drohen.

Kirschen

Süßkirschen locken Vögel so stark an, daß es sinnlos ist, sie ohne ein Schutznetz anzubauen. Eine Neuentwicklung ist die 'Compact Stella'. Sie ist selbstfruchtbar und wesentlich kleiner als die Arten, die früher erhältlich waren. Geben Sie ihr eine warme Wand, erziehen Sie sie als Fächer, und vergessen Sie nicht, ein Netz über den Strauch zu legen, bevor die Früchte heranreifen.

Sauerkirschen werden gerne an Nordmauern gepflanzt, wo sie während der Blüte hübsch anzusehen sind und wo die sauren Früchte bestens gedeihen. Selbstfruchtbar. Die Früchte werden an den Trieben des Vorjahres gebildet.

Feigen

Feigen würden wegen ihrer attraktiven Blätter vermutlich auch dann angepflanzt werden, wenn sie keine Früchte trügen. Wenn die Früchte aber ausreifen sollen, müssen Sie der Pflanze einen warmen Standort anbieten und ihre Wurzeln durch eine Kiesschicht oder eine andere Abdeckung schützen. Erziehen Sie sie als Fächer, damit das Sonnenlicht alle Zweige erreichen kann. Während des Winters sollte man die jungen Pflanzen mit Zweigen oder einer Decke aus Stroh schützen.

'Brown Turkey' ist für kühle Regionen zu empfehlen. Sie reift zu einer tiefbraunen Frucht mit rotem Fleisch heran. 'Brunswick' hat größere, grüne Früchte.

Weintrauben

Trauben können in Schnur- oder Spalierform an einer warmen Südwand gezogen werden. Die meisten Weinstöcke breiten sich aus, wenn sie nicht mit entsprechenden Maßnahmen daran gehindert werden. Sie sollten zwischen den einzelnen Pflanzen etwa 4,5 m Abstand lassen. Die dekorative und eßbare Sorte

'Brant' wurde bereits beschrieben (Seite 43). Die blaßgrünen Trauben der 'Madeleine Angevine' reifen Anfang Oktober. Weil sie relativ spät blüht, eignet sie sich für kühlere Regionen. 'Madeleine Sylvaner' trägt üppige weiße Weintrauben und gedeiht an einer Nordwand. Aus der 'Müller Thurgau' gewinnt man fruchtigen Wein mit einem typisch blumigen Bouquet. 'Leon Millot' entwickelt eine Vielzahl dunkelblauer Trauben, die gut schmekken und sich auch zum Keltern eignen.

Kiwi

Diese vitale Kletterpflanze eignet sich für eine Süd- oder Westwand, wo sie allerdings an einem Drahtspalier festgebunden werden muß. Fühlt sich auf normaler Gartenerde wohl. Die weiblichen Pflanzen tragen zwar Früchte, brauchen aber zur Befruchtung einen männlichen Strauch in ihrer Nähe; eine männliche Pflanze reicht für ein halbes Dutzend weiblicher Kiwis. Pflanzen Sie in Abständen von etwa 2–2,5 m.

Beerenfrüchte

ROTE UND WEIßE JOHANNISBEEREN UND STACHELBEEREN

Beide gedeihen an einer Nordwand und eignen sich für kleine Mauerflächen, für die eine Sauerkirsche zu groß wäre. Die Johannisbeeren werden am besten als Vertikalkordon gezogen und im Abstand von 30–45 cm gepflanzt; sie tragen die meisten Früchte an den kurzen Trieben des älteren Holzes. Stachelbeeren können als Fächerkordon oder als Schnurstrauch gezogen werden: Fächer sollten im Abstand von 120 cm stehen, für einen Vertikalkordon empfiehlt sich ein Abstand von 45–60 cm. Diese Beerenbüsche eignen sich auch als Hecken (siehe Seite 106). 'Laxton's No. 1' ist eine zuverlässige rote Johannisbeersorte, die früh und üppig trägt. 'Red Lake' ist eine späte Sorte. 'White Versailles' ist eine frühe weiße Johannisbeere.
'Invicta' ist eine Stachelbeere, die reich trägt und ziemlich resistent gegen Mehltau ist, der bei den beengten Lebensbedingungen an einer Mauer auftreten kann. 'Whinham's Industry' ist eine rote Sorte, deren dunkle Früchte sich hervorragend für Desserts und Marmeladen eignen.

BROMBEEREN

Ich bin immer noch der Meinung, daß wilde Brombeeren am besten schmecken. Für den Gartenanbau eignet sich die 'Oregon Thornless Blackberry'. Es ist eine dekorative Pflanze, die man an einer sonnigen Wand ziehen kann; sie hat hübsch geformte Blätter und ist auch schön anzusehen, wenn sie keine Blüten oder Beeren trägt. Abgetragene Ranken sollten im Frühjahr weggeschnitten, Jungtriebe an einem Draht angebunden werden.

PFLANZEN FÜR STÜTZMAUERN

Die hier beschriebenen Pflanzen umfassen eine Vielzahl verschiedener Gruppen: Alpengewächse, winterharte und ausdauernde Pflanzen, kleine Sträucher und Farne. Ich stelle Ihnen im folgenden eine beschränkte Auswahl vor, denn es gibt so viele Pflanzen, die im Bereich einer Stützmauer verwendet werden können, daß es unmöglich ist, sie alle zu erfassen. Auch hier ist es schwierig, genaue Größen anzugeben, da sie von den jeweiligen Standortbedingungen abhängen. Ich unterscheide deshalb in klein (weniger als 15 cm), mittel (15–60 cm) und groß (60–120 cm); besonders vermerkt wird, ob eine Pflanze sich außergewöhnlich stark ausbreitet oder selbst aussät. Solche Pflanzen eignen sich nicht besonders für eine kleine Wand, da sie zu viel Platz in Anspruch nehmen.

Acaena 'Blue Haze'

klein; robuster Bodendecker; Spätsommer; immergrün; Z 7–9

Gezackte bläuliche Blätter und kleine bräunliche, borstige Blüten. Braucht viel Sonne und guten Boden mit guter Wasserführung, verträgt keine übermäßige Hitze.

Adiantum pedatum
(Pfauenradfarn)

klein; Farn; Z 3–8

Eine winterfeste Art des Frauenhaarfarns mit zarten Wedeln an langen, schlanken Stielen. Pflanzen Sie ihn an einen schattigen, feuchten Standort. Das *A. venustum* hat ebenfalls zarte Wedel, ist aber ein besserer Bodendecker.

Ajuga reptans

klein; Alpenpflanze; Bodendecker; Ende des Frühjahrs; immergrün; Z 2–10

Es gibt verschiedene Sorten dieser hübschen, sich langsam ausbreitenden Pflanze; alle ziehen feuchten Boden vor und gedeihen auch im Halbschatten. 'Purpurea' wirkt mit ihren dunklen, weinroten Blättern etwas düster; die kleinen, blauen Blütenkerzen beleben sie etwas. 'Variegata' hat panaschierte Blätter.

Alchemilla mollis
(Frauenmantel)

mittel; buschige, ausdauernde Pflanze; Sommer; Z 3–8

Pflegeleichte Pflanze für einen Standort mit Sonne oder Schatten, die sich selbst stark aussät, wenn man die lockeren grüngelben Blüten nicht abschneidet, sobald sie verblüht sind. Reizvolle, fast kreisrunde, behaarte Blätter, die Wassertropfen hübsch in ihrer Mitte halten. Verwenden Sie die *Alchemilla* in reichen Mengen, wenn Sie große Wandflächen begrünen wollen.

Alyssum saxatile
mittel; Frühling; immergrün; Z 4–9
Von dieser beliebten Frühlingsblume, die oft mit dem Blaukissen kombiniert wird, gibt es verschiedene Sorten. 'Citrinum' hat sanftgelbe Blüten, die sehr gut zu den grauen Blättern passen. Schneiden Sie die Pflanze nach der Blüte zurück. Liebt volle Sonne und einen Boden mit guter Wasserführung.

Anemone x *hybrida* (Herbstanemone)
groß; buschige, ausdauernde Pflanze; Spätsommer; Z 6–9
Diese Wahl mag vielleicht eigentümlich erscheinen, aber die oberflächlich verlaufenden Wurzeln können den Fuß einer im Halbschatten gelegenen Mauer besiedeln. Zeigt Blüten auf hohen, dünnen Stielen, die purpurrosa sind, aber es gibt auch verschiedene andersfarbige Sorten, wie die reinweiße 'Honorine Jobert', deren Blüten von einer Unmenge gelber Staubbeutel geziert werden. Die *A. hupehensis* ist robuster und blüht früher.

Anthemis cupaniana
mittel; breitet sich aus; Frühsommer; immergrün; Z 5–9
Sich ausbreitende Hundskamille mit schön geschnittenen, silbrigen Blättern, die mit zunehmendem Alter verholzen. Dann empfiehlt es sich, mit Stecklingen neue Anpflanzungen vorzunehmen; junge Pflanzen sind schöner belaubt. Eine Bereicherung für jede sonnige Wand.

Arabis caucasica 'Flore Pleno'
klein; Alpenpflanze; Frühjahr; immergrün; Z 4–8
Polsterförmig wachsende Alpenpflanze mit gefüllten weißen Blüten, die sich schnell ausbreitet, aber nicht wuchert. Blüht länger als die einfache Art. Braucht Sonne.

Asplenium scolopendrium
mittel; Farn; immergrün; Z 3–8
Breite grüne Blätter, die im Frühjahr besonders frisch aussehen. Braucht etwas Schatten und eine gewisse Grundfeuchtigkeit, verträgt kalkhaltigen Boden. Auch bekannt als *A. phyllitis.*

A. trichomanes (Steinfeder)
klein; Farn; Z 3–8
Wächst sogar an einer sonnigen Wand, wo er sich dicht und buschig entwickelt. Drahtige, schwarze Stiele mit mattgrünen Blättchen.

Athyrium filix-femina (Frauenfarn)
groß; Farn; Z 3–8
Hat große Wedel, die sehr dekorativ aussehen; bieten Sie der Pflanze einen Standort im Schatten alter Gehölze und Feuchtigkeit. Es gibt auch viele interessante Zwergformen.

Aubrieta (Blaukissen)
klein; Frühling; immergrün; Z 4–8
Die ausgewaschenen Malventöne der *Aubrieta* sind sogar Laien vertraut. Man sieht sie häufig in Begleitung von *Alyssum,* mit dem sie sich in Steingärten ausbreitet. Es gibt Sorten, die noch auffallendere Farben haben: 'Bressingham Pink' hat gefüllte leuchtendrosa Blüten, 'Henslow Purple' ist leuchtend purpurn, und 'Variegata' hat grüne und cremefarbene Blätter, von denen sich blaue Blüten abheben. *Aubrieta* kann nach der Blüte zurückgeschnitten werden.

Blechnum penna marina
klein; Farn; immergrün; Z 6–9
Ein Farn für Wandnischen in kühleren Regionen. Gedeiht in Sonne oder Schatten.

Campanula (Glockenblume)
klein; Alpenpflanze; Sommer; immergrün
Alpine Sorten der großen Familie der Glockenblumen eignen sich gut für sonnige oder halbschattige Mauern.

C. carpatica
Z 3–8
Diese Art wächst dicht buschig und ist im Sommer mit offenen Glockenblumen übersät. 'Blue Moonlight' ist hellblau, 'Chewton Joy' ist dunkler und blüht später, während 'Hannah' über einen langen Zeitraum hinweg weiße Blüten trägt. Die Zwergglockenblume *C. carpatica turbinata* trägt über einen langen Zeitraum hinweg untertassenförmige leuchtendblaue Blüten. 'Alba' ist nicht ganz weiß, sondern hellblau mit einem etwas dunkleren Zentrum.

C. cochlearifolia
Z 6–9
Eine hübsche Zwergglockenblume mit kleinen, hängenden Glockenblüten auf ca. 10 cm hohen Stielen. Es gibt weiße und blaue sowie gefüllte blaue Sorten.

C. garganica
Z 6–8
Diese Art breitet sich polsterförmig mit kleinen Büscheln blauer Blüten aus. 'W. H. Paine' ist eine besonders schöne tiefblaue Sorte.

Ceanothus thyrsiflorus repens

groß; Strauch; Frühsommer; immergrün; Z 8–9

Schnellwachsender Strauch mit hellblauen Blüten, die ein volles, schönes Blütenkissen bilden. Verwenden Sie zwei dieser Sträucher, um eine Treppe oder einen Eingang zu flankieren, und ziehen Sie eine spätblühende *Clematis,* wie die kleinblütige *C. viticella* 'Alba Luxurians', über die Büsche.

Centranthus ruber
(Spornblume)

mittel; ausdauernde Staude; Sommer; Z 4–9

Eine hübsche Pflanze für eine stabile Mauer; die Spornblume hat lange Wurzeln, die sich mit zunehmendem Alter verdicken und das Mauerwerk beschädigen können. Die Blüten zeigen ein ziemlich schmutziges Rot. Wenn Sie diesen Farbton nicht mögen, können Sie auch weiße oder leuchtendrosa Sorten oder die rote 'Atrococcineus' wählen. Die Blätter sind ziemlich fleischig; die winzigen Blüten stehen in dichten Blütenständen über 45 cm hohen Stengeln. Die vom Wind verwehten Samen keimen in geeigneten Mauerritzen.

Cerastium tomentosum var. *columnae*
(Hornkraut)

klein; Alpenpflanze; Sommer; immergrün; Z 3–7

Harmlose Art des *C. tomentosum,* die sich weniger stark ausbreitet. Eine hübsche Pflanze für sonnenbeschienene Mauerbereiche mit silbrigen Blättern und einer Unmenge offener weißer Blüten. Pflanzen Sie *C. tomentosum* allerdings nur in Ihren Garten, wenn Sie ihm auch genügend Platz geben können, denn seine weißen Wurzeln wuchern unglaublich.

Cistus

mittel; Strauch; Sommer; immergrün; Z 8–10

Der *Cistus* ist eigentlich zu groß, als daß man ihn auf einer Stützmauer anpflanzen könnte. Aber es gibt auch eine oder zwei kleinere Sorten, die in der Sonne und in Böden mit guter Wasserführung gedeihen. Es sind immergrüne Pflanzen, die oft aromatische Blätter und zart wirkende, papierartige Blüten haben. *C.* x *lusitanicus* 'Decumbens' ist eine Sorte, die sich weit ausbreitet und große weiße Blüten mit karmesinroten Flecken im unteren Bereich hat. 'Silver Pink' ist eine zuverlässige, winterfeste Sorte mit grauen Blättern und Unmengen von hellrosa Blüten.

Corydalis lutea

klein; Alpenpflanze; Sommer; Z 5–8

Schön geformte, gefleckte, fast sukkulentenartige Blätter bilden den Hintergrund für kleine gelbe Blüten. Eine Pflanze, die man nur schwer wieder entfernen kann, denn sie wurzelt in den kleinsten Ritzen.

Cotyledon simplicifolia

klein; Alpenpflanze; Sommer; immergrün; Z 5–7

Eignet sich für Halbschatten und gedeiht auch unter ungünstigen Standortbedingungen; rundliche, sukkulentenartige, braungrüne Blätter und dünne Stengel, die von kleinen gelben Blüten geziert werden.

Cytisus x *kewensis*

mittel; Strauch; Frühsommer; Z 6–9

Halbliegender Strauch mit grünen Trieben und flachen, unauffälligen Blättern. Eine üppige Pracht von cremegelben Blüten ist leider nur für kurze Zeit zu genießen; die Pflanze eignet sich gut für die Oberseite einer Mauer. Eine interessante Kombination stellt sie mit *Geranium wallichianum* 'Buxton's Variety' dar (siehe unten).

Dianthus
(Nelke)

klein bis mittel; Alpenpflanze; ausdauernde Staude; Sommer; immergrün; einige Sorten Z 3–9, viele sind winterfest bis Z 4, einige bis Z 3

Es gibt Zwergsorten ebenso wie langstielige Nelken, alle lieben den Standort auf der Ober- oder Vorderseite einer sonnigen Mauer wegen des guten Wasserablaufs. Sie hängen im Laufe der Zeit nach unten und zeigen eine gefleckte Pracht von schmalen Blättern und duftenden Blüten. Die kleineren Arten wie die *D. neglectus* eignen sich, in Nachbarschaft zu anderen Kostbarkeiten, für eine niedrige Wand; die größeren sind optisch dominanter. 'Mrs. Sinkins' ist eine gefüllte weißblütige Sorte, die stark duftet; 'Charles Musgrave' hat einfache weiße Blüten mit einem grünen Auge; 'Inchmery' ist eine einfache rosa Sorte. Die 'Old Crimson Clove' ist tiefrot und duftet süß und schwer. Es gibt aber darüber hinaus noch viele andere Sorten; ein guter Katalog wird Ihnen weiterhelfen.

Digitalis purpurea
(Fingerhut)

groß; zweijährig; Frühsommer; Z 4–9

Eine Waldpflanze, die den Schatten und die Feuchtigkeit am Fuß einer Stützmauer genießt. Hat leicht behaarte Blattrosetten; bildet im zweiten Jahr einseitige Blütentrauben. Der Fingerhut sät sich selbst aus; danach können die alten Pflanzen herausgezogen werden, und die Mauer wird wieder sichtbar. Der Fingerhut hat gewöhnlich purpurfarbene Blüten, aber es gibt auch eine weiße Sorte ebenso wie den hübschen aprikotfarbenen Fingerhut, der auch pflegeleicht ist und vor gelblichem Gestein zauberhaft aussieht.

Dryopteris filix-mas crispa cristata
mittel; Farn; Z 3–10
Dieser männliche Farn hat dichte grüne, ausladende Wedel mit gekräuselten Rändern. Bieten Sie ihm Schatten und Feuchtigkeit.

Erigeron karvinskianus
klein; ausdauernde Staude; Sommer; Z 9–10
Eine hübsche Staude mit asternförmigen Korbblüten; ist nur schwer erhältlich, braucht etwas Eingewöhnungszeit. Produziert große Mengen Samen und breitet sich überall aus, wenn es gelingt, die Pflanze heimisch zu machen. Die Blätter sind geteilt und unauffällig; die kleinen, weißen Blüten haben einen leichten Stich ins Rosa und stehen auf schlanken, drahtigen Stielen. Blüht, bis der erste Frost einsetzt.

Erinus alpinus (Alpenbalsam)
klein; Alpenpflanze; Sommer; immergrün; Z 4–9
Eine kleine Pflanze, die sich selbst aussät und weit verbreitet und dadurch das Bild des Gartens entscheidend mitbestimmt. Sie bildet kleine grüne Blattmatten aus, die nur einige Zentimeter breit sind. *Erinus alpinus* hat rosa Blüten, *E. alpinus* var. *albus* hat weiße. Wird normalerweise für sonnige Standorte empfohlen, gedeiht aber auch im Schatten.

Erysimum linifolium
mittel; Alpenpflanze; Sommer; immergrün; Z 6–8
Diese Zwergstaude liebt die gut entwässerte Ober- oder Vorderseite einer sonnigen Mauer und trägt vom Frühsommer an lange Zeit Blüten. 'Bowles Mauve' ist eine etwas größere Sorte. 'Moonlight' hat hellgelbe Blüten, 'Mutabilis' hat Blüten, deren Farbe sich im Laufe der Zeit verändert und von Gelb und Braun über ein warmes Weinrot bis zu Purpur reicht; lassen sich durch Schößlinge vermehren. Es ist nicht ganz einfach, sie an einer bestehenden Mauer anzusiedeln: Versuchen Sie, sie zunächst in Torftöpfen zu ziehen, die Sie dann in die Zwischenräume zwischen den Steinen einsetzen können. Man sollte regelmäßig bewurzelte Schößlinge schneiden, um mögliche Verluste im Winter auszugleichen oder ältere Exemplare zu ersetzen. Wird oft unter *Cheiranthus* aufgeführt.

Euphorbia myrsinites
mittel; Ende des Frühjahrs; immergrün; Z 5–9
Stark gefleckte, kriechende Pflanze mit sukkulentenartigen Blättern, die die Oberseite einer sonnigen Mauer zieren. Die schwefelgelben Hochblätter sind sehr auffällig.

E. robbiae
mittel; ausdauernde Staude; spätes Frühjahr; Z 7–9
Ganz im Gegensatz zur *E. myrsinites* hat diese Art dunkle Blätter und eine aufrechte Wuchsform. Sie trägt im Frühling limonengrüne Blüten, hat auch auffällige Hochblätter. Eignet sich für sonnige Standorte, gedeiht aber auch in nährstoffarmen Böden im Schatten. Die Wurzeln verlaufen oberflächlich.

Genista lydia
groß; Strauch; Frühsommer; Z 7–9
Dieser ausladende Strauch ist dicht übersät mit leuchtendgelben, wickenartigen Blüten. Eine Pflanze für den oberen Bereich einer großen, sonnenbeschienenen Mauer; sie erreicht vielleicht nur eine Höhe von 90 cm, aber breitet sich erheblich aus. Kombinieren Sie sie mit einer spätblühenden *Clematis,* um sie nach der Blüte noch mit Farbtupfen zu schmücken.

Geranium cinereum 'Ballerina'
klein; Alpenpflanze; Frühjahr; immergrün; Z 5–8
Eine Miniaturform des Storchschnabels mit hübschen Blättern und violettrosa Blüten, mit kontrastierenden roten Adern und Augen.

G. endressii
mittel; ausdauernde Staude; Sommer; Z 4–8
Diese Art ist größer und aggressiver; sie hat frische, hellgrüne Blätter und silbrigrosa Blüten (fast so silbrig wie die 'A. T. Johnson'), die sich über einen langen Zeitraum hinweg entfalten. Gedeiht im (sogar trockenen) Schatten.

G. macrorrhizum
mittel; ausdauernde Staude; Frühsommer; immergrün; Z 3–8
Gedeiht im trockenen Schattenbereich. Runde, bogenförmig gezackte, aromatische Blätter, die sich im Herbst schön verfärben; rosa Blüten. Eine einzelne Pflanze kann man in mehrere teilen, indem man einfach die Stengel und Wurzeln auseinanderzieht.

G. sanguineum
mittel; Alpenpflanze Sommer; immergrün; Z 3–9
Es gibt von dieser flächig wachsenden Art verschiedene Sorten, deren Farbspektrum von Weiß über Rosa bis zu kräftigem Magenta reicht. Alle haben fein geschnittene Blätter und offene Blüten und gedeihen am besten in der Sonne.

G. wallichianum 'Buxton's Variety'
mittel; ausdauernde Staude; Spätsommer; Z 6–9
Herrliche, sich ausbreitende Pflanze mit blauen Blüten, die weiße Zentren und dunkle

Staubbeutel haben. Sammeln Sie die Samen, sobald sie reif sind (die Pflanze hält sie nicht lange), und säen Sie sie umgehend aus, um diese hübsche Sorte zu vermehren.

Gypsophila paniculata 'Rosy Veil'

mittel; ausdauernde Staude; Spätsommer; Z 3–9

Ungewöhnlich spät blühende Pflanze für einen sonnigen Standort mit gutem Wasserablauf; über schmalen, gefleckten Blättern entfalten sich Wolken von winzigen, gefüllten rosa Blüten – ein hübscher, zarter Anblick.

G. repens 'Dorothy Teacher'

klein; Alpenpflanze; Sommer; immergrün; Z 3–8

Eine kleine, kissenbildende Pflanze mit einfachen, rosa Blüten, die eng über den graublauen Blättern stehen. Hübsch auf einer niedrigen, sonnigen Wand.

Hedera helix
(Efeu)

Wurzelkletterer; immergrün; Z 5–9

Es gibt verschiedene Zwergformen des gewöhnlichen Efeus, die sich für eine schattige Wand eignen; diese sind aber je nach Art weniger winterfest. 'Arran' ist eine einfache grüne Sorte; 'Jubilee' hat birnenförmige Blätter mit cremefarbenen Flecken; 'Petit Point' hat dreigezackte, grüne Blätter. Baumschulen können Ihnen hinsichtlich der Winterfestigkeit Auskunft erteilen.

Helianthemum nummularium
(Sonnenröschen)

klein/mittel; Alpenpflanze; breitet sich aus; Sommer; immergrün; Z 7–9

Die Sonnenröschen sind Pflanzen für einen vollsonnigen Standort. Die papierartigen Blüten öffnen sich im Schatten nicht. Es gibt einfache und gefüllte Formen, deren Farben von hellrosa über Gelb zu leuchtendem Rot oder Orange reichen. Die Blätter sind grün oder grau. Stellen Sie mit Hilfe dieser Pflanzen bunte Arrangements her, und geben Sie ihnen genug Platz – jede Pflanze kann ohne weiteres einen Quadratmeter bewachsen. Schneiden Sie sie nach der Blüte, damit sie gepflegt aussehen.

Helleborus foetidus
(Nieswurz)

mittel; ausdauernde Staude; Winter bis Frühjahr; immergrün; Z 6–9

Eine Staude, die man normalerweise in einer schattigen Rabatte anpflanzt, aber die Setzlinge siedeln sich auch in losem Mauerwerk an und gedeihen auch in der Sonne. Die hübschen, dunklen, langfingrigen Blätter sind immergrün, die Blütenbüschel mit ihrer hellen apfelgrünen Farbe (manchmal mit purpur umrandeten Kelchblättern), halten Monate. Eine Pflanze, deren Anbau sich lohnt.

Iberis sempervirens 'Snowflake'
(Schleifenblume)

klein; Alpenpflanze; Frühling; immergrün; Z 3–9

Schöner immergrüner Busch, der das ganze Jahr hindurch attraktiv bleibt. Im Frühjahr bedecken die weißen Blüten die ganze Pflanze. Nach der Blüte zurückschneiden.

Lavandula angustifolia
(Echter Lavendel)

mittel/groß; Strauch; Sommer; immergrün; Z 6–10

Der Echte Lavendel ist ein aromatisch duftender Strauch, der in nährstoffarmem, trockenem Boden in voller Sonne gedeiht. Es gibt weiße und hellrosa Sorten, ebenso wie hellblauviolette. 'Hidcote' ist eine kompakte Sorte mit besonders dunklen Blüten. Nach der Blüte um ca. 2,5 cm zurückschneiden, damit die Pflanze gepflegt aussieht; Lavendel wächst nicht am alten Holz nach.

Lespedeza thunbergii
(Buschklee)

groß; Strauch; Spätsommer bis Herbst; Z 5–9

Bildet spät Blätter und Blüten aus; die gebogenen, schlanken Stengel und die herausragenden purpurrosa Blütentrauben bieten einen wunderhübschen Anblick. Eignet sich zur Anpflanzung der Oberseite einer großen, sonnigen Mauer.

Linaria purpurea 'Canon Went'
(Leinkraut)

groß; ausdauernde Staude; Sommer; Z 4–10

Viele Leinkrautarten fühlen sich an oder in einer Mauer wohl; diese hat große, schmale Zweige mit hellrosa Blüten, und ihre Samen siedeln sich von alleine in winzigen Mauerritzen an. Unerwünschte Sämlinge können leicht entfernt werden.

Lithodora diffusa

klein; Alpenpflanze; breitet sich aus; Sommer; immergrün; Z 6–9

Gedeiht am besten in kalkfreiem Boden (sandigem Torf) und in der vollen Sonne; dieser niederliegende immergrüne Strauch trägt über lange Zeit wundervolle, himmelblaue Blüten. Die Sorte 'Heavenly Blue' hat das intensivste Blau.

Lysimachia nummularia 'Aurea'
(Pfennigkraut)

klein; Alpenpflanze; breitet sich aus; Blätter; immergrün; Z 3–9

Das goldblättrige Pfennigkraut ist eine hübsche, leuchtende Pflanze, die sich besonders für Halbschatten und feuchtes Erdreich eignet. Die Farbe der Blätter wird im Sommer noch durch gelbe Blüten verstärkt.

Meconopsis cambrica
(Scheinmohn)

mittel; zweijährig; Frühsommer; Z 6–9

Diese Pflanze wird sich mit Sicherheit selbst vermehren, wenn Sie sie in Ihrem Garten angepflanzt haben. Manche Gärtner betrachten sie als Unkraut, aber die farnartigen Blätter sind von so einem frischen Grün, und die zarten Blüten haben solch hübsche gelbe und blaßorange Farbtöne, daß ich mich jedes Jahr wieder über diese Pflanze freue. Siedeln Sie sie am Fuß einer Mauer in der Sonne oder auch im Schatten an, und geben Sie ihr die Möglichkeit, sich an der Wand auszubreiten.

Oenothera missouriensis
(Nachtkerze)

mittel; ausdauernde Staude; Sommer bis Herbst; Z 4–9

Eine niederliegende Nachtkerze mit glänzenden, grünen, schmalen Blättern an karmesinroten Stielen. Die großen gelben Blüten erreichen einen Durchmesser von bis zu 10 cm und blühen lange. Braucht volle Sonne und durchlässigen Boden.

Omphalodes verna
(Gedenkemein)

klein; Alpenpflanze; Frühling; Z 5–9

Eignet sich für schattigen Standort und einen Boden, der Feuchtigkeit speichert. Bildet einen dichten Busch mit herzförmigen Blättern. Die blauen Blüten erinnern an Vergißmeinnicht.

Perovskia atriplicifolia

groß; Strauch; Spätsommer; Z 5–9

Obwohl diese Pflanze ein Strauch ist, wird sie im Winter bis auf den Boden zurückgeschnitten. Sie hat blasse, filzige Triebe mit tief eingeschnittenen, graugrünen Blättern. Im Spätsommer ist sie von zarten, steifen Rispen mit lavendelblauen Blüten übersät. 'Blue Haze' ist eine hübsche Sorte. Braucht durchlässigen Boden und volle Sonne.

Phlox 'Chattahoochee'

mittel; Sommer; Z 6–9

Eine hübsche Pflanze, die allerdings etwas anspruchsvoll ist. Geben Sie ihr eine teilweise schattige Lage, und stellen Sie sicher, daß der Boden nicht austrocknet. Sie belohnt eine richtige Behandlung mit blauen Blüten mit rosaroten Zentren, die über einen langen Zeitraum hinweg blühen. Die Blätter sind dunkelgrün. Vermehren Sie die Pflanze durch Stockteilung im Frühling, um alte Pflanzen auszutauschen.

P. douglasii

klein; breitet sich aus; Frühsommer; immergrün; Z 6–9

Exzellenter Bodendecker, der Trockenheit gut verträgt. Bringt Unmengen von Blüten hervor: 'Daniel's Cushion' hat große, rosarote Blüten; 'Mary Snow' ist rein weiß (es gibt auch noch andere Sorten).

P. stolonifera

klein; breitet sich aus; Frühling; Z 2–8

Ein unersetzbarer, frühlingsblühender Bodendecker; an schattigen Standorten als Bewuchs oberhalb oder unterhalb einer Mauer geeignet. Je nach Sorte reichen die Blütenfarben von Weiß über Rosa bis zu Purpur. 'Sharwood Purple' ist eine besonders schön wachsende Art.

P. subulata
(Teppichphlox)

klein; breitet sich aus; Frühsommer; immergrün; Z 2–9

Sorten dieser Art haben ein weniger dichtes Blattwerk. 'Oakington Blue', 'Scarlet Flame' und 'White Delight' sind attraktive Vertreter.

Polygonum affine
(Knöterich)

mittel; ausdauernde Staude; Sommer bis Herbst; Z 6–9

Polsterförmig wachsende Pflanze, die nicht so wuchert wie die größeren Mitglieder der Knöterichfamilie, obgleich auch sie sich ausbreitet. Die Blätter verfärben sich im Herbst von Grün zu Rotbraun und werden während des Winters nicht abgeworfen; die rosa Blütenstände werden mit zunehmendem Alter dunkler. 'Superbum' ist genauso zu empfehlen wie 'Lowndes Variety' mit ihren gefüllten, lachsrosa Blüten. Sie ist jedoch weniger kräftig.

P. capitatum

klein; Alpenpflanze; breitet sich aus; Sommer; Z 9–10

Nicht so winterhart wie die beiden oben genannten Sorten, aber eine hübsche Kriechpflanze für eine sonnige Stelle. Die runden, dunkelgrünen Blätter sind rotbraun gefleckt, die rosa Blütenköpfe sind rund.

P. vaccinifolium

klein; Alpenpflanze; Herbst; Z 7–9

Eine Miniaturspezies für kalkfreien Boden. Sie wächst polsterförmig dicht über der Erde mit braunen Stengeln, an denen kleine, glänzende Blätter wachsen. Die rosa Blüten sind winzig, werden aber in großer Anzahl gebildet.

Pulmonaria
(Lungenkraut)

klein/mittel; ausdauernde Staude; Frühling; immergrün; Z 2–9

Die Lungenkrautarten haben hübsche Blätter, die oft mit weißen oder silbrigen Flecken versehen sind. Im Frühling tragen sie Blüten. Alle unten aufgeführten Arten mögen feuchtigkeitsspeicherndes Erdreich und zumindest Halbschatten. Sie bilden aber auch an trockenen Standorten hübsche Blüten.

P. angustifolia

Z 2–9

Die 'Munstead Variety' ist ein kleines, frühes, leuchtendblaues Lungenkraut ohne Blattzeichnung und mit einer schönen Wuchsform.

P. rubra 'Redstart'

Z 3–9

Ein größeres Lungenkraut mit weichen grünen, ungefleckten Blättern während des ganzen Jahres; trägt schon sehr früh im Frühling für mehrere Monate rosarote Blüten.

P. saccharata

Z 3–9

Es gibt verschiedene Sorten dieser Spezies, die sich durch eine silbrige Marmorierung ihrer Blätter auszeichnen. 'Highdown' ist eine schöne blaue Sorte; 'Margery Fish' hat besonders reizvoll gezeichnete Blätter und rosa und blaue Blüten; 'Alba' hat reinweiße Blüten.

Rosmarinus lavandulaceus

klein; Strauch; breitet sich aus; Frühling bis Sommeranfang; immergrün; Z 9–10

Eine hübsche Pflanze für eine warme Stützmauer, wo dieser niederliegende, sehr kleine Rosmarin sich ausbreiten kann. Seine Blüten haben einen intensiven Blauton.

R. officinalis

(Rosmarin)

groß; Strauch; Frühling bis Sommeranfang; immergrün; Z 8–10

Der Rosmarin entwickelt herrlich buschige Halbsträucher von knorriger Gestalt, wenn er auf einer sonnigen Mauer gepflanzt wird und sich frei entfalten darf. Die schmalen, dunklen Blätter sind auf der Unterseite heller und haben einen intensiven, aromatischen Duft. Die hellblauen Blüten werden früh im Jahr (März) gebildet und entfalten sich bis in den Juni hinein ohne Unterbrechung. 'Severn Sea' hat gebogene Zweige, die besonders pittoresk aussehen, aber diese Sorte ist nicht so winterhart.

Saxifraga

klein; Alpenpflanze; Frühling bis Herbst; immergrün; Z 2–7

Es gibt viele Arten dieser attraktiven Pflanzengattung, die man in der Regel zwar in Steingärten findet, die aber auch auf oder an einer Stützmauer angesiedelt werden können. Die überkrusteten Arten, wie die *S. paniculata* 'Lutea' brauchen einen vollsonnigen Standort mit gutem Wasserablauf. Die Kabschiahybriden brauchen einen durchlässigen Boden, aber etwas Schatten, während die polsterförmigen Sorten einen feuchteren Boden und Halbschatten schätzen. Die *S.* x *urbium*, die auch als 'London Pride' bekannt ist, bildet am Ende des Frühjahrs eine Vielzahl zarter rosa Blüten über glänzenden grünen Blattrosetten. Setzen Sie sie an einen schattigen Standort. Die meisten Saxifragaarten vertragen keine übermäßige Sommerhitze.

Sedum acre

(Mauerpfeffer)

klein; Alpenpflanze; Sommer; immergrün; Z 3–8

Kleine Pflanze, die oft polsterförmig wuchert und sich zur Verschönerung neuer Steinmauern gut eignet. Die immergrünen Zwerggewächse haben winzige, sukkulentenartige Blätter mit frischem Grün; die sternförmigen gelben Blüten entfalten sich im Sommer. 'Aureum' zeigt eine warme, gelbe Farbe. Andere Sedumarten, alle mit sukkulentenartigen Blättern und großem Sonnenbedarf, sind *S. spathulifolium* mit fleischigen, purpurfarbenen Rosetten und gelben Blüten, und *S. spurium* mit einigen Sorten. In einem guten Pflanzencenter sind diese und viele andere Arten erhältlich.

Sempervivum

(Hauswurz)

klein/mittel; Alpenpflanze; Blätter; immergrün; Z 4–9

Große Gruppe von Pflanzen mit ungewöhnlichen, sukkulentenartigen Blättern, die rosettenförmig angeordnet sind. Sie reichen von winzigen bis zu recht großen Formen, und viele haben interessante, schöne Farbkombinationen; die Blattbeschaffenheit der einzelnen Arten reicht von spinnwebenartig übersponnen bis zu wächsern. Alle Arten wachsen langsam. Entstandene Lücken füllen sich durch Tochterrosetten. Brauchen viel Sonne. Einige gedeihen auf blankem Stein und ernähren sich nur vom Regenwasser. Nichts für ungeduldige Gärtner, aber dennoch eine empfehlenswerte Pflanzengattung.

Thymus

(Thymian)

klein; Alpenpflanze; Sommer; immergrün; Z 3–9 (je nach Sorte)

Gewürzkräuter, die Sonne und guten Wasserablauf brauchen. Geeignet, wenn der Platz beschränkt ist. Bienen mögen die kleinen Blüten.

T. citriodorus 'Silver Queen'

Z 6–9

Nach Zitrone duftender Thymian mit hübschen, gefleckten Blättern in Graugrün und Silber. Bildet einen attraktiven Zwergbusch, der bis zu 30 cm hoch wird und viel Sonne und guten Wasserablauf braucht.

T. 'Doone Valley'

Z 3–7

Wuchernde Sorte, die einen Rasen aus dunkelgrünen, gelb gefleckten Blättern bildet. Malvenfarbige Blüten im Spätsommer.

T. serpyllum

Z 3–9

Kriechpflanze mit verschiedenen Sorten: 'Albus' ist weiß; 'Coccineus' leuchtend karmesinrot, und 'Pink Chintz' hat eine besonders hübsche hellrosa Farbe.

Viola

(Veilchen)

klein; Frühling bis Herbst; immergrün; Z 6–9

Eine Pflanzengattung mit vielen Arten, von denen die meisten etwas Schatten und feuchten Humus schätzen. Die Sorten von *V. cornuta* sind besonders lohnend, da sie lange blühen und ihre Blütenstiele sich sehr hübsch auch unter andere Pflanzen mischen. Es gibt so viele Veilchensorten, daß es schwierig ist, eine oder zwei hervorzuheben: 'Hunterscombe Purple' hat große, leuchtende Blüten; 'Maggie Mott' hat noch größere lavendelblaue Blüten mit gelben Zentren; 'Moonlight' hat kleine, duftende cremegelbe Blüten. Sie entwickeln sich am schönsten, wenn ab und zu die verwelkten Blüten entfernt werden und Dünger ausgebracht wird. Übermäßige Sommerhitze schadet ihnen.

HECKEN

Wie bereits im Kapitel über Hecken erwähnt (Seiten 102–113), kann man sie streng formieren oder ihrem natürlichen Wuchs überlassen. Wenn sich Hecken auch auf diese Weise in zwei Gruppen einteilen lassen, ist es dennoch nicht immer einfach, die bestimmten Pflanzen einer der beiden Kategorien zuzuordnen. Einige, wie zum Beispiel bestimmte Cotoneasterarten, können entweder formiert werden, oder man läßt sie sich frei entfalten; andere, wie der Hidcote-Lavendel, haben auf Grund ihrer Wuchsform einen formellen Charakter, obwohl sie Blüten bilden. Es wäre unmöglich, eine vollständige Liste von Heckenpflanzen aufzustellen, denn praktisch jeder Strauch oder Baum kann für eine Hecke verwendet werden. Die unten getroffene Auswahl verbindet anerkannte Heckenpflanzen mit einer persönlichen Auswahl von Pflanzen, die sich für die freiwachsende Gestaltung eignen. Die Pflanzabstände sind Richtwerte; verringern Sie sie, wenn Sie in kurzer Zeit eine niedrige, dichte Hecke erhalten wollen; vergrößern Sie sie, wenn Sie eine hohe Hecke anstreben. Die Höhenangaben sollen Ihnen eine Orientierungshilfe geben, welche Maximalhöhe eine bestimmte Pflanze erreichen kann.

Pflanzen für formierte Hecken

Buxus sempervirens

(Buchsbaum)

immergrün; 0,6 m; Z 7–9

Der gewöhnliche Buchsbaum bildet mit seinen kleinen dunkelgrünen Blättern eine gute, dichte Hecke. 'Handsworthensis' ist eine empfehlenswerte Sorte für eine hohe Hecke, während die Zwergform 'Suffructicosa' in der Regel für Einfassungen verwendet wird. Muß mehrmals im Jahr gestutzt werden, um den buchsbaumtypischen, gepflegten Eindruck zu machen. Die Pflanzabstände sollten abhängig von der jeweiligen Sorte 15–60 cm betragen.

Carpinus betulus

(Weißbuche)

laubabwerfend 6 m; Z 4–7

Die Weißbuche ähnelt auf den ersten Blick der Buche; ihre Blätter sind jedoch gröber strukturiert und etwas spitzer, und im Winter ist ihr Braunton nicht so warm wie der der Buche. Die Blätter werden im Winter nicht abgeworfen, vorausgesetzt, die Pflanze wird im Spätsommer gestutzt. Eine gute, winterharte Hecke, die langsam wächst, doch die Geduld wird belohnt. Pflanzabstand 60 cm.

Cotoneaster

laubabwerfend oder halbimmergrün; 2,5 m; Z 6–10

Einige dieser anpassungsfähigen Sträucher können streng geschnitten werden, um sie zu formieren, ohne daß man dabei die Beeren deswegen opfert. Der *C. lacteus* hat große, ovale Blätter mit auffallenden grauen Unterseiten und Büscheln von roten Früchten, die sich bis ins neue Jahr hinein halten. Der *C. simonsii* ist besonders nützlich, da er eine Höhe bis zu 2 m erreichen kann, ohne sich mehr als etwa 30 cm auszubreiten. Die Blätter sind glänzend grün, verfärben sich orange und golden und halten sich bis zum Spätwinter an der Pflanze. Auf die weißen Blüten im Juni folgen leuchtende, scharlachrote Beeren. Aufrechtes Wachstum; Pflanzabstand 45 cm.

Crataegus monogyna

(Weißdorn)

laubabwerfend; 3,5 m; Z 3–8

Der Weißdorn ist auf Grund seiner Zähigkeit und seines schnellen Wachstums eine besonders geeignete Hecke für landwirtschaftliche Nutzflächen. Die neuen Blätter sind von frischem Grün, und eine Hecke, die nicht zu stark gestutzt wird, trägt im Frühsommer cremefarbene Blüten und im Herbst rote Beeren (Mehlbeeren). Die Blätter verfärben sich hübsch, bevor sie abfallen. Pflanzabstand 30–60 cm.

Fagus sylvatica
(Rotbuche)
laubabwerfend, behält die alten Blätter; 6 m; Z 4–7

Die Rotbuche ist ein großer Waldbaum und kann deshalb auch eine sehr hohe Hecke ausbilden, vorausgesetzt man hat das nötige Werkzeug, um eine solche Hecke zu schneiden; Buchen eignen sich aber auch für kleinere Hecke von 2–2,5 m Höhe. Die rotbraunen Blätter bilden im Winter einen schönen Sichtschutz. Da ihre Farbe jedoch dominierend ist, wäre sie nicht der geeignete Hintergrund für eine Frühlingsanpflanzung, die zum Beispiel aus Nieswurz besteht. Die neuen Blätter haben eine freundliche, helle silbriggrüne Farbe und werden mit zunehmendem Alter dicker. Wächst langsam und erfordert nur einen Schnitt im Jahr. Pflanzabstand 45–90 cm.

Griselinia littoralis
immergrün; 2 m; Z 9–10

Eine gute Hecke für Küstenregionen, denn ihre glänzenden, seifigen Blätter vertragen den salzigen Sprühregen; im Landesinneren weniger winterhart. Die Blätter haben eine leuchtende apfelgrüne Farbe. Es gibt aber auch gefleckte Sorten, die sich für alleinstehende Hecken eignen. Pflanzabstand 2,5 m.

Ilex
(Stechpalme)
immergrün; Z 6–9

Die Stechpalme eignet sich mit ihren meist dornigen Blättern für eine dichte, undurchdringliche Hecke. Nur die weiblichen Pflanzen tragen Beeren und auch nur dann, wenn sie nicht zu stark zurückgeschnitten werden und ein männlicher Busch in Nachbarschaft steht und eine Bestäubung garantiert.

I. x *altaclarensis*
3,5 m

Diese Stechpalmenhybride ist eine vitale, schnellwachsende Pflanze mit großen Blättern. Es gibt verschiedene Sorten: 'Camelliifolia' (weiblich) ist besonders angenehm, denn ihre glänzenden Blätter sind fast dornenlos. 'Golden King' trägt einen etwas mißverständlichen Namen, denn es handelt sich erstens um eine weibliche Pflanze, zweitens haben ihre Blätter nur einen breiten gelben Rand. Pflanzabstand 60 cm.

I. aquifolium
6 m

Es gibt viele Sorten dieser Stechpalmenart. Sowohl bei weiblichen als auch bei männlichen Pflanzen gibt es gefleckte Sorten und solche mit mehr oder weniger dornigen Blättern. Die 'Argentea marginata' (weiblich oder männlich) hat schöne, weiß umrandete Blätter. 'J. C. van Tol' (weiblich) eignet sich besonders für Hecken, da sie glänzende, fast dornenlose Blätter und viele rote Beeren trägt. 'Golden van Tol' (weiblich) hat gelb gerandete Blätter. Wenn Sie die umgekehrte Färbung vorziehen, dann wird Ihnen der 'Silver Milkboy' (männlich) mit seinen dunklen Blättern und den cremegelben Flecken in der Mitte gefallen.

I. crenata
2 m

Eine kleinere Stechpalme, die langsam wächst, aber eine schöne niedrige Hecke bildet. Die Blätter sind dunkel und klein, die Beeren schwarz. Wird selten angepflanzt. Pflanzabstand 45 cm.

Laurus nobilis
(Lorbeerbaum)
immergrün; 6 m; Z 8–10

In kälteren Gefilden braucht der Lorbeer den Schutz einer warmen Wand, aber in Regionen mit mildem Klima eignet er sich bestens als Heckenpflanze. Die aromatischen Blätter wachsen zu einem dichten Sichtschutz. Pflanzabstand 60 cm.

Ligustrum ovalifolium
halbimmergrün; 3 m; Z 5–9

Eine Pflanze, die man zwar häufig als Hecke sieht, aber nicht unbedingt besonders gut dafür geeignet ist. Sie wächst schnell, muß aber häufig gestutzt werden, damit sie gepflegt aussieht; ihre gierigen Wurzeln breiten sich nach allen Seiten hin aus und entziehen dem Boden Wasser und Nährstoffe. Die goldgelbe Sorte *L. vulgare* 'Aureum' ist hübsch und hell und entwickelt ihre Farbe am besten in der vollen Sonne. Die Blätter werden bei strenger Kälte abgeworfen. Pflanzabstand 45 cm.

Lonicera nitida
(Heckenkirsche)
immergrün; 1,2 m; Z 7–9

Diese strauchartige Heckenkirsche mit ihren kleinen Blättern ist nur für niedrige Hecken geeignet, und ihre zerbrechlichen Zweige sind sehr empfindlich. Starke Schneelast kann sie zerstören. Keine Hecke, die man ohne Schwierigkeiten renovieren kann; wenn sie Mißbildungen zeigt, sollte man am besten neu anpflanzen. Pflanzabstand 30 cm.

Prunus cerasifera
(Kirschpflaume)
laubabwerfend; 2,5 m; Z 3–8

Eine Pflanze für ländliche Hecken, die zu Beginn des Frühjahrs Unmengen von winzigen weißen Blüten und im Herbst kleine, eßbare Kirschen ausbildet. Sie kann sehr groß werden, ohne übermäßig Platz in der Breite einzunehmen. Die Sorte 'Pissardii' hat purpurfarbene Blätter, die im Frühjahr dunkelrot leuchten. Die Blüten, die sich aus rosa Knospen entfalten, sind weiß. Pflanzabstand 45–60 cm.

P. lusitanica

immergrün; 3,5 m; Z 8–10

Bildet eine schöne, große Hecke mit dunklen Blättern, die an Lorbeerblätter erinnern, aber auffallend rote Blattstiele haben. Eine Pflanze, die sich für kalkhaltige Böden eignet. Wenn Sie eine hohe Hecke anstreben, sollten Sie einen Pflanzabstand von mindestens 60 cm einhalten.

P. spinosa
(Schlehdorn)

laubabwerfend; 2,5 m; Z 4–8

Trägt früh im Jahr eine Unmenge weißer Blüten an schwarzen Zweigen, die oft Vorboten für eine Kältewelle sind. Später entfalten sich mattgrüne Blätter, die im Herbst von kleinen, schwarzen Früchten geziert sind. Diese Schlehen mit ihren pflaumenartigen Blüten und dem trockenen, unangenehm bitteren Geschmack sind ein wesentlicher Bestandteil eines wärmenden Wintergetränks – des Schlehenlikörs. Pflanzabstand 30–60 cm.

Taxus baccata
(Eibe)

immergrün; 6 m; Z 6–7

Zweifellos die Königin der Hecken, abgesehen von der Tatsache, daß sie nie an Standorte gepflanzt werden darf, wo Tiere an ihr knabbern können – sie ist ausgesprochen giftig (selbst verrottete Abfälle). Ihre mattgrünen Blätter bilden einen idealen Hintergrund für Rasenflächen oder leuchtende Blumenrabatten. Ältere Hecken müssen kräftig zurückgeschnitten werden, um ihr Wachstum in Grenzen zu halten. Sie kann pro Jahr 30 cm wachsen, wenn sie ordentlich gepflanzt und gut gedüngt wird. Eignet sich für saures oder auch kalkhaltiges Erdreich. Wenn Sie eine hohe Hecke anstreben, sollten Sie einen Pflanzabstand von 60 cm einhalten. Die 'Elegantissima' ist eine gelbe Sorte, die eine gute, dichte Hecke bildet. Die *T. cuspidata* ist eine winterhärtere Pflanze, die sich auch für kühle Regionen eignet. Sie kann bis zu 3 m hoch werden.

Thuja plicata
(Lebensbaum)

immergrün; 4,5 m; Z 5–7

Bildet eine dichte Hecke, aber ihr fehlt die Eleganz der Eibe. Sie wächst schneller, etwa 60 cm pro Jahr, und muß aus diesem Grund mindestens zweimal pro Jahr zurückgeschnitten werden. Angenehm aromatisch duftende Blätter; die Hecke kann schmal gehalten werden. Verträgt kalkhaltige Böden. Pflanzabstand 60–90 cm.

Eine gemischte Hecke besteht aus mehreren verschiedenen Heckenpflanzen, die entweder willkürlich oder nach einem bestimmten Muster gepflanzt werden, so daß eine Kombination verschiedener Blattarten entsteht. Sie stellt zwar keinen ruhigen Hintergrund für eine bunte Blumenrabatte dar, kann aber entlang einer Einfahrt oder am Ende einer Rasenfläche sehr wirkungsvoll aussehen. Eine Mischung aus einheimischen Heckenpflanzen eignet sich besonders als Straßenhecke in einer ländlichen Region. Die Möglichkeiten sind grenzenlos; man sollte lediglich darauf achten, daß die Vitalität der Pflanzen annähernd gleich ist.

Freiwachsende Hecken
Berberis x *stenophylla*

immergrün; 2–2,5 m; Z 7–9

Eine ziemlich formlose Pflanze mit langen, hängenden Zweigen, kleinen, dunklen Blättern und leuchtenden gelben Blüten am Ende des Frühjahrs. Gedeiht in Böden mit guter Wasserführung; eignet sich auch für Küstenregionen. Pflanzabstand 90–150 cm.

B. thunbergii

laubabwerfend; 90–150 cm; Z 4–8

Eignet sich für eine kleine Hecke. Schöne rote Beeren und helle Herbstfärbung. Es gibt verschiedene Sorten mit farbigen und gefleckten Blättern, die in ein bestimmtes Farbmuster gut einbezogen werden können. Pflanzabstand 30–60 cm.

Buddleja davidii
(Buddleie)

laubabwerfend; 2–3 m; Z 5–9

Eine außergewöhnliche Heckenpflanze, die im Spätsommer mit ihren langen, duftenden Blütentrauben Schwärme von Schmetterlingen anzieht. Es gibt mehrere Sorten, deren Farben von Weiß über einen blassen Malventon bis hin zu kräftigem Purpur reichen. Im Frühjahr stark zurückschneiden. Eignet sich nur für einen großen Garten, da die Hecke nach dem Schnitt kein besonders erfreulicher Anblick ist. Braucht einen sonnigen Standort mit durchlässigem Boden. Pflanzabstand 1,2–2 m.

Choenomeles
(Zierquitte)

laubabwerfend; 1–2 m; Z 6–9

Siehe oben (Sträucher). Pflanzabstand mindestens 90 cm.

Cornus alba
(Hartriegel)
laubabwerfend; 2–2,5 m; Z 2–8
Der Hartriegel mit seiner roten Rinde mag besonders die feuchteren Bereiche im Garten (ist aber auch für andere Standortbedingungen geeignet). Mit dem richtigen Schnitt kann er einen hervorragenden Sichtschutz darstellen. Die rote Farbe ist bei den neuen Trieben am intensivsten ausgeprägt. Die Pflanze sollte deshalb jedes Jahr gekappt werden, um die Ausbildung der hübschen Zweige zu fördern. Die 'Elegantissima' ist wegen ihrer gefleckten Blätter mit unregelmäßigen weißen Rändern bei Kennern sehr beliebt. Pflanzabstand 1,2–2 m.

Escallonia
immergrün; 2–2,5 m; Z 8–9
Mit ihren kleinen, glänzenden Blättern eine gute Pflanze für milde Küstenregionen, da ihr salzhaltige Winde nichts ausmachen. Verträgt auch kalkhaltige Böden und Trockenheit, im Landesinneren weniger geeignet. Es gibt viele Sorten, die meisten mit rosa oder roten Blüten im Spätsommer und Herbst. *E. iveyi* hat größere Blätter und entsprechend größere Rispen mit weißen Blüten. Pflanzabstand 90–150 cm.

Fuchsia
(Fuchsie)
laubabwerfend; 90–180 cm; Z 8–10
Eignet sich nur als Hecke für Regionen mit mildem Klima; anderenfalls sterben die Pflanzen jeden Winter bis auf Bodenniveau ab. Es gibt zahllose Arten und Sorten, die allesamt viele, bunte Blüten treiben. Die Scharlachfuchsie *F. magellanica* ist sehr hübsch; ihre Blüten sind schlanker als die der größeren Sorten. 'Versicolor' ist eine besonders hübsche Sorte. Sie hat gräuliche Blätter mit einen Stich ins Rosa, die sich mit zunehmendem Alter in einen Cremeton verfärben. Pflanzabstand 60–120 cm.

Lavandula angustifolia
(Echter Lavendel)
immergrün; 60–90 cm; Z 6–10
Siehe oben (Pflanzen für Stützmauern). Pflanzabstand 2,5–3,5 m.

Potentilla fruticosa
laubabwerfend; 60–120 cm; Z 6–9
Mit vielen Sorten, einige eignen sich für kleine Hecken. Sie blühen den ganzen Sommer, und die warmen Brauntöne der Zweige sind auch im Winter recht attraktiv. 'Elizabeth' ist eine Sorte mit üppigen, gelben Blüten; 'Primrose Beauty' hat blassere Blüten und graue Blätter an gebogenen Zweigen. Leuchtendere Farben findet man bei 'Red Ace' und 'Tangerine'. Es gibt auch weiße Formen, die aber in der Regel nicht so ansprechend sind. Pflanzabstand 30–60 cm.

Rosa
laubabwerfend; 90–300 cm; Z 2–10 (je nach Art)
Man kann praktisch jede Strauchrose für eine Hecke verwenden. Aus diesem Grund ist die Auswahl sehr groß. Ein Hauptaugenmerk sollte man auf die Krankheitsanfälligkeit legen. Die Sorten der *R. rugosa* wachsen auf nährstoffarmen Böden, brauchen wenig Pflege, tragen meist Blüten und Früchte und haben eine schöne Herbstfärbung. 'Nevada' ist ein schön belaubter Strauch, der im Sommer von großen, einzelnen, hellgelben Blüten übersät ist, die auch später noch sporadisch nachtreiben. Wenn der Platz beschränkt ist, sollten Sie es mit der Ausläufer bildenden *R. pimpinellifolia* versuchen. Die Moschushybriden 'Buff Beauty', 'Moonlight' und die rosa 'Felicia' bilden auf Grund ihrer ausladenden Wuchsform eine breitere Hecke. Die Hauptblüte ist im Sommer, aber wenn Sie die verwelkten Blüten abschneiden, treibt die Rose im Oktober nochmals aus. Alle genannten Sorten haben intensiv duftende Blüten. Pflanzen Sie die ausgewählten Sorten in einem etwas geringeren Abstand als dem zu erwartenden Breitenwachstum der einzelnen Rosenstöcke.

Rosmarinus officinalis
immergrün; 90–150 cm; Z 7–10
Siehe oben (Pflanzen für Stützmauern). Bildet eine unregelmäßige Hecke, da sich jede Pflanze unterschiedlich entfaltet, es sei denn, Sie wählen die aufrecht wachsende 'Miss Jessop's Variety'. Pflanzabstand 60 cm.

Salix alba
laubabwerfend; 2–2,5 m; Z 3–9
Eine Pflanze, die man wegen ihrer frühen, hellen Blüte anpflanzt. Die 'Britzensis' hat scharlachrote Zweige; die der 'Vitellina' sind gelb. *S. daphnoides* ist mit blassen Blüten übersät. Pflanzabstand 90–120 cm.

•PFLANZEN NACH STANDORT•

Dieses Kapitel soll Ihnen eine Orientierungshilfe für die Planung eines Gartens bieten. Weitere Informationen, die die hier vorgenommene Kategorisierung ergänzen, sind im Kapitel »Pflanzenverzeichnis« (Seiten 114–141) zu finden. Die Gattungsnamen beziehen sich nur auf die im Buch beschriebenen Arten.

UNEMPFINDLICHE PFLANZEN

Brauchen nicht besonders viel Wärme, gedeihen in voller Sonne oder Halbschatten und in normalem Boden.

KLETTERPFLANZEN
Aristolochia
Celastrus
Clematis (viele Arten, die z. T. besondere Bedingungen brauchen)
Eccremocarpus
Humulus
Lathyrus
Parthenocissus
Rosen (siehe unten Liste mit Sorten, die auch im Schatten gedeihen)
Vitis coignetiae
Wisteria

STRÄUCHER
Ceratostigma
Choenomeles
Choisya
Cotoneaster
Euonymus
Forsythia
Kerria
Pyracantha

FRÜCHTE
Äpfel, viele Sorten
Pflaumen und Damaszenerpflaumen

PFLANZEN FÜR STÜTZMAUERN
Alchemilla
Anemone
Campanula
Centranthus
Corydalis
Digitalis
Erigeron
Erinus
Geranium
Meconopsis
Polygonum (nicht *vacciniifolium*)

PFLANZEN, DIE EINE WARME WAND BRAUCHEN

KLETTERPFLANZEN
Actinidia
Campsis
Clematis armandii
C. cirrhosa balearica
Jasminum affine
Passiflora
Rhodochiton
Rosa banksiae
R. laevigata
Schizophragma
Solanum
Trachelospermum
Vitis (die meisten Arten)

STRÄUCHER
Abelia
Abutilon
Acacia
Akebia
Buddleja
Carpenteria
Ceanothus
Chimonanthus
Colutea
Convolvulus
Cytisus
Lagerstroemeria
Laurus
Lavatera
Lippia
Magnolia grandiflora
Myrtus
Phygelius
Piptanthus
Pittosporum
Teucrium

FRÜCHTE
Aprikosen, Nektarinen und Pfirsiche
Kirschen, süß
Feigen
Weintrauben
Birnen

PFLANZEN FÜR STÜTZMAUERN
Acaena
Alyssum
Anthemis
*Arabis**
Aubrieta
*Cerastium**

Cistus
Cytisus
*Dianthus**
Euphorbia myrsinites
Genista
Gypsophila
*Helianthemum**
*Iberis**
Lespedeza
Lavandula
Oenothera
Perovskia
Phlox
Rosmarinus
Saxifraga (aizoon)
Sedum
Sempervivum
Thymus

* Sehr winterharte Alpenpflanzen, die mehr das Licht der Sonne als ihre Wärme brauchen.

PFLANZEN, DIE IM SCHATTEN GEDEIHEN

Viele dieser Pflanzen gedeihen auch im Halbschatten oder sogar in voller Sonne. Bei denen, die keine Hitze vertragen, finden Sie einen entsprechenden Vermerk.

KLETTERPFLANZEN
Clematis – viele Arten und Sorten, einschließlich *C. alpina, campaniflora,* x *jackmanii, macropetala, montana,* 'Comtesse de Bouchard', 'Henryi', 'Joan Picton', 'Marie Boisselot', 'Perle d'Azur', 'The President', 'Wada's Primrose' und 'William Kennett'. Von diesen verträgt nur 'Wada's Primrose' keine Sonne.
Hedera
Lonicera – verträgt keine heiße Sonne, außer *L. sempervirens*
Pileostegia
Rosen – viele Arten und Sorten, einschließlich *R.* x *anemonoides,* 'Albéric Barbier', 'Bobby James', 'Emily Gray', 'Felicité et Perpétué', 'François Juranville', 'Goldfinch', 'Lawrence Johnston', 'Leverkusen', 'Mermaid', 'Mme Alfred Carrière', 'Mme Grégoire Staechelin', 'New Dawn' und 'Zéphirine Drouhin'.

STRÄUCHER
Choisya
Cotoneaster
Hydrangea
Jasminum nudiflorum
Pyracantha
Viburnum
Taxus

FRÜCHTE
Kirschen, sauer
Johannisbeeren, rot und weiß
Stachelbeeren

PFLANZEN FÜR STÜTZMAUERN
Adiantum (keine Sonne)
Ajuga
Anemone
Asplenium
Athyrium (keine Sonne)
Blechnum (keine Sonne)
Cotyledon
Digitalis
Dryopteris (keine Sonne)
Euphorbia robbiae
Geranium endressii
G. macrorrhizum
Hedera
Helleborus
Lysimachia
Omphalodes (keine Sonne)
Pulmonaria (keine Sonne)
Saxifraga umbrosa, Kabschiahybriden und die moosigen Arten
Viola

PFLANZEN, DIE AUF KALKHALTIGEM BODEN GEDEIHEN

KLETTERPFLANZEN
Clematis
Lonicera
Solanum

STRÄUCHER
Buddleja
Colutea
Forsythia
Kerria
Laurus
Pyracantha
Rosmarinus

PFLANZEN FÜR STÜTZMAUERN
Asplenum
Cistus
Gypsophila
Helianthemum
Lavandula
Perovskia

HECKEN
Berberis
Carpinus
Crataegus
Fagus
Lavandula
Ligustrum
Lonicera
Potentilla
Prunus
Rosmarinus
Taxus
Thuja

PFLANZEN, DIE NICHT AUF KALKHALTIGEM BODEN GEDEIHEN

KLETTERPFLANZEN
Tropaeolum speciosum

STRÄUCHER
Acacia
Camellia

PFLANZEN FÜR STÜTZMAUERN
Lithodora
Polygonum vacciniifolium

PFLANZEN, DIE IN LEHM- UND TONHALTIGEM BODEN GEDEIHEN

KLETTERPFLANZEN
Actinidia
Aristolochia
Clematis
*Hedera**
Humulus
Hydrangea
Jasminum
Lonicera
Parthenocissus
Passiflora
Pileostegia
*Polygonum**
Rosa
Schizophragma
Solanum
Trachelospermum
Vitis
Wisteria

STRÄUCHER
Abelia
Buddleja
Choenomeles
Choisya
Colutea
Cotoneaster
Cytisus
Euonymus
Forsythia
Garrya
Genista
Hydrangea
Jasminum
Kerria
Laurus
Magnolia
Myrtus
Pittosporum
Pyracantha
Viburnum

PFLANZEN FÜR STÜTZMAUERN
Alchemilla
Anemone
Euphorbia robbiae
Geranium
*Hedera**
Helleborus

HECKEN
Berberis
Buxus
Carpinus
Cornus
*Crataegus**
Ilex
Ligustrum
Lonicera
Potentilla
Prunus
*Salix**
Sorbus
Taxus
Thuja
Tilia

*Pflanzen, die auch in extrem lehm- und tonhaltigem Boden gedeihen.

IMMERGRÜNE PFLANZEN

KLETTERPFLANZEN
Clematis armandii
Hedera
Pileostegia
Trachelospermum

STRÄUCHER
Abelia
Acacia
Camellia
Carpenteria
Ceanothus (einige Arten)
Choisya
Convolvulus
Coronilla
Cotoneaster (einige Arten)
Fremontodendron
Garrya
Laurus
Magnolia grandiflora
Myrtus
Piptanthus
Pittosporum
Pyracantha
Teucrium

PFLANZEN FÜR STÜTZMAUERN
Acaena
Ajuga
Alyssum
Anthemis
Arabis
Asplenium
Aubrieta
Blechnum
Campanula
Ceanothus

Cerastium
Cistus
Cotyledon
Dianthus
Erinus
Erysimum
Euphorbia
Geranium
Gypsophila repens
Hedera
Helianthemum
Helleborus
Iberis
Lavandula
Lithodora
Lysimachia
Omphalodes
Phlox
Pulmonaria
Rosmarinus
Saxifraga
Sedum
Sempervivum
Thymus
Viola

HECKEN
Berberis (einige Arten)
Buxus
Cotoneaster (einige Arten)
Escallonia
Griselinia
Ilex
Lavandula
Ligustrum
Lonicera
Prunus lusitanica
Rosmarinus
Taxus
Thuja

BLUMEN FÜR DEN WINTER UND DEN FRÜHLINGSANFANG

KLETTERER
Clematis armandii
C. cirrhosa balearica

STRÄUCHER
Acacia
Camellia
Chimonanthus
Choenomeles
Coronilla
Forsythia
Garrya

PFLANZEN FÜR STÜTZMAUERN
Alyssum
Aubrieta
Erysimum
Euphorbia
Helleborus
Iberis
Omphalodes
Pulmonaria
Rosmarinus

PFLANZEN, DIE SICH SCHNELL AUSBREITEN

KLETTERPFLANZEN
Aristolochia
Celastrus
Clematis montana
C. orientalis
Cobaea
Humulus
Lonicera
Parthenocissus
Polygonum
Rosen (die meisten Arten)
Solanum
Vitis
Wisteria

STRÄUCHER
Abutilon
Acacia
Buddleja
Ceanothus
Cytisus
Lavatera

PFLANZEN FÜR STÜTZMAUERN
Acaena
Alchemilla (sät sich selbst aus)
Anthemis
Ceanothus
Centranthus (sät sich selbst aus)
Erigeron (sät sich selbst aus)
Euphorbia robbiae
Helianthemum
Meconopsis (sät sich selbst aus)
Polygonum

• PFLANZENSCHNITT •

Über dem Thema Pflanzenschnitt liegt unnötigerweise ein mystischer Schleier. Einige Mauerpflanzen brauchen wenig oder kaum Pflege – Selbstkletterer wie das Efeu und die Jungfernrebe sowie Sträucher, wie *Magnolia* und *Carpenteria,* die von Natur aus eine hübsche Form haben –, aber die meisten Pflanzen, die wir an einer Mauer oder einem Zaun anlegen, müssen regelmäßig zurückgeschnitten werden. In den folgenden Anleitungen habe ich versucht, allgemeine Richtlinien darzulegen und keine absolut verbindlichen Regeln aufzustellen. Der Zweck meiner Anregungen ist, Ihnen Verfahren verständlich zu machen, die Sie den einzelnen Pflanzen und Ihrem eigenen Geschmack anpassen können. Grundsätzlich gilt, daß als erster Schritt immer totes, geschädigtes und krankes Holz entfernt werden sollte. Darüber hinaus muß jeder weitere Schnitt begründet sein. Falls Sie Zweifel haben, sollten Sie den Zweig lieber stehenlassen.

Eine wirklich gute Baumschere (Handschere) ist sehr wichtig. Sie ist zwar teuer, aber es lohnt sich, hier auf gute Qualität zu achten. Wenn Sie ältere Pflanzen renovieren wollen, brauchen Sie langgriffige Scheren, möglicherweise auch eine kleine Säge. Wenn Sie große Teile einer Pflanze entfernen (zum Beispiel beim Rückschnitt mancher Rosenarten oder bestimmter Clematisarten), dürfen Sie das anschließende Düngen nicht vergessen: Bringen Sie eine ausreichende Menge verrotteten Stallmist oder Kompost aus, und gießen Sie bei trockenem Wetter reichlich, damit sich die Pflanze schnell erholen kann.

Manche Kletterpflanzen müssen nur so weit zurückgeschnitten werden, daß sich ihr Wachstum in den gewünschten Grenzen hält. Dazu gehören *Actinidia kolomikta, Akebia, Aristolochia, Celastrus, Hedera* (sowie deren Sorten), *Hydrangea, Jasminum officinale, Parthenocissus, Pileostegia* und die dekorative *Vitis,* es sei denn, Sie wollen diese Pflanzen sehr streng formieren. Vergessen Sie nicht, daß die *Vitis* vor Weihnachten geschnitten werden sollte, später, wenn der Saft beginnt aufzusteigen, werden die Schnittwunden allzusehr bluten.

Beim Umgang mit blühenden Kletterpflanzen muß man nur eine Regel beachten: Die Pflanzen, die früh im Jahr am Holz des Vorjahres blühen, sollten bald nach der Blüte zurückgeschnitten werden, während diejenigen, die nach dem Hochsommer am Holz der laufenden Saison blühen, am Ende des Winters oder Anfang des folgenden Frühjahrs zurückgeschnitten werden sollten.

Manche robuste Pflanze wie die *Wisteria* muß auch im Sommer zurückgeschnitten werden; indem man die langen Triebe stutzt, gelangen die Nährstoffe besser in die Pflanzenteile, wo sie die Ausbildung von Blütenknospen und Blütensporen fördern.

CLEMATIS

Es gibt zahlreiche Arten von *Clematis;* sie können zu Schnittzwecken in vier Kate-

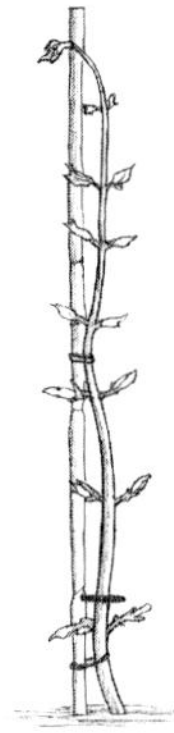

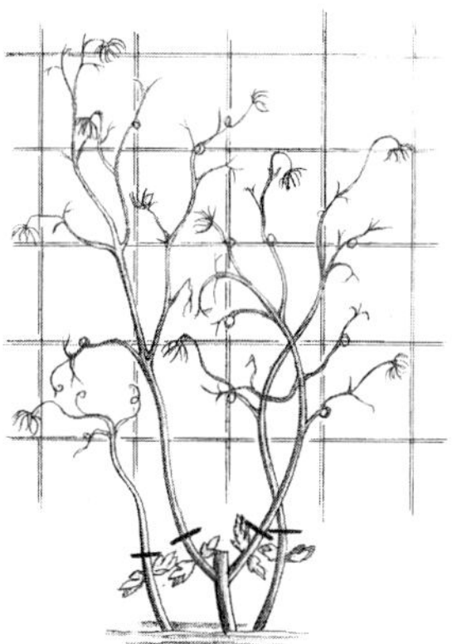

Clematisarten, die im Sommer und Herbst blühen

Oben: Nach dem Einpflanzen auf etwa 30 cm zurückschneiden. Der Schnitt sollte oberhalb eines Augenpaares vorgenommen werden.

Unten: In den folgenden Jahren muß die ganze Pflanze am Anfang des Frühjahrs zurückgeschnitten werden. Nehmen Sie den Schnitt an jedem Zweig oberhalb des niedrigsten Augenpaares vor.

gorien unterteilt werden. Alle Clematisarten sollten (ganz gleich zu welcher Jahreszeit) nach dem Pflanzen auf etwa 30 cm über dem Boden gestutzt werden. Schneiden Sie jeden Trieb über einem Augenpaar. Dies fördert die Ausbildung weiterer Triebe, wodurch die Pflanze buschiger wird.

Der spätere Schnitt hängt von der Blütezeit ab:

1. Die Arten, die im Sommer und Herbst an den neuen Trieben blühen. Zu ihnen gehören die großblütigen Hybriden, wie die 'Comtesse de Bouchard', 'Ernest Markham', 'Huldine' und 'Perle d'Azur', ebenso wie die Arten *C. campaniflora, flammula, jackmanii, jouiniana* 'Praecox', *rhederiana, texensis* und *viticella.*

   Schnitt nach dem Pflanzen. In den folgenden Jahren nur während des Winters oder im Frühjahr fast bis zum Boden zurückschneiden, wobei der Schnitt etwas oberhalb des niedrigsten Augenpaares an jedem Trieb angesetzt werden soll.

   Ausnahmen sind die vitalen Spätblüher *C. orientalis* und *tangutica,* die in der Regel nicht geschnitten werden, weil sie freiwachsend attraktiver aussehen. Sie können sie andernfalls im Frühjahr auf ein Skelett der stärksten Triebe oder ganz zurückschneiden, falls Sie ihr Wachstum eindämmen müssen.
2. Die Frühjahrsblüher, die am Holz des vorhergegangenen Jahres blühen. Dazu gehören *C. alpina, macropetala* und *montana.* Sie müssen nicht unbedingt zurückgeschnitten werden, zumal wenn sie sich erst einmal etabliert haben, aber es lohnt sich dennoch, während der ersten Jahre die Ausbildung eines festen Astskeletts zu fördern. Nach dem Pflanzen zurückschneiden; während des folgenden Winters sollten dann die neuen Triebe auf die Hälfte gestutzt werden. Während des folgenden Sommers schneiden Sie alle Seitenzweige, die geblüht haben, bis auf ein oder zwei Augen oberhalb der Haupttriebe zurück. Dann sollte die wuchernde *C. montana* in Ruhe gelassen werden. Sie können sie nach der Blüte an den Stellen, die Sie erreichen können, etwas stutzen, aber es ist nicht unbedingt nötig. Bei kleineren Arten können die Triebe, die Blüten getragen haben, gleich nach der Blüte bis auf einige Augen des Astskeletts zurückgeschnitten werden, das bedeutet jedoch, daß sich die dekorativen Samenköpfe nicht entwickeln.
3. Die komplizierteste Gruppe ist die der großblütigen Hybriden: Dazu gehören die, die im Frühsommer große (oder gefüllte) Blüten am Holz des Vorjahres tragen, und die, die im Spätsommer kleinere (einfache) Blüten am neuen Holz bilden. Dazu gehören zum Beispiel 'Duchess of Edinburgh', 'Joan Picton', 'Wada's Primrose' und 'The President'. Eine einfache Behandlungsmethode besteht darin, sie (nach dem ersten Schnitt beim Einpflanzen) lediglich alle paar Jahre, wenn sie allzu struppig aussehen, stark zurückzuschneiden. Wenn sie gut gedüngt werden, bilden sie schnell neue Triebe aus, und man verliert nur einen frühen Blütenflor.

   Bei Pflanzen, die direkt an einer Mauer oder einem Zaun wachsen,

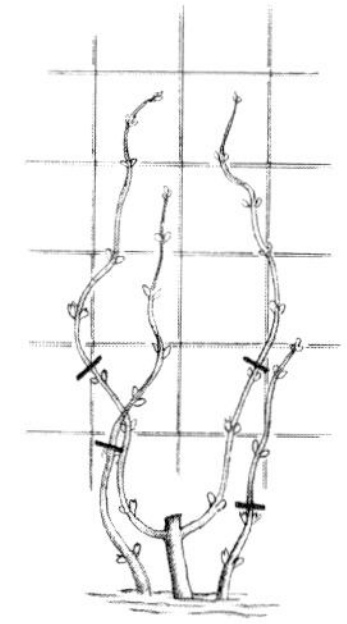

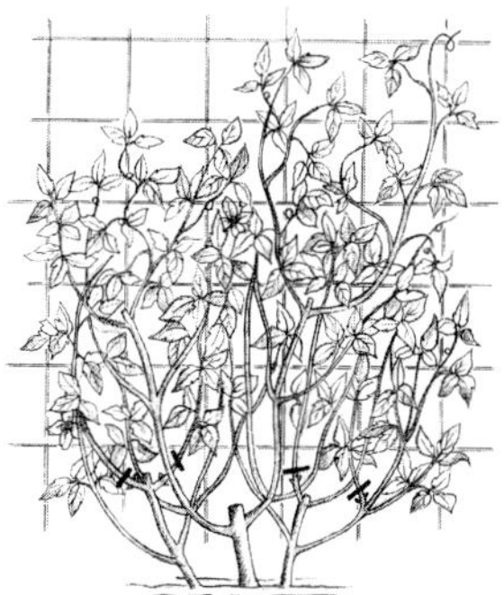

Clematisarten, die im Frühling blühen

Oben: Ein starker Schnitt zu Beginn fördert die Ausbildung mehrerer Triebe, die im Winter auf die Hälfte zurückgeschnitten werden sollte.

Unten: Um den Wuchs zu zähmen, können Sie einige der Triebe, die Blüten getragen haben, nach der Blüte entfernen.

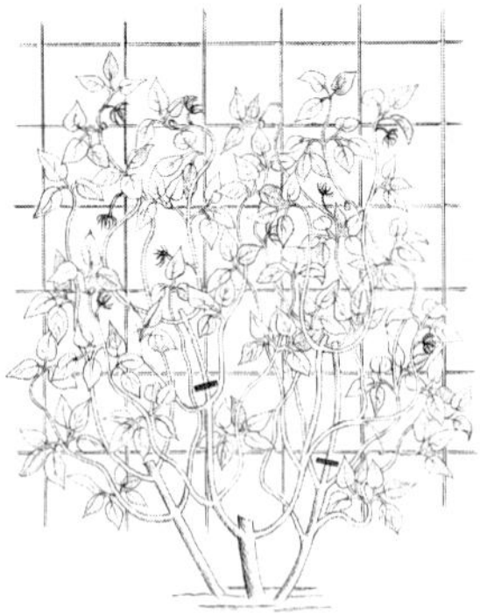

Großblütige Clematis
Durch sorgfältiges Stutzen kann man verhindern, daß eine *Clematis* zu langstielig wird: Gleich nach der letzten Blüte schneidet man etwa ein Viertel der blütentragenden Zweige ab, und zwar bis zu der Stelle, an der neue Triebe entstehen. Auf diese Weise kann das Wachstum der Pflanze gezügelt werden, ohne daß man im nächsten Jahr auf Blüten verzichten muß.

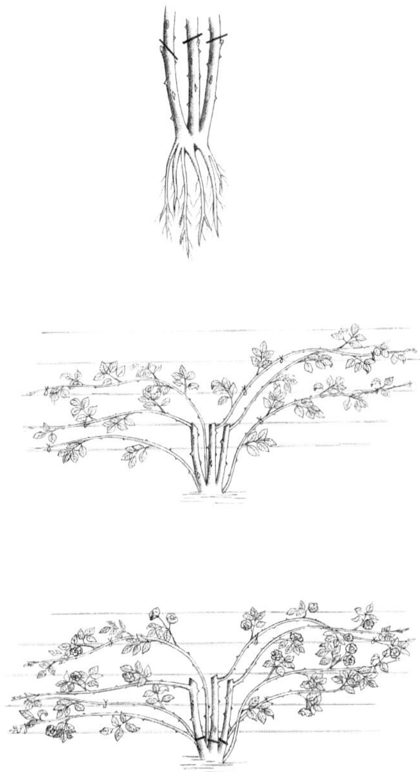

Ramblerrosen
Oben: Beim Pflanzen werden alle Triebe bis auf 30 cm über dem Boden zurückgeschnitten. Der Schnitt sollte etwas oberhalb von einem nach der Seite gerichteten Auge angesetzt werden.

Mitte: Während des ersten Sommers müssen die langen Ruten horizontal festgebunden werden. Sie tragen im folgenden Jahr Blüten.

Unten: Jeweils im Spätsommer der folgenden Jahre sollten die blütentragenden Zweige so weit unten wie möglich entfernt werden. Während des Sommers werden sich neue Triebe an der Basis entwickeln, die dann im nächsten Jahr Blüten tragen.

kann man auch eine andere Methode der Verjüngung anwenden (es ist oft zu schwierig, die geschnittenen Triebe aus einem Strauch oder einer Kletterpflanze zu entfernen). Schneiden Sie die Pflanze beim Einsetzen stark zurück, und stutzen Sie im folgenden Winter die neuen Triebe des ersten Jahres um die Hälfte. Im Sommer sollten Sie nach der Blüte die Triebe, die geblüht haben, um ein Viertel auf etwa 30 cm über der Pflanzenbasis zurückschneiden.

4. Einige großblütige Clematisarten wie 'Marie Boisselot', 'Henryi' und 'Hagley Hybrid' blühen an altem und neuem Holz gleichermaßen gut. Es bleibt Ihnen überlassen, ob Sie diese Arten überhaupt zurückschneiden wollen. Ein nicht gestutztes Exemplar blüht früher im Jahr; wenn Sie eine spätere Blüte (mit etwas kleineren Blüten) wollen, sollten Sie die Pflanze im Frühjahr stark zurückschneiden.

LONICERA

Diese Pflanzen müssen eigentlich überhaupt nicht zurückgeschnitten werden, aber wenn Sie es dennoch zum Beispiel aus Platzgründen tun müssen, sollten Sie wie folgt vorgehen:

Die vitale *L. japonica* blüht am neuen Holz. Die harten Kanten, die sich beim Zurückstutzen (stark, falls nötig) am Ende des Frühjahrs ergeben, werden schnell durch die Ausbildung neuer Triebe gemildert, die später im Jahr auch Blüten tragen.

Andere Geißblattarten, wie etwa *L.* x *americana, periclymenum, sempervirens* und *tragophylla,* blühen an den Seitentrieben des Vorjahres. Wenn sie zu stark verwachsen sind, sollten Sie einige der alten, schwächeren und zum Teil auch die Triebe, die Blüten getragen haben, bis zu den Stellen zurückschneiden, an denen sich kräftiges, neues Wachstum zeigt.

KLETTERROSEN

Wildrosen und ihre nahen Verwandten sind kräftige Pflanzen, die Platz brauchen und kaum geschnitten werden müssen. Nur das tote, schadhafte und kranke Holz muß entfernt werden. Schon beim Pflanzen sollten Sie schwache Triebe und geschädigte Triebe entfernen. Diese Rosen blühen am Holz des vorhergegangenen Jahres. Wenn die Pflanze zu dicht wächst, sollten Sie Triebe, die Blüten getragen haben, gleich nach dem Verwelken entfernen. Es erscheinen dann allerdings keine Hagebutten, die aber den Reiz dieser Rosenart ausmachen. Daher sollte das Zurückschneiden auf ein Mindestmaß reduziert werden. Die *R. banksiae* verträgt Zurückschneiden überhaupt nicht, stirbt an den gekappten Stellen sogar oft ab.

Die einmalblühenden Ramblerrosen blühen an den Seitentrieben, die sich aus den langen Zweigen des Vorjahres entwickeln, und sollten im Sommer, nach der Blüte, zurückgeschnitten werden. Ein starker Schnitt bei der Pflanzung fördert kräftiges Wachstum, deshalb sollten Sie die Stämme bis auf etwa 30 cm über dem Boden kappen und die Schnitte etwas oberhalb der Knospen vornehmen, deren Triebe zur Seite wachsen werden. In den folgenden Jahren sollten Sie versuchen, ein ausgeglichenes Skelett aus langen, neuen Trieben (die im folgenden Jahr dann Blüten tragen) zu schaffen, indem Sie die Triebe des Vorjahres, die Blüten getragen haben, entfernen. Bei einigen Rosen, wie bei 'Dorothy Perkins', die zahlreiche neue Triebe gleich an der Basis ausbilden, sollte das alte Holz fast bis zum Boden zurückgeschnitten werden. Andere, wie die 'Albertine', die weniger geneigt sind, neue Triebe im unteren Bereich der Pflanze auszubilden, sollten bis zu einer Stelle zurückgeschnitten werden, an der sich ein guter, neuer Trieb entwickelt.

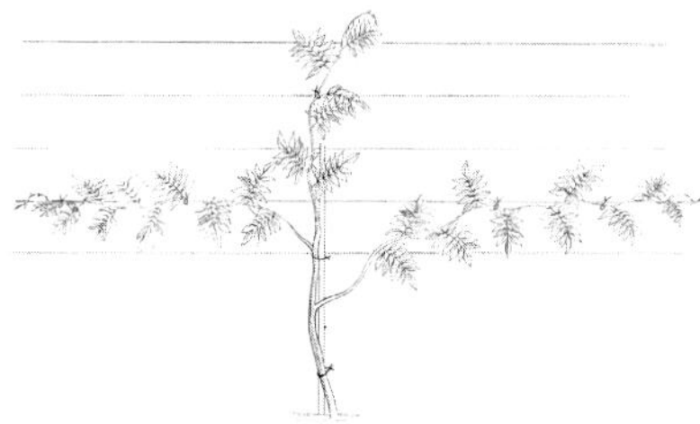

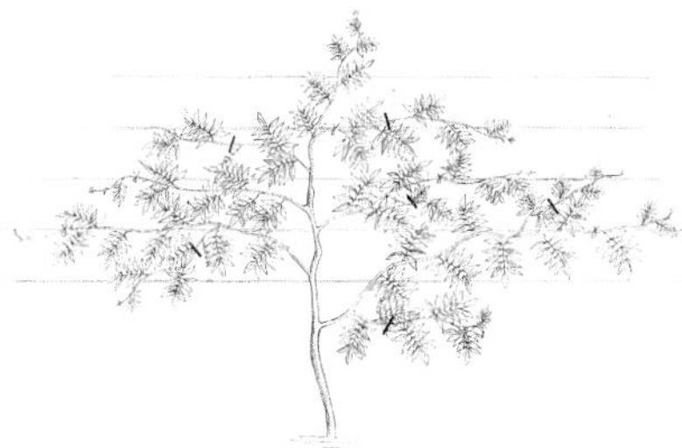

Wisteria
Oben: Der Haupttrieb ist bei der Pflanzung etwa 1 m über dem Boden gekürzt worden. Der neue Leitast ist vertikal festgebunden, die Seitenzweige horizontal. Während des folgenden Winters sollten diese drei Hauptzweige um ein Drittel eingekürzt werden.

Mitte: Im nächsten Sommer werden die neuen Seitentriebe horizontal befestigt, am Ende der Wachstumsphase die Triebe zweiter Ordnung auf 15–20 cm verkürzt.

Unten: In den folgenden Sommern werden neue Seitentriebe (die oft lang und verheddert sind) auf 15–20 cm verkürzt. Während des Winters muß jeder von ihnen nochmals auf zwei bis drei Augen zurückgeschnitten werden.

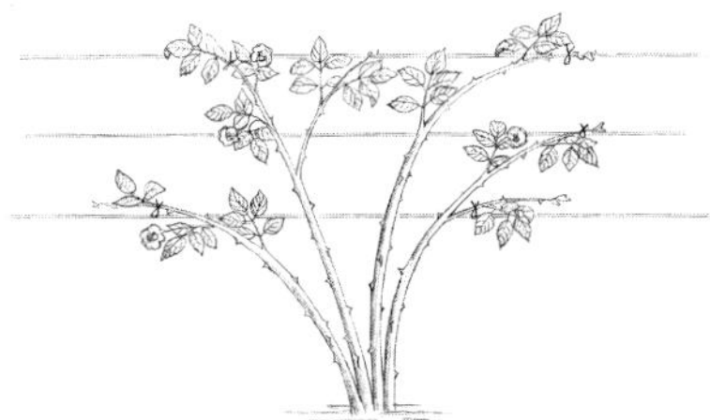

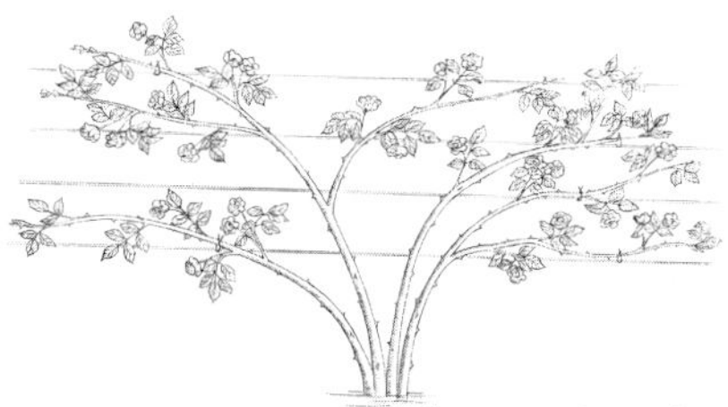

Öfterblühende Rosen
Oben: Es ist wichtig, die Zweige horizontal auszurichten (sie sind weniger biegsam als die Ruten der Ramblerrosen), um die Entwicklung von Blüten über die ganze Länge zu fördern.

Unten: Blütentragende Seitentriebe sind im Winter zurückgeschnitten worden; im Sommer werden die Triebe horizontal ausgerichtet. Entfernen Sie verwelkte Blüten oder Blütenbüschel, indem Sie sie bis auf das nächste starke Auge oder den nächsten Trieb zurückschneiden, um damit die erneute Entwicklung von Blüten zu fördern.

Buddleja
Der Schnitt ist einfach: Verkürzen Sie die blütentragenden Triebe im Frühjahr auf zwei gesunde Augen.

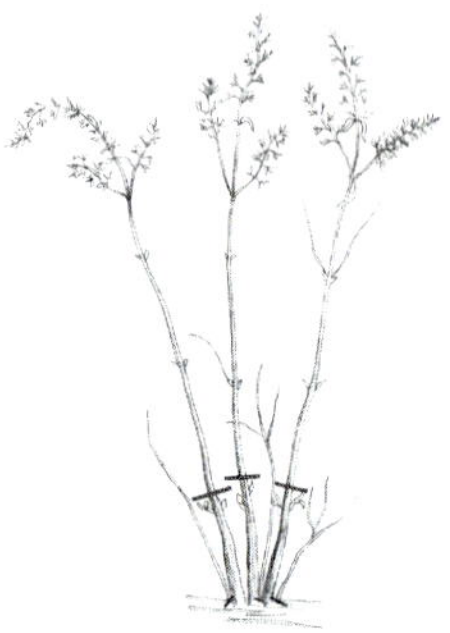

Wenn die *Buddleja* in späteren Jahren zu dicht wird, sollten Sie einige der nach innen deutenden Zweige herausschneiden, damit die gesamte Pflanze wieder Licht und Luft bekommt (*unten*).

Die richtigen, mehrfach blühenden Kletterrosen müssen beim Einsetzen nicht stark zurückgeschnitten werden. Da viele Arten der Kletterrosen von Strauchrosen abstammen, besteht die Gefahr, daß sie wieder in ihre ursprüngliche Strauchform gebracht werden, wenn man sie sofort zurückschneidet. Richten Sie die Zweige in der Horizontalen aus, solange sie noch jung und biegsam sind. Im Winter sollten die Seitentriebe, die Blüten getragen haben, auf etwa 15 cm zurückgeschnitten und schwache oder abgestorbene Triebe entfernt werden. Im Sommer müssen die Triebe nach dem Verblühen der Blüten des ersten Flors auf ein unter dem Blütenstand sich befindendes Auge zurückgeschnitten werden. Der Schnitt in Verbindung mit guter Düngung fördert die Ausbildung weiterer Blüten und den Wuchs neuer Triebe.

WISTERIA

Die Glyzine ist eine so vitale Pflanze, daß sie zweimal im Jahr gestutzt werden muß, um ihre Form beizubehalten und Blüten zu treiben.

Die Ausrichtung der Haupttriebe ist illustriert. Die neuen Seitentriebe müssen im Spätsommer auf 15 cm (auf vier oder fünf Augen) und im Winter nochmals auf zwei bis drei Augen je Trieb zurückgeschnitten werden, um die Ausbildung von Blüten zu fördern.

STRÄUCHER

Viele Sträucher, wie *Abelia, Abutilon, Camellia, Carpenteria, Ceratostigma, Chimonanthus, Choenomeles, Choisya, Convolvulus, Coronilla, Cotoneaster, Fremontodendron, Garrya, Hydrangea, Lagerstroemia, Lavatera, Lippia, Magnolia, Mahonia, Myrtus, Pittosporum, Teucrium* und *Viburnum* müssen so gut wie nie gestutzt werden, da sie nur selten neue Triebe an der Basis der unteren Zweige ausbilden. Es ist jedoch wichtig, nach der Pflanzung auf eine gute Entwicklung und Ausrichtung der Haupttriebe zu achten. Schwache oder sich überkreuzende Triebe müssen deshalb während der ersten Winter herausgeschnitten werden. Danach sollte nur noch totes, beschädigtes und krankes Holz entfernt werden.

Sträucher, die am Holz des Vorjahres blühen, sollten nach der Blüte zurückgeschnitten werden, um den Trieben, die im folgenden Jahr Blüten tragen, genügend Platz zu geben. Dazu gehören *Buddleja alternifolia, Cytisus, Forsythia, Jasminum nudiflorum* und *Kerria.* Schneiden Sie die Zweige, die Blüten getragen haben, auf die weiter unten gelegenen, kräftigen, jungen Triebe zurück. Gleichzeitig sollten Sie alle schwachen Triebe entfernen. Nach einigen Jahren wird die Pflanze möglicherweise zu üppig; dann sollten Sie etwa ein Viertel des ältesten Holzes direkt am Ansatz entfernen.

Sträucher, die spät im Sommer am neuen Holz blühen, sind relativ pflegeleicht. Schneiden Sie sie im Frühjahr zurück. Das Ausmaß des Rückschnitts hängt von den Wuchseigenschaften der jeweiligen Pflanze ab und davon, was Sie mit ihr vorhaben. Einige wie *Fuchsia, Perovskia* und *Phygelius* sterben im Winter oft bis zum Boden ab, deshalb sollte das alte Holz im Frühjahr entfernt werden. Andere sind winterfest genug, um ein Gerüst zu bilden, dessen Größe Sie bestimmen können: Die *Buddleja* (ausgenommen *B. alternifolia*) gehört zu dieser Gruppe.

Zu den Sträuchern, die eng an der Wand gezogen werden können, gehören folgende:

Der *Ceanothus* wächst schnell, und es ist sehr wichtig, die Seitenäste gleichmäßig auszurichten. Der *Ceanothus* entwickelt wie viele andere Pflanzen Triebe, die von der Mauer wegstreben und entfernt werden müssen. Wenn der *Ceanothus* nicht regelmäßig geschnitten wird, wächst er schnell nach vorne aus und kann von Wind und Schnee beschädigt werden. Er verträgt es allerdings nicht, auf älteres, hartes Holz radikal zurückgeschnitten zu werden, so daß ein allzu verwachsenes Exemplar besser ganz entfernt werden sollte. Stutzen Sie die ganze Pflanze nach der Blüte, damit sie ordentlich aussieht.

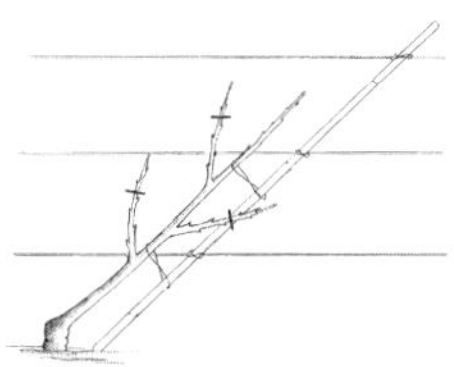

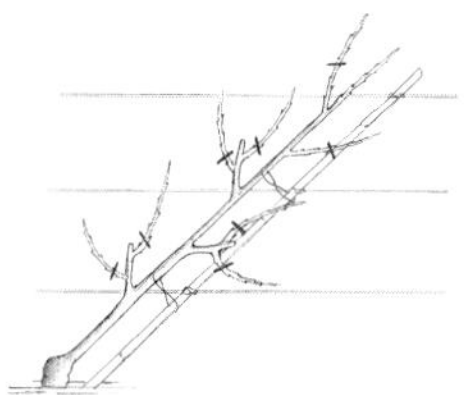

Diagonal-Kordon
Oben: Binden Sie den jungen Baum an einen Stab, der in einem Winkel von 45 Grad am Spaliergerüst befestigt ist. Die Seitentriebe werden bis auf vier Augen gekürzt. Im folgenden Winter werden die Seitentriebe auf vier, die Triebe zweiter Ordnung auf zwei Augen zurückgeschnitten.

Unten: Eine traurige, aber notwendige Aufgabe: Im zweiten Frühling müssen die Blütenknospen entfernt werden, um zu verhindern, daß der Baum seine Energie auf die Entwicklung von Früchten verschwendet. Im Sommer werden die Triebe zweiter Ordnung auf 2,5 cm (auf drei Blätter oberhalb der Basis) eingekürzt.

Die *Pyracantha* wird oft nahe an einer Wand gepflanzt und sollte wie ein *Ceanothus* gezogen werden. Neue Triebe festbinden, solange sie noch jung und biegsam sind; Wasserschosse entfernen. Schneiden Sie die Pflanze aber nicht nach der Blüte zurück, denn dann entwickelt sie keine Beeren.

Die *Choenomeles* sieht auch ohne Schnitt sehr hübsch aus, denn es werden viele Seitenäste ausgebildet. Um die Anzahl der Blüten zu vermehren, sollte im Sommer und Herbst ein Schnitt vorgenommen werden. Im Sommer neue Triebe bis auf vier oder sechs Blätter zurückschneiden. Im Herbst kann die zweite Generation von Trieben, die sich aus den im Sommer zurückgeschnittenen Ästen entwickelt hat, auf zwei bis drei Blätter gekappt werden, um die Blütenentwicklung anzuregen. Dadurch kommen auch die dekorativen Früchte besser zur Geltung. Die Zweige werden im Laufe der Zeit so dicht, daß sie im Winter gelichtet werden müssen.

OBSTBÄUME

Es gibt drei Möglichkeiten, Obstbäume an Mauern zu ziehen: Kordon, Spalier und Fächer. Wer noch keine Erfahrung mit dem Formieren hat, entscheidet sich zunächst vielleicht besser für ein bereits geschnittenes, älteres Exemplar. Wenn man im Umgang mit einem solchen Bäumchen Sicherheit gewonnen hat, kann man später dazu übergehen, auch einen Baum aus einer einjährigen Pflanze oder einer Rute zu ziehen.

Ein an einer Mauer gezogener Obstbaum braucht ein festes Gerüst aus in einem Abstand von ca. 30 cm horizontal gespannten Drähten.

Spalier
Oben: Kappen Sie den jungen Baum oberhalb des untersten Drahts.

Mitte: Die neu entwickelten Seitentriebe werden an Stäbe gebunden, die an horizontal verspannten Drähten befestigt sind.

Unten: Im Winter sollten Sie die Triebe vorsichtig in die Horizontale ziehen und um ein Drittel einkürzen. Kappen Sie den Haupttrieb über dem zweiten Draht. Dieser Vorgang wird in den folgenden Jahren wiederholt, bis sich an jedem der Drähte ein Seitentrieb befindet.

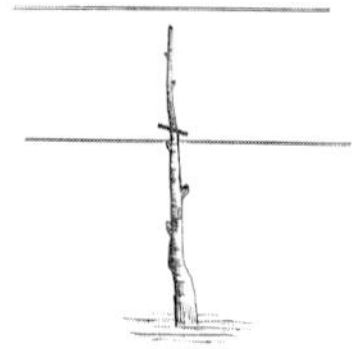

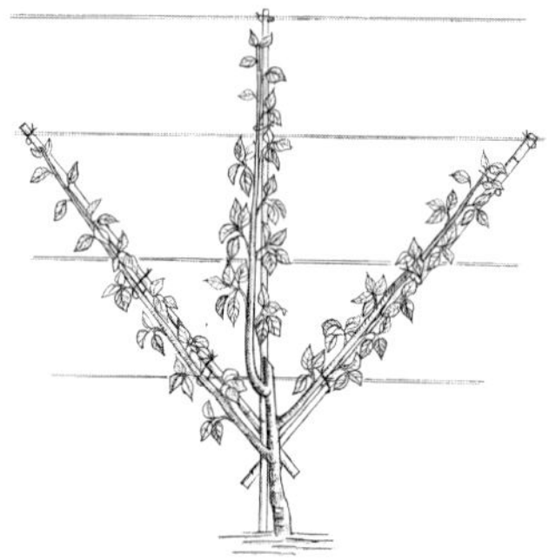

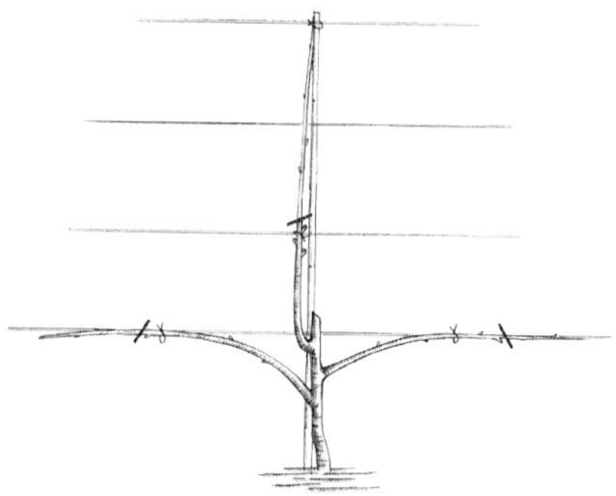

Fächer
Oben: Die starken Seitentriebe, die sich nach dem ersten Schnitt entwickelt haben, werden an Stäben befestigt.

Mitte: Im folgenden Winter werden die Triebe auf etwa 30 cm zurückgeschnitten, um die Ausbildung weiterer Seitenäste zu fördern.

Unten: Ein gut gezogener Fächer, der seinen Platz ausfüllt. Bei Pflaumen, Damaszenerpflaumen und Kirschen müssen ältere und sich kreuzende Zweige entfernt werden, um Platz für neues Wachstum zu schaffen. Die früchtetragenden Zweige der Pfirsiche müssen jedes Jahr erneuert werden: Zu diesem Zweck werden während des Sommers alle Seitentriebe bis auf zwei (einer an der Basis, einer an der Spitze) entfernt; im Herbst wird dann der früchtetragende Zweig weggeschnitten und der unterste Trieb, der im folgenden Jahr Früchte trägt, wird festgebunden.

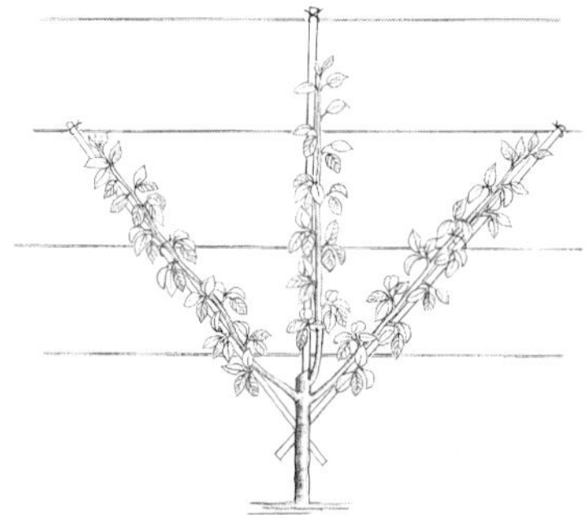

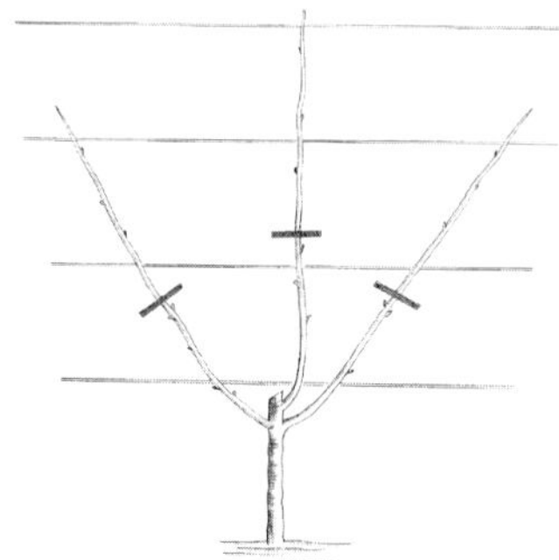

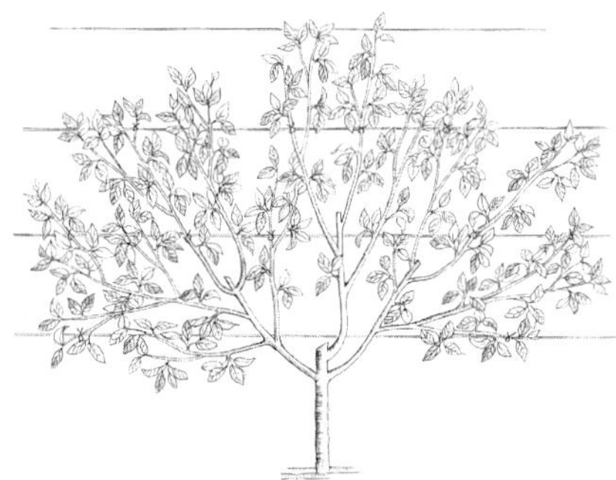

Schnurbaum
Beim Schnurbaum wird die Pflanze oft in einem Winkel (Diagonal-Kordon) ausgerichtet. Dadurch zähmt man Vitalität und Wachstum, Schnitt und Ernte werden erleichtert. Pflanzen Sie einen jungen Baum, und befestigen Sie ihn an den Drähten in einem Winkel von 45 Grad. Beschneiden Sie keinesfalls den Hauptstamm, statt dessen sollten alle Seitentriebe bis auf das

erste Blatt- oder Knospenpaar zurückgeschnitten werden. Im folgenden Winter müssen die Seitentriebe erster Ordnung auf vier und die zweiter Ordnung auf zwei Augen zurückgeschnitten werden. Es empfiehlt sich, die Pflanze nicht zu früh blühen zu lassen. Aus diesem Grund sollten Sie im folgenden Frühjahr alle Blütenknospen entfernen, allerdings ohne die Blattrosetten zu verletzen. Im Sommer müssen die Seitentriebe bis auf drei Blätter über der Basis und die Triebe zweiter Ordnung bis auf 2,5 cm gestutzt werden. Falls Sie dies im Sommer versäumen, sollten Sie es im folgenden Winter nachholen. Danach sollte der Sommer- und Herbstschnitt fortgesetzt und zu dichtes Zweigwerk ausgedünnt werden. Kappen Sie den Hauptstamm erst, wenn die Pflanze die gewünschte Höhe erreicht hat.

Spalierbaum

Ein Spalierbaum besteht aus einem Hauptstamm, an dem in regelmäßigen Abständen die horizontalen Fruchtzweige entspringen. Wenn Sie einen jungen Baum ziehen, sollten Sie den Stamm etwas oberhalb des untersten Drahtes (ca. 35 cm) so einkürzen, daß sich darunter noch drei Knospen befinden. Im folgenden Sommer wird der oberste Trieb vertikal und die anderen beiden im Winkel von etwa 45 Grad an Stäben befestigt, die am Spaliergerüst festgebunden werden. Im Winter müssen die Seitenzweige vorsichtig in eine horizontale Lage gebracht und auf ein Drittel, bis zu einem nach unten deutenden Auge, zurückgeschnitten werden. Der vertikale Ast sollte über dem nächsten Draht gekürzt werden, wobei drei gute Augen zurückbleiben müssen, da diese den Leitast des nächsten Jahres und zwei

Weinstöcke
Das doppelte Guyot-System ist eine traditionelle Methode zum Formieren von Weinstöcken.

Oben: Zunächst wird der Haupttrieb bis auf 15 cm zurückgeschnitten. Alle Seitentriebe werden entfernt. Im frühen Winter wird der Leitast oberhalb von drei guten Augen auf ca. 60 cm oberhalb des Bodens gekürzt. Im folgenden Sommer werden die drei Äste vertikal ausgerichtet.

Mitte oben: Im Winter werden zwei Seitenäste vorsichtig nach unten gezogen und auf etwa 1 m zurückgeschnitten. Der Leitast wird wieder oberhalb von drei Augen gekürzt.

Mitte unten: Früchtetragende Seitenäste haben sich aus den horizontalen Trieben entwikkelt, die drei mittleren Triebe sind vertikal eingebunden worden. Die früchtetragenden Seitenäste sollten ausgedünnt werden, wenn sie enger als 15 cm stehen, und müssen am obersten Draht eingekürzt werden.

Unten: Im frühen Winter werden die Triebe, die Früchte getragen haben, entfernt und die neuen Seitentriebe als Ersatz horizontal am zweiten Draht festgebunden. Der Hauptstamm wird wie zuvor auf drei Augen verkürzt, dann wird der ganze Vorgang wiederholt.

neue Äste ausbilden. Dieser Vorgang wird wiederholt, bis der Spalierbaum die gewünschte Höhe erreicht hat; dann werden nur noch zwei Äste zurückbehalten, die die letzten horizontalen Zweige bilden. Die Seitentriebe an den vertikalen und horizontalen Stämmen sollten im Sommer auf fünf Blätter eingekürzt und im Winter wie Schnurbäume gestutzt werden. Entfernen Sie alle Triebe, die versuchen, in Richtung Mauer zu wachsen.

Fächerbaum

Diese Form ist relativ leicht herzustellen, doch es ist wichtig, daß sich die Triebe gleichmäßig ausbreiten, damit sie genügend Licht bekommen. Ein junger Baum sollte bis auf etwa 30 cm gekürzt werden; anschließend die sich entwickelnden starken Seitentriebe an Stäben festbinden, die am Spaliergerüst befestigt sind. Im folgenden Winter können diese auf etwa 30 cm gekappt werden, um die Ausbildung weiterer Triebe zu fördern. Binden Sie diese symmetrisch fest, um den vorhandenen Platz am Spaliergerüst auszufüllen. Pflaumen, Damaszenerpflaumen und in geringerem Maße auch Kirschen sind anfällig für eine Pilzkrankheit namens Bleiglanz. Dieser Pilz gelangt durch Wunden in den Baum, aber die Gefahr einer Infektion ist im Sommer, wenn sich der Baum in einer aktiven Wachstumsphase befindet, sehr gering. Um die Gefahr zu verringern, einen Baum zu verlieren, sollte man nur im Sommer stutzen und dabei vermeiden, große Wunden zu schlagen.

Weinstöcke

Weinstöcke brauchen während der Wachstumsphase viel Aufmerksamkeit, einmal, um das üppige Wachstum in Grenzen zu halten, und zum anderen, um eine qualitativ hochwertige Ernte zu sichern. Eine Weinrebe kann als Kordon oder auch in einer weniger strengen Form gezogen werden. Ungeachtet der gewählten Gestalt werden die Trauben immer am neuen Holz ausgebildet. Um eine möglichst gute Qualität zu erzielen, sollte man nur die Entwicklung einer Traube pro Trieb zulassen. Im frühen Winter, wenn die Blätter abgefallen sind, sollten Sie die Seitentriebe, die Früchte getragen haben, bis auf zwei Augen über der Basis zurückschneiden. Dies muß in jedem Fall geschehen, bevor der Saft, gleich zu Beginn des Frühjahrs, anfängt zu steigen, damit die Schnittstellen nicht zu sehr bluten. Im Frühjahr sollten Sie den stärkeren der beiden Triebe behalten und ihn oberhalb von zwei Blättern über dem ersten Blütenbüschel kappen. Einige junge Trauben müssen auch entfernt werden, damit andere dafür eine entsprechende Größe erreichen können.

PFLANZEN AN STÜTZMAUERN

Die Arten, die sich schnell ausbreiten, wie *Aubrieta* und *Iberis*, sollten nach der Blüte gestutzt werden, damit sie gepflegt aussehen. Lavendel muß regelmäßig zurückgeschnitten werden. Mit einer Schere werden die verwelkten Blütenköpfe und etwa 2,5 cm des darunter liegenden Pflanzenteils entfernt, um dadurch ein rundes Kissen zu formieren und zu gewährleisten, daß die Pflanze so kompakt wie möglich bleibt. Lavendel schätzt es nicht, bis auf das alte Holz zurückgeschnitten zu werden, langstielige Exemplare können meistens nicht mehr in Form gebracht werden.

• BIBLIOGRAPHIE •

VERÖFFENTLICHUNGEN IN DEUTSCHER SPRACHE

Gottschalk, Werner, *Ratschläge für den Rosenfreund.* 3. Aufl., Leipzig 1990

Harkness, Peter, *Moderne Gartenrosen.* Münster 1989

Hobhouse, Penelope, *Farbe im Garten.* Stuttgart 1986

Hobhouse, Pelelope, *Die Kunst der Gartengestaltung.* Köln 1989

Lacey, Allen/Baker, Christopher, *Die Welt der Rose.* Köln 1991

Lacey, Stephen, *Der duftende Garten,* Köln 1992

Phillips, Roger/Rix, Martin, *Rosen. Mehr als 1400 Rosen in Farbe.* München 1988

Steinhauer, Helmut, *Vom betörenden Zauber der Rosen.* Niedernhausen 1984

Verey, Rosemary, *Blühende Gärten zu allen Jahreszeiten.* Köln 1990

VERÖFFENTLICHUNGEN IN ENGLISCHER SPRACHE

Beales, Peter, *Classic Roses.* Collins Harvill, 1985

Blackburn-Maze, Peter, *The Complete Guide to Fruit Growing.* Crowood, 1988

Brickell, Christopher, *Pruning.* Mitchell Beazley, 1979

Davis, Brian, *The Gardener's Illustrated Encyclopaedia of Climbers and Wall Shrubs.* Viking, 1990

Lloyd, Christopher, *Clematis.* Viking, 1989

Saville, Diana, *Walled Gardens, their planning and design.* Batsford, 1982

Thomas, Graham Stuart, *Perennial Garden Plants,* Dent, 1990

• GARTENCENTER •

Aus Platzgründen können wir hier nur eine sehr begrenzte Auswahl von Gartencentern angeben:

Bajon Berlin's Garten Center
Charlotte Bajon GmbH
Spandauer Damm 232–268
1000 Berlin 19
Tel.: 0 30/3 04 07 90
Telefax: 0 30/3 04 03 36

Garten-Center Saggau GmbH
Holsteiner Chaussee 130
2000 Hamburg 54 (Eidelstedt)
Tel.: 0 40/5 70 95 31
Telefax: 0 40/5 56 77 46

Hanseatisches Garten-Center
Otto Hoffmann
Moislinger Allee 81
2400 Lübeck
Tel.: 04 51/8 40 71-3
Telefax: 04 51/8 40 72

Meisert Garten-Center
Riethorst 19
3000 Hannover 51 (Buchholz)
Tel.: 05 11/6 47 41-0
Telefax: 05 11/6 47 91 06

‚die flora' GmbH
Paul-Thomas-Str. 34
4000 Düsseldorf 13
Tel.: 02 11/7 48 95 00

Garten-Center Drei Städte Eck
Oberhauser Str. 156
4300 Essen
Tel.: 02 01/6 94 35

Gartencenter Münsterland
Handorfer Str. 105
4400 Münster
Tel.: 02 51/3 20 11
Telefax: 02 51/32 46 85

Herde's Garten-Center GmbH
Bornstr. 245
4600 Dortmund 1
Tel.: 02 31/81 89 35
Telefax: 02 31/81 89 30

Dinger's Garten-Center Köln
Gunter Dinger
Goldammerweg 361
5000 Köln 30 (Vogelsang)
Tel.: 02 21/58 10 01
Telefax: 02 21/5 80 16 82

Garten-Center und Gartenbedarf
Chrysant GmbH & Co. KG
Rochusstraße 346
5300 Bonn 1 (Duisdorf)
Tel.: 02 28/64 10 77
Telefax: 02 28/64 77 21

Dehner GmbH & Co. KG
Güteramtsstraße
6900 Heidelberg
Tel.: 0 62 21/16 00 48

Pflanzen Kölle
Garten-Center
Schwieberdinger Str. 238
7000 Stuttgart 40
Tel.: 07 11/80 19 98
Telefax: 07 11/80 49 71

Garten-Center Kromer
Binzengrün 26–32
7800 Freiburg i. Br.
Tel.: 07 61/4 13 00

Garten-Center Seebauer KG
Ottobrunner Str. 61
8000 München 83
Tel.: 0 89/40 30 81
Telefax: 0 89/68 54 32

Dehner GmbH & Co. KG
Bürgermeister-Ackermann-Straße
8900 Augsburg
Tel.: 08 21/40 10 11

Pflanzenparadies Nicolei
Lindenstr. 22
O-8270 Coswig/Sachsen
Tel.: 00 37 51/7 57 13

N. L. Chrestensen
Erfurter Samen- und
Pflanzenzucht GmbH
Blumenstraße
O-5020 Erfurt-Borntal
Tel.: 00 37 41/6 10 88
Telefax: 00 37 41/6 14 32

Lindner's Gartenwelt
Äußere Pillnitzer Str. 8
O-8300 Pirna-Copitz
Tel.: 00 37/56 35 70
Telefax: 00 37/56 35 70

·DANKSAGUNG·

PHOTOGRAPHIEN

Neil Campbell-Sharp: Seite 89
Charles O. Cresson: Seiten 44 (oben links), 45, 55 (oben links & rechts), 62 (links)
Erich Crichton: Seiten 52 (unten), 69
Jenny Harpur: Seiten i, 9 (oben/Entwurf/Anne Griot, Los Angeles; unten/Entwurf/Robin Williams), 11 (unten/Entwurf/Kevin Newman), 13 (Beth Chatto), 21 (rechts), 24 (oben links/Entwurf/Ragna Goddard; oben rechts/Entwurf/Edwina von Gal, NYC; unten/Entwurf/Gus Lieber, Long Island), 28 (Hazlebury Manor, Wilts), 31 (links/Entwurf/Bruce Kelly, New York), 35 (oben), 41 (Entwurf/John Patrick, Melbourne), 46 (unten), 47 (Entwurf/Lanning Roper), 49, 60 (unten links/Hazleby House, Berks); (unten rechts/Entwurf/Michael Balston), 62 (rechts), 98 (links), 101 (links/Entwurf/Penny Crawshaw)
Lorraine Johnson: Seiten 50 (rechts), 54 (unten), 57, 82 (links)
Andrew Lawson: Seite 46 (oben)
Marianne Majerus: Seiten ii, 6, 11 (oben), 15 (alle), 17 (alle), 25, 27 (unten), 29, 31 (rechts), 32 (oben links & rechts), 34, 35 (unten), 38, 39, 42, 43, 44 (rechts oben & unten), 50 (links), 51, 52 (oben), 53, 54 (oben), 55 (unten), 56, 59, 60 (oben links & rechts), 65, 66, 68, 71, 72, 75, 76, 78, 79, 81, 82 (rechts), 85, 86 (alle), 90, 93, 94, 95, 97, 98 (rechts), 101 (oben), 103, 104 (unten), 107, 110, 111, 112
Jerry Pavia: Seiten 21 (links oben & unten), 23, 27 (oben), 32 (unten links & rechts), 64
Joanne Pavia: Seiten 48, 104 (oben)

•REGISTER•

Die fettgedruckten Seitenzahlen verweisen auf Abbildungen